拒绝平庸

[德] 赫尔曼·谢勒 著　王恺 译

25个引领市场的营销法则

中国友谊出版公司

图书在版编目（CIP）数据

拒绝平庸：25个引领市场的营销法则 /（德）赫尔曼·谢勒著，王恺译. —— 北京：中国友谊出版公司，2023.5

ISBN 978-7-5057-5598-7

Ⅰ.①拒… Ⅱ.①赫… ②王… Ⅲ.①市场营销学-通俗读物 Ⅳ.① F713.50-49

中国版本图书馆CIP数据核字（2022）第251192号

著作权合同登记号 图字：01-2022-6804

Published in its Original Edition with the title Jenseits vom Mittelmaß: Unternehmenserfolg im Verdrängungswettbewerb Author: Hermann Scherer By GABAL Verlag GmbH Copyright © GABAL Verlag GmbH, Offenbach The simplified Chinese translation rights arranged through Zonesbridge Agency. Email: info@zonesbridge.com

书名	拒绝平庸：25个引领市场的营销法则
作者	[德]赫尔曼·谢勒
译者	王恺
出版	中国友谊出版公司
发行	中国友谊出版公司
经销	新华书店
印刷	河北尚唐印刷包装有限公司
规格	710×1000毫米 16开 23.5印张 410千字
版次	2023年5月第1版
印次	2023年5月第1次印刷
书号	ISBN 978-7-5057-5598-7
定价	128.00元
地址	北京市朝阳区西坝河南里17号楼
邮编	100028
电话	(010) 64678009

如发现图书质量问题，可联系调换。质量投诉电话：(010) 59799930-601

Achievement
excellence

导言：
如何使你的产品与众不同？

如何使你从众多竞争者中脱颖而出？
如何使你的企业给客户留下深刻的印象？
如何使你的企业在市场上保持领先？

如果你正在为上述问题而烦恼，那么你手上的这本书正是为你量身打造的，这是一本声讨平庸的图书，也是一本歌颂卓越的赞美诗。这本书献给所有大胆进取的决策者以及所有激情澎湃的企业家。因为不论你的企业生产什么产品或提供何种服务，你的客户都有无数的同类产品或相似服务商可以选择。但是，为什么他们会选择你的产品或服务，而不是其他的那些呢？当然不止今天、明天、后天，甚至在更久的将来。千万不要对我说："那是因为我们的产品质量上乘，我们所提供的服务涵盖各阶层人士的需求！"要知道，你的竞争对手也是这样一字不差地评价自己的。大多数情况下，你与你的竞争对手的确不相上下，可这也正是问题所在。大多数企业都能制造出总体优良的产品，所以，当大多数都能达到优良的水平时，优良不外乎是平庸的另一种称谓。商品供应上的相似会导致顾客在决定上的犹豫，而对于企业来说，则会导致一轮接一轮残酷又血腥的价格战。解决这种问题的办法并非你是否有必要改变自己，而是你的速度是否够快。

你开始着手改变现状的方式多种多样。在本书中，我挑选了25个最能帮助你和你的企业成为所属行业翘楚的关键性变革方法。这25种方法为你提供了25种可能性，25种成就更夺目企业的可能性。这25

种变革方法将帮助你与你的企业在全球化日益加深且日趋纷繁复杂的自由市场上获得更多关注，这25种变革方法将帮助你与你的企业在全球范围内建立既稳固又富有创造性的合作网络。当然，你不必全部尝试这25种变革方法。你只需把这本书当作一个智慧宝盒，从所有的可能性中选取适合你企业的并持之以恒地贯彻。依靠这些智慧，你可以为你的企业获得潜在客户；你可以扩展你所提供的服务范围，以便完全解决你的客户至今都"无法解决的问题"；你还可以通过重新定义你的传统产品而为企业拓展新的市场范围。只不过所有这一切都没有一定之规。在阅读本书的过程中，你将认识一位时常满头大汗的制造商。他通过学习成功地从木材运输商转型成为烤箱制造业的引领者。你还会知晓一个马戏团，他们经过一段时间的努力，成了世界知名马戏团。你也将在本书中读到，为什么在某些时刻你的企业必须甘居竞争对手下风；你应该如何将你的决策以书面的形式公之于众；或者你如何利用互联网上那些传来传去的话术增加你企业的利润。总而言之，你将在本书中学到能使你的企业成为行业领袖的游戏规则。

赫尔曼·谢勒

目录

第1章 引起关注	第2章 明确定位	第3章 情感营销	第4章 到位的服务	第5章 革新	第6章 发现潜在机遇
10	26	38	46	62	74

CONTENTS

第7章 从最好的地方获益	第8章 建立关系网	第9章 协作共赢	第10章 使人信服的力量	第11章 优化产品	第12章 能力的展现
84	104	122	130	144	168

目录

第13章 树立品牌	第14章 游击营销法	第15章 领导	第16章 成为业内专家	第17章 聪明的公关	第18章 善用互联网
180	194	208	218	232	248

CONTENTS

第19章 以市场为导向	第20章 需求引领	第21章 销售心理学	第22章 谈判	第23章 行动代替计划	第24章 激情	第25章 克服惰性
268	288	296	314	340	352	362

01

第1章 引起关注
AUFMERKSAMKEIT

不能引人瞩目,必将退出历史舞台
Wer nicht auffällt, fällr weg

"母鸭下蛋悄无声息，母鸡下蛋惊天动地。"

这样的现象会导致什么样的结果？结果就是全世界的人都吃鸡蛋。亨利·福特不无嘲讽地说："要是我们只看事实的话，那么鸭可是比鸡强多了——你看那鸭蛋的个头比鸡蛋的大多少，而且基本上个个都比鸡蛋重。"只不过鸭的竞争对手鸡要精明得多，它们知道怎样才能吸引人们的注意。简单来说，在激烈的竞争市场中，如果不能广而告之，那么只有优秀的产品是远远不够的。这个道理早在当年就被那位美国汽车制造业大亨揭示出来了。

福特先生所说的市场原理在我们生活的年代比当年还要适用。每一年市场上都要出现几千种新产品。它们中的绝大多数很快就从市场上消失了。因为"事实上"没有人还需要一种新的办公软件，也没有人一定需要再多一种女性时尚杂志作为穿衣打扮的参考，更没有人非得喝一种新口味的啤酒。在德国任何一个小城市的中型超市内所提供的商品种类都会多到令人咋舌。如果一个没有心理准备的人走进去会想，难道我们真的需要这么多的东西吗？我们到底应该如何在超过两万种的商品中做出正确的选择？因此，聪明的制造商总是会不断地向客户宣传，他们的酒心巧克力糖是用正宗的皮埃蒙特超级樱桃所酿的酒灌注的，或者他们的啤酒是用烃源岩泉眼中的天然矿泉水调配而成的。事实上，没有人知道其他啤酒也是用烃源岩泉眼中的天然矿泉水调配而成的，或者也没有人想过，倘若这些酒心巧克力真如广告中所描述的那样，那么皮埃蒙特每年所收获的樱桃是否能够满足这些巧克力生产商的需求？

想在众多竞争者中赢得有限客户的长期关注，绝不仅是通过聪明的市场营销就能达到的，而更多的是依靠企业与客户的沟通，即企业如何向自己的客户传达其产品对客户的重要性。无论你是眼科医生还是税务咨询师，无论你是门窗生产商还是计算机部件制造商，要想在竞争激烈的市场求得长期的生存，就必须尽可能地让客户明

如果不能广而告之，仅仅是产品好又有什么用呢？

确你所生产的产品的功能特性（至少要比你的竞争者表达得清楚）。谁要是做不到这一点，那么他的产品就时时刻刻具有从市场上消失的可能性。这就是竞争的残酷性。更不要说各产业中还存在的具有颠覆性的产品革新进程。

不过通常情况下，如果一个企业能让自己的产品在它的客户头脑中留下不可磨灭的印象，那么就足以证明它的产品可以在市场上存活很长一段时间了。举一个简单的例子。一家生产取暖器的企业，为所有的使用者提供优质的维修服务，节假日也不例外，但是却把这么重要的一条信息用小号字体打在整个广告的最后。相反，聪明的做法是将这个特殊服务项目用粗体大号字印在整个广告文案的顶头一行："我们不会让你忍受哪怕一分钟的寒冷，即使是在圣诞节的长假期间！"

这就像那个人人都听说过的笑话：两个露营者在加拿大的一座深山中遇到一头巨大的黑熊。当其中一个人还在怀疑他们是否能逃过这一劫难时，另一个人已经甩开大步跑远了。仍在原地的人向逃跑的人喊："这样做根本没有用，你不可能跑得比一头熊还快。"而逃跑的人则回过头冲着他喊："没关系，我只需要比你跑得快！"

争夺眼球大战

产品的实际功能 ▇ 产品的显著功能 ▇

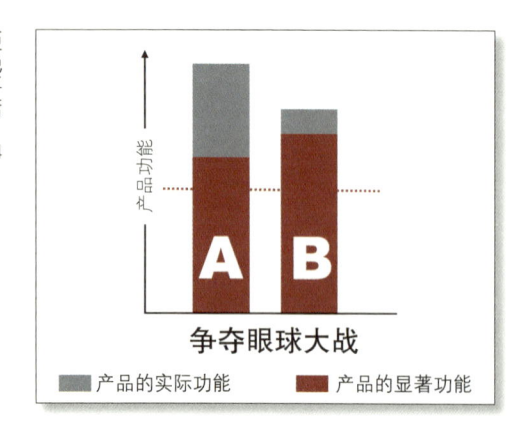

兴趣 + 关注

假设有 A 与 B 两个服务提供商，两种产品，两家企业。假设这两者对各自的服务产品标价也完全相同。但正如我们所见，A 企业所提供的产品的实际功能要比 B 企业的多一些。在这样的情况下，如果你是客户，你会选择买哪一家企业的产品呢？毋庸置疑，当然是 A 企业的产品。如果我们继续研究一下这两家企业，并且同时量化作为客户的我们对其的期望的话，那么上面的坐标图中，红色的虚线表示的就是客户的期望值。你会购买哪家的商品？理论上我们会再一次选择 A 企业的产品。这个道理显而易见："付出相同的钱，能获取的越多越好。"我们一起再深入地研究一下这两家企业：两个长条柱红色的部分代表两家企业产品的显著功能的多少。那么，现在你会选择哪家企业的产品呢？当然是 B 企业的产品，即使事实上 A 企业产品的实际功能更多一些。

各家企业都在进行一场双重竞争，即各自产品质量优劣的竞争和向客户传递信息能力强弱的竞争。如果没有人知道你，那么即使你生产的产品再好又有什么用呢？把自己商品的质量变得更好又怎么能比别人的商品卖得更好呢？

很多企业坚信，只要它们能保证自己的产品质量上乘，那么它们迟早有一天能赢得市场。

广告和其他促销活动每天都向我们表明情况并非如此。别人每天都在把自己的商品"举"到人们的面前，让客户看见，让他们产生购买的欲望。只是因为海蒂·克鲁姆在广告短片中把水果软糖夹在她的脚趾间，它们的味道就会更好吗？生产商在发言之前铺设大红的地毯，发言之后与来宾们喝香槟庆祝，这样的举动就能使他们的产品更加好用吗？

这样的话，任谁也不会相信。但是，客户的注意力以及客户对产品的关注度就是你的产品能否从同类产品中胜出的关键因素。

赢得客户的注意力是企业竞争中的重要一环，有的时候要不惜代价去争取。

"注意力经济遵循的是完全不同的游戏规则，比金钱和物质更重要。它们被诸如思考、认可、名望、独特性和宣传等价值所取代，这些价值观是奖励市场参与者的无形附加值。注意力是一种稀有而珍贵的资源……"

做决定的步骤

一个客户到底根据什么来决定是否购买一件商品呢？就在50年前，客户用来衡量的标准还是需求、用途、质量以及价格四大要素。不过，如今已有所改变。不论是何种商品或服务，其供给量在今天的市场上几乎全都趋于饱和状态。它们的质量与功能难分伯仲，价格也不相上下。比如商品测试基金会就曾公布过调查结果，在最近的10年间，男士所用的剃须刀产品没有任何改进。不是因为技术革新者没有尽到他们的职责，而是因为市场上所出售的剃须刀能满足男士们的所有需求（尽管有一些生产商试图使消费者相信，早晨刚长出来的胡楂如果立即被刮掉的话，它们会向

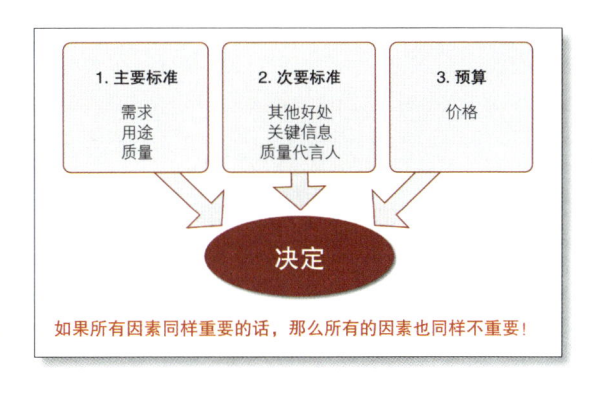

```
┌─────────────────────────────────────────────────┐
│  1. 主要标准      2. 次要标准      3. 预算       │
│    需求            其他好处         价格         │
│    用途            关键信息                      │
│    质量            质量代言人                    │
│         ↘            ↓            ↙             │
│                   决定                           │
│                                                  │
│  如果所有因素同样重要的话，那么所有的因素也同样不重要！ │
└─────────────────────────────────────────────────┘
```

质量代言人的优劣

- 客户的数量是否众多
- 产品是否便于使用
- 外观是否引人瞩目
- 产品是否具有图示操作说明
- 客户是否可以提出自己的要求
- 企业的形象设计是否统一
- 产品设计是否符合客户要求
- 企业是否以人为本
- 企业是否支持公共事业
- 客户是否要对自己的决定承担全部后果
- 企业的工作人员看起来是否符合客户的心理需求
- 产品的颜色是否符合客户的心意
- 企业员工是否和蔼可亲
- 产品是否是同类产品中的名牌，是否获得过证书
- 企业在市场中的形象是否够优秀
- 企业的革新步伐是否足够
- 在互联网上是否能搜索到企业信息
- 企业的热线电话是否有人接听
- 企业的标志是否足够明显
- 企业员工是否合适
- 企业的合作者是否同样优秀
- 产品是否具有专利
- 孩子们是否也喜欢你的产品
- 你能否理解客户的问题
- 解决问题是否及时
- 其他人对你的评价如何
- 你对客户的需求能否迅速做出回应
- 你能否提供令人满意的服务
- 你是否热心环保事业
- 你是否属于专业行业组织
- 客户等待的时间是否合理
- 客户能否按照你提供的指示顺利找到
- 你的产品是否有品牌
- 你的目标客户群是哪些人
- 谁还在使用你的产品
- 谁还没有使用你的产品

拿什么来代言质量？

产品生产纷繁冗余
压力、杂乱无章、风险

着皮下反方向生长）。20世纪90年代，班贝格大学实验社会学家格尔哈德·舒尔茨教授提出"进步的终结"这个说法。总有一天，产品的质量与功能都将达到人类不能够再完善的程度。这也就不再奇怪，为什么某些我们今天在市场上买到的剃须刀就像直接从费拉里工厂中取出来的一样，以及再新型的熨斗也不过是在外观设计上的更新而已。

消费者评价某件产品的好坏不再仅仅以其本身的质量为依据，而是变得多元化，或许是该商品与他们对其的设想是否一致，也或许是广告承诺的所有产品功能在使用中能否全部体验到。专业人士喜欢讲"质量代言人"这一质量替代物，尤其是在附加服务上，消费者变得尤其关注那些"不可触摸"的方面。

比如，当你去看一位新医生，他诊所的挂号台就开始给你制造评判他的各种理由：这家诊所看起来有多么现代、敞亮？这里的工作人员是不是对前来就诊的人和蔼可亲？如果你第一次来就看见医生穿着一件带有污渍的白大褂，那么你的心里又会有什么样的感受？你是不是已经开始怀疑自己的选择了？话又说回来，上面所列的这些因素与医生的医术毫不相关。不过你是如何将诊所的属于医生诊治能力之外的附属因素加于医生身上的呢？这样的事实是否强有力地回答了你心中的疑惑呢？

纷繁混乱

我们生活在一个"纷繁冗余"的年代。每天都会有超过3000种商品广告在我们的眼前出现。昔日，我们的曾祖父母每天晚上借着昏暗的烛光读书或者选择日落而息，今天我们却可以在上百个电视频道、几百种报纸期刊、无数个网站以及酒吧与文化活动场所中选择度过晚间时光的方式。网上商店全天24小时接受我们的订单，我们的信箱里总是塞满了各种各样的广告，我们还必须每天清理自己电子邮箱中的垃圾邮件……在这种繁杂的压力下，有的人选择除了购买生活必需品以外不再消费，而另一些人则不断地购买各种各样的产品，直到负债累累。

压力下还能保持多重选择能力的消费者

每年在商品琳琅满目的市场上还要挤进数不清的新型产品。想一想有多少这样的新型产品还能赢得它们潜在客户的青睐？研究者得出结论，人类是否接受一件事物主要是由原始的期望的高低与选择可能性的多少所决定的。有人在汽车加油站的收费处做过一个实验，来测试人们的接受度。收费员会在客户付款的时候弯腰去捡掉在地上的圆珠笔。但是，这名收费员不会再出现在客户面前，而是由另外一名早就藏身于收费台后面的收费员取而代之。调查结果显示，有80%的客户根本没有发觉他对面的人已经"变化"成另外一个人了。甚至当一名男收费员"变成"女收费员的时候，只有38%的人感到惊讶，而其余的人大多没有察觉。

区别、接受以及事实

请你仔细观察右侧这幅足球场模拟图，并清点所有你能看到的足球数目。你数完了吗？我没有数过，也不知道画面上一共有多少个足球。有趣的是，很多人都没有发现，这个足球场上的两个球门是不一样大的。有一段时长约20秒钟的录像，在录像中，有一些人在玩一个球。在录像播放之前，观众接到指示，数出白色T恤衫一队人中接触到球的队员的总数。而在录像的中间，有一个化装成黑猩猩的人横穿球场。他甚至面向摄像机双手捶打自己的前胸。录像播放结束后，观众数出的结果却大相径庭。有95%的观众在被问到时都是同一种反应："一只黑猩猩？它根本没有在录像中出现过！"你能想象吗？你居然没看见那只巨大的黑猩猩！绝大多数人自信满满地保证，这样的事情绝不会发生在自己身上。而事实证明，结果恰恰与他们的想象相反。

总的来说，人类的接受能力是具有选择性的，我们在同一时间接受信息的能力是非常有限的。我们从一开始就没有期待会出现的事物，很可能根本就不会被我们看到。与之相反的是，如果有人刚刚买了一辆银色敞篷汽车，他就会突然发现，满大街跑的都是银色敞篷汽车。这就是所谓的接受力的选择性。

这些信息不仅仅是关于那些被生产与被投放到市场上的产品，更是关于那些被消费的商品
平均每家超市都有**7000**种商品
平均每家大型自选商场都有**20000**种商品
食品零售领域内每年都有**24000**种新产品投放到市场
每周都有超过**1000**种新图书投放到市场
目前有超过**100万**种图书在德国市场上可随时买到
每年有超过**200**种的新型芳香剂投放到市场，其中只有**10%**能在市场上存活超过一年的时间
每个月都会有超过**100**种的德国健康保险新险种出现

消费者生活在选择的重压下

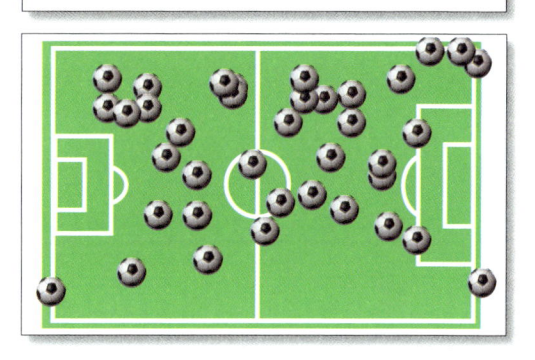

> 你会被你的目标群体接受吗？
> 你又将怎样被他们接受呢？

Der Kunde vergleicht
uns mit der Konkurrenz
und stuft uns entweder
als besser oder
als schlechter ein.
Das geht nicht sehr
wissenschaftlich vor sich,
ist jedoch verheerend für
den, der dabei schlechter
abschneidet.

消费者将我们与我们的竞争者相比较，虽然这种比较毫无科学性，但是它所导致的结果却是毁灭性的。

——杰克·维尔西

《杜登》

据调查研究，《杜登》词典里所包含的 12 万个词汇中，我们每天使用的平均只有 2000 个不同的单词。健谈的女性每天大约要说 23000 个词汇，几乎是男性的两倍。

如果你现在说，对于这些基本常识根本不需要科学来证明，也是正确的。但是我们现在真的知道准确的数字吗？你是否从这个统计结果中发现了什么？

首先，人类的大脑原来是如此令人震惊地自动自发地筛选、过滤信息，它不愿意自己太过疲劳。这种情形不仅表现在我们的接受力与注意力上，也表现在我们的沟通表达能力上。其次，对于男性与女性，他（她）们的大脑在同一方面的能力并不是完全相同的。对于商家来说，男性与女性是两种截然不同的目标群体。

你在设计产品发展计划以及市场营销策略时，注意到这个问题了吗？你又是如何赢得女性消费者的注意的？

任务："去 P&C 买一条裤子！"

从原始社会到今天，男女的社会职能的属性已经根植于我们的天性之中：男人是狩猎者，女人是收集者。

不过，在买东西时男女的不同表现反映了一个普遍的规律。就像我们做的那个实验：去 P&C 买一条裤子。男人平均只要 6 分钟就买到了，花费也只有 69 欧元。他们一旦买到了裤子，就会返身回家。而女人完成相同的任务所花费的时间大约是男人的 35 倍，也就是 3 个小时 26 分钟。在"收集"的路上，她们还逛了沿途的商店，总共花费 692 欧元。

总结来说，男人平均每分钟花费的数额要比女人多，但是在金额总量上却比女人少。这一规律并非仅仅体现在衣物购买上。

行为专家曾指出，今天有 80% 的购买决定是由女人做出的。

女性消费占领市场的众多领域

曾有统计显示,女性购买行为占全年购买行为总数的一半,消费总额达到 13 万亿美元;如果这个结果写成数字的话,是这样的:13,000,000,000,000。即使这些钱不存在女性的个人账户上,她们也会从家庭日常支出账户中挤出每一分可以按照她们个人意愿所支配的钱款。

不信,你可以看看你自己家里的情况:你家里谁花销最多?谁决定家里必须添置某样家具了?谁每次开列购买清单?谁最终决定你家购买汽车的品牌型号?

就连管理大师汤姆·皮得斯也认为未来是属于女性的:她们对大多数企业的创建起着决定性的作用,她们是比男性更优秀的领导者(因为她们比男性更擅长社交),虽然缓慢,但是她们获得的收入会渐渐超过男性。

在经济领域,人们习惯于看男性在竞争激烈的沙场拼搏,而"女性是被小瞧的"。

德国《焦点》周刊曾以此为标题,使用这个标题的文章内容并非描写男女之间的矛盾关系,而是分析为什么多年来德国汽车市场上的需求小于供给。今天有 1/3 的汽车拥有者是女性,而 10 年前她们还只占汽车拥有者的 1/4。但是德国的汽车制造商却从来没有专门地、有意识地把女性作为目标销售群体。"在汽车销售领域,从未有过针对女性的销售语。"面对《焦点》周刊的采访,宝马汽车的女性发言人如是表达。

戴姆勒·克莱斯勒也曾表示"完全没有针对女性消费群体的广告语"。

值得深思的是,一直到今天我都坚信,恰当的、适合目标消费群体的广告语的确是优秀市场营销中最关键的一部分。

Vergessen Sie Indien, vergessen Sie China, haben Sie Respekt vor der größten Weltmacht: Frauen.

请忘掉印度，请忘掉中国，请把你的尊敬献给世界上最强大的力量——女性！①

——英国《财经》杂志2006年4月首页大标题

---

① 这里仅就作为潜在消费者的人口基数而言。

"世界上最强大的力量"

> 在所有销售过程中最重要影响因素之一便是消费者的性别。当然，由此所引出的另一个重要因素是，销售者能根据消费者的性别选择适当的销售沟通方式。
>
> ——杰弗瑞·托比亚斯·哈特尔，
> 《向男人推销，向女人推销》

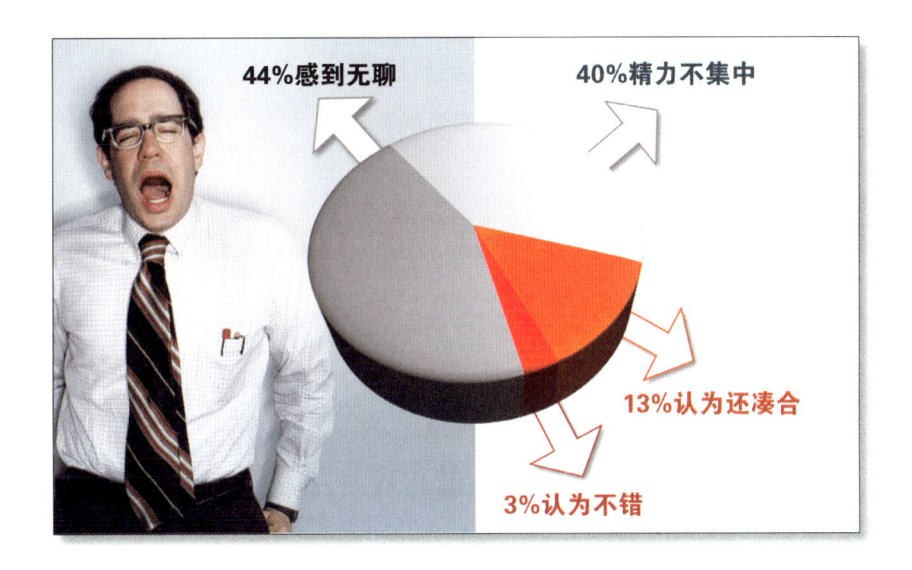

听众对于演说的接受程度

你在演讲中是不是真的有话可说，还是仅仅照着读幻灯片上的内容？

每天，这世界上成百上千的演讲都按照一个既定的模式进行：标题——内容的五个关键点——下一张幻灯片。

难怪《华尔街日报》的统计结果显示，有 40% 的演讲令听众昏昏欲睡，有 44% 的演讲让听众觉得无聊至极，而仅仅有 3% 的演讲能切中要害，吸引听众的注意力，让他们兴趣倍增。

"这个社会是由拥有相似学历的员工、相似创意和相似质量产品的企业所造成的冗余组合而成的。"管理创新者克耶尔·诺德施特吕姆与尤纳斯·里德斯特拉尔这样讲。

我们还可以再补充一点，这些相似的创意与相似质量的产品还在用相似的广告语推销着。那么，结果也就可想而知了，广告语与消费者的需求擦肩而过。

那些相似的产品特性以及销售策略在 21 世纪的市场上不再是无往而不利的了。那么，你该如何吸引消费者的注意呢？

请你千万不要像这位激光眼科中心的教授一样，用 90 分钟或者 63 分钟对听众讲述激光致盲的危险。

当某位听众询问："致盲的概率到底有多大？"

教授回答说："一百万分之一。不过这在我们这里还没有发生过。"

听众又问："那你为什么要用一个多小时的时间来讲这个问题呢？"

教授说："我是想讲一下有关于此的问题，引起大家的重视。"

02

第2章 明确定位
POSITIONIERUNG

个 性 化 使 你 脱 颖 而 出
Differenzieren statt verlieren

有一本管理杂志在它们的网页上写道："德国企业淹没在平庸之中。"

德国是欧洲经济发展的引领者，但是这并没有体现在德国的大企业身上。《商业周刊》的排名显示，德国的商界精英甚至都没有进入欧洲前 20 名。

德国大型企业的业绩远远落后于欧洲各地的竞争对手。这家美国的权威经济杂志与标准普尔的市场分析师合作，对欧洲最大的 350 家上市公司的产品销售与股票流通情况进行监测评估。虽然总体上德国经济在欧洲能执牛耳，但是能跻身前 50 名的只有 4 家企业。最优秀的德国企业是慕尼黑的汽车制造商宝马，仅排在第 21 位。直到今天这种局面也没有改善。

谁要是想凭借自己平庸的产品和不具优势的价格获得商业成功，那么他必定会陷入进退两难的境地。这里谈到的情况与企业所经营的项目毫无关联，无论他是食品供销商还是手机制造商，抑或是管理课程提供者，也无论他经营的是一家健身中心还是一家家政清洁公司或连锁旅店。

为什么这么多领域的企业，都会陷在平庸之中无法脱身？最根本的原因在于所有领域的成功者都被效仿：人们观察其他人都在做什么，并且努力使自己变得与该领域的成功者相同。市场观察与名牌产品导致模仿与抄袭横行。然而，一个仿制品在竞争中从来不会被消费者列为首选。

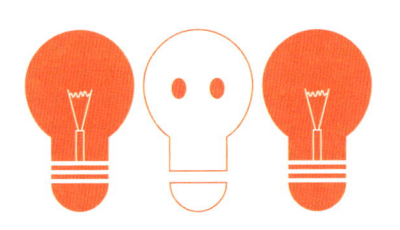

消费研究者已经多次提醒那些"濒临淘汰者",他们的市场占有率每年都在收缩,只能通过自我毁灭的方式压低价格以求增加销量。所售产品的同质化造成消费者选择上的价格对比。

在这种情况下,促使他们做出选择的唯一标准便只剩价格了。

这也就不足为怪,为什么有些传统的家具商店每天都只能卖出广告页上的促销品,而宜家家居即使不用那些小手段,如买家具能获得各种各样的赠品,也能卖得热火朝天了。即使那些顶尖的设计公司也要推出一系列各式各样的附赠产品和服务才能留住客户,因为在这个供大于求的市场上,很多时候比拼的往往是价格优势。

摆脱濒临淘汰这个困境只有一种方式,那就是到达成功的彼岸——突破困局、成就卓越的状态。在探求成功的过程中,你需要的是想象力、勇气以及承担风险的能力。

正如市场营销大师菲利普·科特勒所说:"一个市场的先导者必须学会将革新列在日常工作之中。"

| 便宜的商品 | 中间产品 | 高质量的顶尖产品 |

	1973	1981	1990	1996	2010
便宜的商品	28	27	35	36	40
中间产品	49	49	34	30	20
高质量的顶尖产品	23	24	31	34	40

濒临淘汰的中间产品

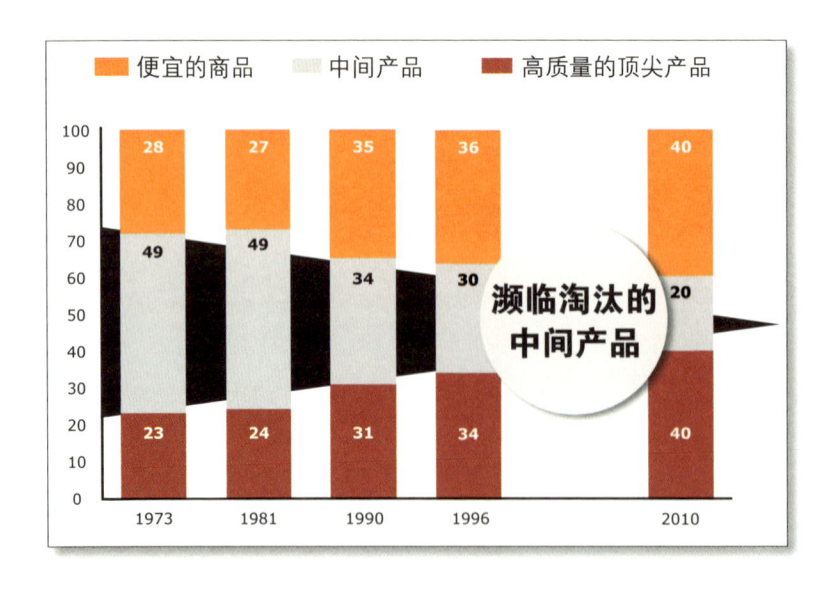

市场的极化

"濒临淘汰的中间产品",市场研究员是这样称呼那些中间价位的产品的。

近 20 年来,中等价位的中间产品的销路减少了整整一半。同时,廉价产品与高端独特的产品反而受到广大消费者的偏爱。谁要是还恪守着无功无过的法则,那么迟早有一天他会沉没在平庸的海洋里。

管理大师托马斯·米德尔霍夫也曾说,想阻止这种趋势根本就是徒劳的。唯一可行的办法就是,让你提供给市场的产品从众多不偏不倚的产品中脱颖而出,并为之选择适合的路径。

要记住,要么与众不同,要么被淘汰出局!

市场的未来是属于那些能为客户提供与众不同的产品、个性且高质的服务以及能帮助他们省时省钱的企业。

今天,消费者的消费行为多种多样,他们不易被分类。同一个消费者可能今天买打折商品而第二天在奢侈品店挑选能展现个人特色的物件;他会选择在高性价比的健身中心锻炼,也会选择在奢侈且环境幽雅的地方休假旅行。

问题:"陷在中间"

利润 | 产品区分 聚焦客户 | 费用低廉
陷在中间
市场占有率

波特的竞争战略

迈克尔·E.波特是世界著名的战略管理大师之一，哈佛商学院教授。在著名的"波特曲线"中，他用一条U型曲线向大家展示了利润与市场占有率之间的联系。

通过这条曲线，他建立了自己的成功市场竞争战略的模型：产品区分、聚焦客户以及费用低廉。总的来说，一个企业要么在行业中无可代替，要么就以价格取胜。

一个企业若是不能使自己的产品向着这两个方向中的一个发展，那么它的结果就是"陷在中间"逐渐被淘汰。

你的战略优势是什么呢？

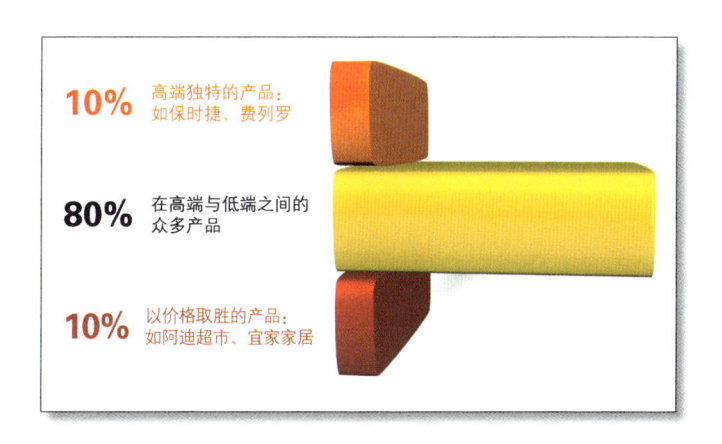

10% 高端独特的产品：如保时捷、费列罗

80% 在高端与低端之间的众多产品

10% 以价格取胜的产品：如阿迪超市、宜家家居

Der Kern jeder Strategie besteht darin, eine andere Position einzunehmen als die Mitbewerber. Der häufigste strategische Fehler ist Imitation.

采用绝大多数人都采用的战略是错误的,那叫作模仿。

——迈克尔·E. 波特

图片来源：马蒂亚斯·霍尔克斯，《充满活力的未来》，法兰克福，2003年

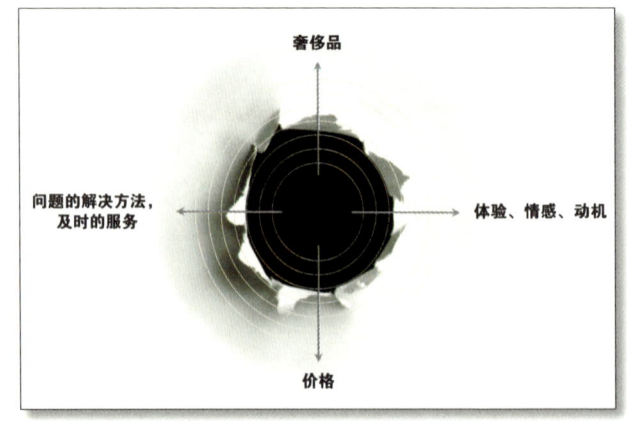

中庸即淘汰

如果一家企业只是提供其他企业也提供的产品与服务，那么它至多能得到其他企业也能得到的：客户可有可无的关注，不温不火的销量及蝇头微利。

卓尔不凡的成功则需要摒弃大多数人所走的路，对行业规则做彻底的研究以及有勇气尝试别人不曾尝试的方法。

有一条能从中庸的现状中"出逃"的路，便是价格——不可思议的低廉。不过这种方法只有在你的企业有成熟、适当的应对策略时才能奏效，不然你的利润将会无限边缘化。有关走价格策略这条路的具体方法，具体参考阿迪超市规则。

还有一条能"出逃"的路叫作服务。优质的服务要比一个友善的微笑强上百倍，因为它代表着该企业拥有能为客户解决所有问题的能力。积极灵活的企业甚至能为客户解决他们还没注意到的问题。

选择这条路的企业数不胜数，从费舍尔钉子一直到 iPad。客户还可以把他们虽未遇到但已想到的问题提给企业，请求帮助解决潜在的困难。比如，iPad 的使用者可以将他们喜爱的音乐编辑在一起，随时播放收听。

谈及走奢侈品行业路线，威图手机（世界顶级奢华手机品牌）则是其中的典范。它从早已饱和的手机市场杀出一条"血路"。

即使市场，也符合"适者生存"这条法则。只不过达尔文的这个著名论断总是被人误解，最终并不是那些最强壮的人，而是那些能适应环境的人能够幸存下来。

未来的目标消费群

趋势研究院马蒂亚斯·霍尔克斯是抛弃传统、迎难而上的专家。这个关于未来目标消费群的理论出自他的著作《充满活力的未来》。如果我们将时间与金钱当作个人最宝贵的资源来看，那么企业将面对何种客户动机以及该如何应对也就一目了然了。

一个简单的图示展示了，在生产奢侈品给那些需要彰显身份的客户与生产廉价商品给那些经济条件不太宽裕但愿意付出时间的客户这两个极端群体之间，还有多少可能性。

顶尖的管理者或成功的商务人士会为他们每年极为有限的休假日预订什么旅行呢？在极其有限的时间内，他们所希望的是高度密集的体验，为有支付能力的客户制定这样的旅行可以是一次南极探险之旅；也可以为经济不甚宽裕的年轻客户设计成南非丛林的野外露营。什么样的服务能使经济状况良好的客户感到兴奋？有可能是顶级豪华套间并配以每周60小时的管家服务；也可能是从选料到上身一条龙完全私人化的衣物剪裁上门服务，不过每个客户都要在长长的等待名单里等上好久。你的时装店很可能距离一家土耳其裁缝店仅几步之遥，而光顾那里的顾客都是些手头不太宽裕，只购买成衣，之后花费一点钱来修改不合适处的人，因为他们还要用省下来的钱购买下一身衣物。

你发现了吗？未来之路的走向早已明确了。

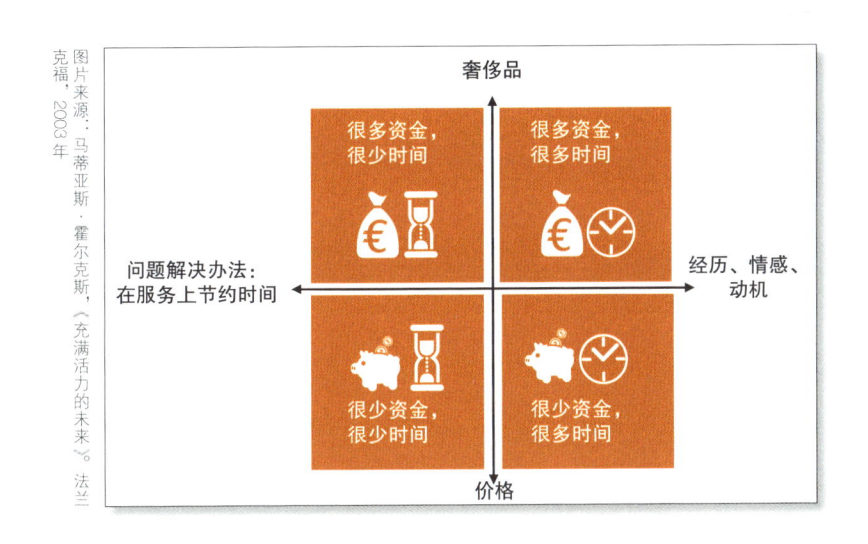

图片来源：马蒂亚斯·霍尔克斯，《充满活力的未来》，法兰克福，2003年

	奢侈品	
问题解决办法：在服务上节约时间	很多资金，很少时间	很多资金，很多时间
	很少资金，很少时间	很少资金，很多时间
	价格	经历、情感、动机

今后，你想更多地集中获得哪些目标客户？

Der beste Weg,
die Zukunft
vorauszusagen, ist,
sie zu gestalten.

预言未来的
最好的路，
是你为自己
设计的路。

——诺贝尔和平奖获得者威利·勃兰特

03

第3章 情感营销
EMOTIONALES MARKETING

与客户建立长久情感联结
Ihr Logenplatz im Kundenkopf

有些销售者偏爱向客户讲述产品的技术参数、人气旺盛的明星代言人以及那些极具说服力的产品细节，但是他们没有想过，这些内容也许只有专业人士才能懂得其中的价值。那些销售人员是否真的能靠讲述这些打动他们的客户，是一件值得怀疑的事。

也许他们会经历类似这样的事情：一名销售人员在向一位女士口若悬河地描述某款新生代手机的高科技性能，而那位女士先是有点手足无措，随后便显得越来越不耐烦。就在这名销售人员喘口气的时候，那位女士立即抓住这个难得的机会："但是这手机的颜色太难看了！有没有蓝色的啊？""什么？没有！那，非常感谢你的介绍啊！"快速地说完上面这番话后，这位女士便飞也似的逃出了手机店。

对产品质量的评判是在客户的头脑中形成的。如果你传达给客户的信息不能使客户接受，那么这不是客户的问题，而是你自己的问题。你的客户会选择其他供应商。

销售者怎样才能在客户心里留下不可磨灭的印象？人类大脑研究学者得出了结论。他们发现了人类的大脑分为左、右两个半球，而且他们还划时代地解释了左、右大脑各自不同的分工，即"理性"记忆和"经验"记忆。我们能记住总是反复出现的东西，比如记忆外语单词；或者那些触动我们情感的事物，比如我们生命中特殊的悲伤或快乐的经历。

负责第一种情况记忆的是我们的理性记忆，负责第二种情况记忆的则是我们的经验记忆。经验记忆可以让那些触动我们心灵的瞬间变为"永恒"。

你到底该如何在你客户的头脑中烙下深刻的烙印呢？

如果条件允许，你应该创造能令客户对你的产品难忘或者惊喜的瞬间。如此一来，客户会对产品产生更高的接受度，而你的客户回报给你的则是他们对产品更长久的记忆。这也就是为什么那些名牌产品都比大众产品更有趣、更狂放、更兼容。

大企业永远不会通过压缩富有创造性的市场拓展部来节省开支。

前几年曾有一个地方性家具制造商在开拓南方市场时，只在当地发行量最大的报纸上刊登了一句话："你已经开始居住了，还是仍在组装家具？"在这家著名的瑞典家具商收到广告禁令之前，已经有几千名读者意识到，到底谁在市场上更具竞争力。

在接下来的几番宣传之后，这个家具制造商已在全德打开了自己的市场，即使在广告禁令的限制之下保持沉默，对他们也不会造成什么影响了……

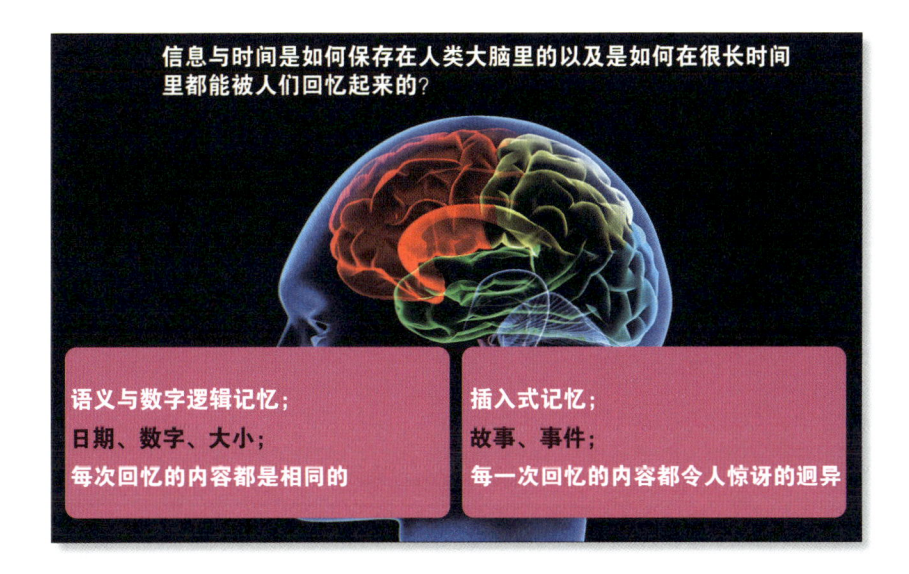

信息与时间是如何保存在人类大脑里的以及是如何在很长时间里都能被人们回忆起来的？

语义与数字逻辑记忆；
日期、数字、大小；
每次回忆的内容都是相同的

插入式记忆；
故事、事件；
每一次回忆的内容都令人惊讶的迥异

记忆的价值

第一个问题是：你在 2001 年 9 月 11 日那天在做什么？我想你一定还能记得当你听到双子塔被撞这条消息的时候正在哪里，在做什么。

第二个问题是：你在前几年每年的 9 月 11 日又做了什么事情呢？如果你对此没有什么记忆，那么不要太焦虑，因为大多数人都是这样的。要知道，人类的大脑与计算机所用的芯片不同，它不是一个物理的存储器，不能不带感情地记录所有发生的事情。

主要有两类事情会被我们的大脑长久记忆：一种是通过不断重复被我们记住的；另一种是对我们的情感产生强烈刺激的单次或偶然事件。第一种记忆存储在我们大脑的理性记忆区域，第二种记忆也将被长期存储在我们大脑的经验记忆区域。这就是为什么许多企业员工能记住那么复杂的产品序列号，只是因为他们每天都会不断地用到那些号码。

不同寻常的与令人惊喜的事件也会被储存在大脑的经验记忆中。米卡巧克力的形象代言奶牛能让所有的人过目不忘，是因为它是紫色的。反之，一头黑白相间的奶牛就没那么容易给人留下深刻印象了。

当然，我不是说你一定得做出什么惊世骇俗的事情才能让客户记住你。一位汽车经销商可以在他所销售的新型汽车副驾驶位置旁放上一瓶包装精美的香槟，并祝愿客户可以享受一次梦幻般的旅行。这样的宣传会令你的客户记上十几年（也许他们还会对别人不厌其烦地反复讲自己的这次经历），而不像从销售商那里得到免费赠送的脚垫，这样的事情早就被他们忘到九霄云外了。

Facts tell, stories sell, lautet eine amerikanische Verkäuferweisheit.

用事实说话,
用故事营销。

——销售界的一个真理

你如何在众多的竞争对手中展示你的企业？

你的合作伙伴：
头发的颜色、
最喜欢的食物、
生日日期、
电话号码

- 你如何描述自己？
- 你有多么感性？
- 你的个人魅力有多大？
- 应该如何推广那些影响力巨大的因素？

情感营销

真正的品牌不是只体现在产品所自带的特性中，而是融合在有关产品的各个方面，以唤醒人们的情感共鸣。

当提及万宝路、劳力士或宝莹洗衣粉这些品牌时，你想起的是什么？你还能想起什么？我猜应该还有牛仔、庆典，冒险、奢侈，以及每个主妇所梦想的雪一般洁白。谁要是只知道摆事实，那么谁的产品就会显得苍白无力。

你可以列一张清单，在上面写下你爱人的名字、生日、发型和最喜欢的食物，然后把这些词语用连贯的句子表达出来。没有什么特别的，对吧？

为什么有那么多企业的宣传册都是按照这种模式编制的呢？"我们是欧迈耶股份有限公司，1879年8月2日由我们的曾祖父奥托卡·迈耶注册成立。作为某产品的生产领军者，我们提供专业的服务。自1954年起，公司总部在某省的某城市落户。现在我们还拥有三辆大型货车……"

> 即使再精确、再严格的定义，都需要一个充满情感的演绎。

> 如何才能将你的产品描述得引人入胜？

即使奔驰牌汽车也可以给人带来行驶的乐趣

广告要能给观众带来真正的悬念与乐趣。一位汽车租赁公司的负责人制作了这样一幅对比强烈的广告。他在一辆橘黄色的垃圾运输车的照片上给汽车换上了奔驰的商标,并在下面添加了广告语:为什么你的垃圾都能乘坐奔驰汽车,而你却不能?

坚持吃凯洛格特型 K 麦片,脂肪量仅 1%

实际上,长凳的小铁牌上应该刻上捐助者的姓名。可以肯定地说,图中这位女士绝对不会在短时间里忘记该麦片品牌。

04

第4章
到位的服务
SERVICE

面面俱到的规范操作
*Die Extra-Meile von heute
ist der Standard von morgen*

> "我们是一群令人费解的人：当我们操作机器的时候，我们高高兴兴；可是当我们需要为跟我们一样的人服务时，我们的微笑就消失了。"

美国某航空公司为他们飞往德国旅游的乘客提供的小提示：

来自美国的游客请注意，在德国你会遇到拒人千里之外的冷漠的服务人员。这样的行为方式在德国非常普遍，他们并非针对你个人。

很早以前，罗马帝国的第一位君主这样表达他看到的人类奇怪的行为。事实上，我们真的是一群令人费解的人。

曾有一家知名的美国航空公司告知飞往德国的旅客，可能会遇到态度冷漠的服务人员，需要提前做好心理准备。如："来自美国的游客请注意，在德国你会遇到拒人千里之外的冷漠的服务人员。这样的行为方式在德国非常普遍，他们并非针对你个人。"

有这样一个群体，他们按规定参加了公共汽车司机与火车检票员必须接受的为期两天的"微笑训练课程"。这个项目在20世纪90年代专门为柏林的公务员举行，每次都耗资百万，去过柏林的人可能还会在某些地方感受到这个项目所存的余韵。

好的服务始于友好的微笑，而周到的服务能更好地满足客户的愿望与需求。那些在激烈的市场竞争中取得成功的企业总能满足客户的所需，甚至帮助他们解决连他们自己都没有发现的潜在问题。

在本章中，你将了解到一些关于如何创造性地"发现与找到问题关键"的方法。因为在服务的沙漠中，还是有绿洲的存在。在客户服务中有这样一句著名的格言："逆水行舟，不进则退。"你明天还能做出何种超越？因为无论你做出了多么优秀的改变，你总是能发现自己的模仿者。今天的附赠就是明天顺理成章的要求。

进程的优化

出色的服务是不断思变、改善的结果。你明天在哪些方面能比今天做得更好？哪些是后天能比明天做得更好的地方？人们常说的"这个人水平中等"是远远不够的，在这个过程中，你要变得更好，变得更专业。

服务

服务跟服务是不一样的。最简单的服务也是由美化的程序进程组成的，从一见面就附带的微笑，直到最后的结束语"祝你有愉快的一天"。这是第一步。

即使你能在这一步做到无可挑剔，你也很难仅仅通过这一步就把你客户的积极性调动起来。

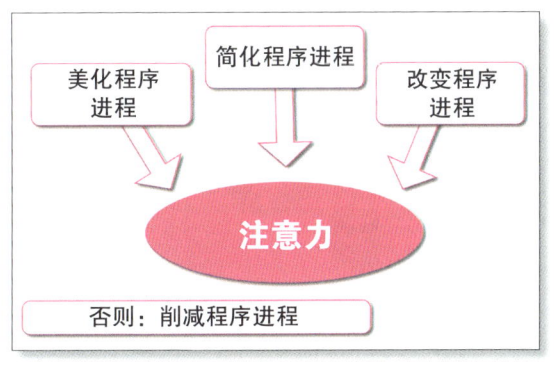

第二步则是程序进程的简化。你要尽一切所能为你的客户提供一切可以为他们提供便利的事情，比如网络在线订票。

第三步是程序进程的改变。这就意味着，要开发更多解决问题的新方法。比如，绿色蔬菜经销商不但要为客户提供货箱订购以及每周将时令蔬菜免费送货上门的服务，还要在送货的同时赠送给客户烹调这些蔬菜的菜谱以及所需调料的清单。这样的服务能为他们招揽与保留更多的客户。

削减程序进程是指企业将所有可能发生的问题扼杀在萌芽状态。比如，在B2B（商对商）行销模式中，为保证库存量，必须耗费大量的仓库管理费用。然而，若是企业能提供"及时订货送货"服务，那么仓库管理费用就会大大减少。

> 服务的含义是：每天关注周围人的生活并从中学习。

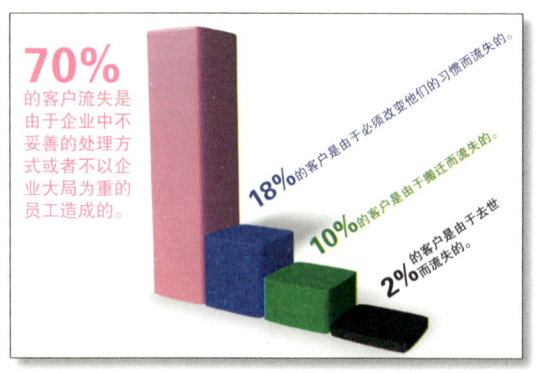

70% 的客户流失是由于企业中不妥善的处理方式或者不以企业大局为重的员工造成的。

18% 的客户是由于必须改变他们的习惯而流失的。

10% 的客户是由于搬迁而流失的。

2% 的客户是由于去世而流失的。

数据来源：德国市场营销晴雨表

孩子们每天笑400次，成年人每天笑15次，"不高兴"则从来不笑

据统计显示，人们平均每天笑的时间：1965年，平均每天18分钟；2005年，平均每天6分钟。

专业知识搭配适当的社交技巧将带你登上成功企业的宝座。

美化程序进程

无论哪个欧洲人第一次踏进美国的餐馆，一定会被那里完全不同的文化吓到。因为，在吃早餐的地方，人们通常能看到某位女招待活力四射地走到顾客面前，满脸微笑地说："早上好啊，亲爱的，我爱你。"即使这个顾客知道这只是句寒暄，但是这样的寒暄却建立了两人之间的友善关系。如果是晚上，女招待没准儿就会说："嗨，我是卡伦，我将会给你带来一个不可思议的完美夜晚。"对于美国人民来说，他们早就习惯这样热情洋溢的打招呼方式了。

我们多久笑一次

常言道，一个笑容能将两个人之间的距离拉近。如果销售需要维系人际关系的话，那么笑容就是最值得进行的投资。对于这一点，研究人类笑容的专家早就给予证实。笑容能带给我们创造力并帮助我们积极面对困境，这样，我们就能够更轻松地客观对待这个世界了。新创意频频而出；陷入困境的人际关系也会通过幽默与笑容而改变。我们在学习与做决定时也会变得容易许多。

99.9% 的服务

听起来已经很不错了，但是这远远不够。至少当你不幸成为这千分之一的牺牲者时，你就不会觉得不错了。如果你账户里的钱被错误地转出，如果你的工作合同在邮件投递中遗失，如果你躺在外科手术台上被医生错误地摘掉一条腿上的膝盖骨，那你会怎么看待这样质量的服务？

美国运通公司前负责人路易斯·V. 郭士纳特别强调，为客户提供 100% 优质服务的重要性，其中两句最为核心的阐述为"销售部虽然不是整个公司，但是整个公司都应该像销售部一样运转"，以及"其他的企业都有一个客户服务部，美国运通整个公司就是一个客户服务部"。当这两句话在美国运通公司内部流传并作为宣言后，公司内部的每名成员都有义务在与每一名"客户""非客户"以及"潜在客户"通电话之后，使这些群体感觉比通电话之前要舒畅。

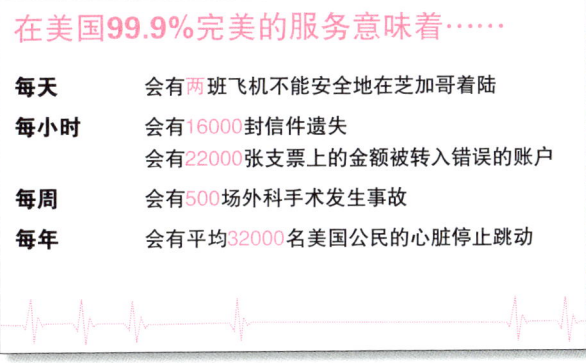

在美国99.9%完美的服务意味着……	
每天	会有两班飞机不能安全地在芝加哥着陆
每小时	会有16000封信件遗失
	会有22000张支票上的金额被转入错误的账户
每周	会有500场外科手术发生事故
每年	会有平均32000名美国公民的心脏停止跳动

数据来源：阿道夫－库尔施格斯/3M

相关案例还有同样以为所有客户提供优质服务为责任的马里奥特酒店。

为了达到这一目的，酒店为其员工提供了多种多样的培训课程。而酒店的工作人员则被称为"问题的拥有者"，他们有责任深化自己的自觉服务意识，并且必须能用更长远的眼光看待问题。

马里奥特酒店的开创人冯·马里奥特从一开始就认识到服务的重要性，他要求每一名工作人员都要具备服务头脑。马里奥特的这一理念超越了传统酒店的经营理念。"问题的拥有者"的意思是：每一个马里奥特酒店的工作人员在与客户、潜在客户以及非客户接洽时，都要做到把他们的问题当作自己的问题来处理。事实上，这句口号描述了优质服务所要承担的责任与义务。

举个具体的例子：假如你在一个寒冷的冬天驱车离开马里奥特酒店，或者你驱车前往马里奥特酒店，途中汽车的电池恰好耗光，不能继续前进，你想给当地的汽车维修站打电话，又不知道电话号码，于是只能先致电马里奥特酒店，向他们询问。马里奥特酒店不仅会给你几个当地提供优质服务的维修站的电话，还会代替你亲自致电维修站，请他们去为你检修汽车。他们会尽一切可能，帮助你把问题尽可能又快又好地解决。无论是为你提供一杯热茶或热咖啡，还是用其他什么方法，他们都会根据实际情况尽可能做出适当的回应。

Whatever you wish, we love to say yes.

不论你希望什么，我们都愿意回答：没问题。

——某家爱尔兰旅店的员工自我监督责任条款

质量感知层次

在今天,想依照发型杂志《发型与时尚》做一个发型只需要付10欧元。在一家中等档次理发店,人们也许要对同样的发型付3~5倍的价钱,而在一家五星级理发店里,人们却心甘情愿为同样的发型付至少20倍的价钱。这样的价格差距不仅仅是由结果质量的差异形成的,即使世界顶尖发型师也是如此。

客户的质量感知有70%是从被服务的整个过程中得出来的,这是整个经历的过程产生的结果("进程质量");相对于此,只有20%的满意度是由该进程结果的质量所决定的。客户同样甘愿为他们的经历付钱:他们会回想是什么样的诱因促成他们购买的欲望;你是如何向他们推销自己的产品的;在整个过程中,他们体验到了何种服务。

购买经验

美化进程有多方面的含义,比如一家洗衣店可以以完全不同的面貌出现。"想想你,想想我,我们最终的目标就是让你快乐。"美国连锁时装洗衣店琪琪-德-蒙特帕那斯这样对它们的客户保证。

客户满意度不同情况

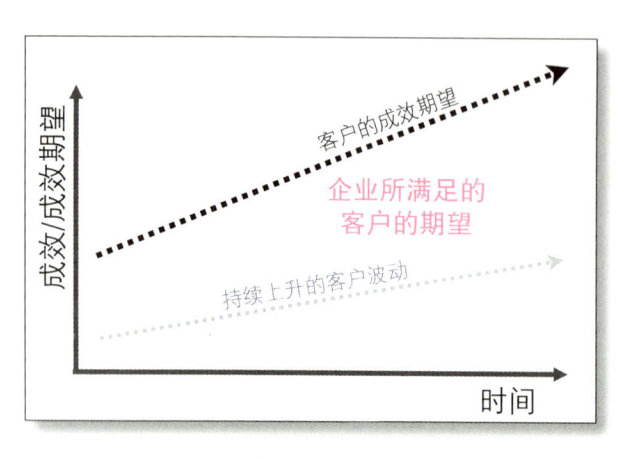

客户的期望值是随着企业所提供服务的成效而不断上升的。在第一次为客户服务时,为客户带来期望以外的惊喜并不是一件很难的事情。但是,你该如何做才能让这些客户在第10次购买你所提供的服务时仍然喜出望外,而不是在心里盘算你的同业竞争者能提供什么意料之外的惊喜。

你应该如何激发客户的热情?

所以说，这并不奇怪，尽管你每天都在想方设法提高你的服务质量，却依旧在不断失去客户，因为客户的期望值是在不断提升的！

SIXT 汽车租赁公司定期邀请客户参加"愿望花园"聚会。在聚会中，客户会被要求向公司表达他们对公司服务项目的期望。比如，某个经常出差的人是否可以一下飞机就能拿到他租下的车辆？如果有一名服务人员站在登机门前为需要领车的客户做指引就好了，最好车里还依照客户的喜好播放着他爱听的音乐，客户需要到达的地址已被输入导航系统中，车厢里还放着客户最喜欢的饮料以及经常阅读的报纸和杂志。你也看到了，并不是所有客户愿望的满足难易度都是相同的，仅仅服务人员这一项实现起来就有一定难度，但是某些愿望确实是一定要帮助客户实现的。

几个关于服务的问题：	你需要向客户提出的几个问题：
• 我们还能提供什么额外的服务？	• 对你来说哪些服务是十分重要的？
• 我们还能为客户优化哪些方面的进程？	• 你还希望获得什么额外的服务？
• 我们还能为客户简化哪些方面的进程？	• 你在选择不同的服务供应商时，最看重的是哪些方面？
• 企业所展示的友善如何能被客户更大程度地接收？	• 你最看重所选择的供应商的哪个方面？
• 我们还能提供哪些服务让客户感到更舒适？	• 哪些品牌会成为你的首选考虑对象？
• 怎样做能帮助客户节省他们宝贵的时间？	• 你是从哪里了解到这些信息的？
• 哪些问题我们能从一开始就将其解决在萌芽状态？	• 为什么你会选择这个品牌？
• 哪些问题是客户能在其他地方解决的？	• 你还购买该产品的附属配件吗？
• 什么是"附加"问题？	

购买邀请

聪明的销售者不必自己推销，而会发布购买邀请。

下面举一个某花店的例子。谁要是在线将自己重要的周年纪念日、重大庆典日期以及其他所有重要的日期输入到该花店的数据库中，就会得到由花店及时发送的提醒短信。当然，你也可以在花店直接为那些重要的日子订购鲜花。

Wir lösen die Probleme unserer Zielgruppen, bevor diese merken, dass diese Probleme bestehen.

我们为我们的目标客户解决他们自己还没有意识到的问题。

——费舍尔工厂的座右铭

你能为你的客户解决哪些其他方面的问题？

请你从别的地方寻找问题

"这个世界正在一步一步摆脱袜子焦虑。"黑袜任务组织这样表达它们的观点。

企业前进的一小步，事实上是人类社会前进的一大步，至少是对人类社会的组成者之———男性来说是这样的。他们终于不用每天清晨都在自己的抽屉里找啊找，花上好长时间，才找到一双能配成对的袜子。年轻的咨询师、黑袜任务组织奠基者之一萨米·李驰缇需要在一次商务会议上为某个项目剪彩，日本的东道主则邀请他参加一次茶道庆典，而参加传统的茶道庆典需要客人脱掉鞋子。而这次经历则是促使他产生创建这个组织的动因。所有加入这个组织的成员都可以定制他们每年希望获得"送袜上门"服务的次数，无论是每年两次、三次，还是每年四次、六次，他们都能得到与预期相符的品质服务。所有被配送的袜子都是黑色的，长度从及踝的短袜一直到及膝的长袜不等。随着企业的不断发展，这家瑞士公司也开始为客户提供T恤及内衣送货上门服务。

螺丝生产商伍尔特也是通过从别的地方发现问题而成为第一个制造螺丝分类箱的，事情的起因是他发现绝大多数工厂将并不相互匹配的各种型号的螺丝卖给客户。还有一位名叫李维·施特劳斯的人拒绝加入赴美洲大陆淘金者的行列，而是用制造帐篷的帆布为淘金者缝制耐磨又耐用的裤子。

这样的事实证明，作为淘金者还有其他形式，直到今天，李维斯的牛仔裤依然在市场上热卖；著名紧固器械生产商费舍尔工厂生产的膨胀螺钉，为困难表面和墙壁的紧固难题提供终级解决方案。

服务业的改革

服务改革是以客户的期望为基础发展起来的。有些服务项目一旦缺失，客户就会抱怨；若是向客户提供了服务，也不会得到感激。相反，有些服务项目若是能让客户享受到，那么他们一定会对你褒奖赞赏；然而若是缺失了，也没有人会提出什么不满的意见。只不过在第二种情况下，你可以在客户的心目中树立自己与众不同的形象。

卡农模型将质量等级分成五等

1. 基本要求，这是所有评判标准中最基础的部分，也是客户最基本的要求。倘若你不能在这些方面满足客户的要求，就会立即得到客户不满的反馈。客户的基本要求若是不被满足，客户会对你产生不满；但满足他们的基本要求，不一定能增加他们对你的满意度。企图用满足客户的基本要求来与同行业的竞争对手一较高下，几乎是不可能的。例如，汽车行业中的安全性与防锈措施等。

2. 成就特点是客户能体会到的服务类型。你能通过这一类特殊的服务满足客户的某些特定期望。倘若你满足了他们的这些期望，就能消除他们的不满，并成正比地增加客户对你的满意度。例如，汽车行业中的行驶特性、加速器以及汽车本身的使用寿命等。

3. 令客户激动的部分。与产品必须具备的特性不同，它属于产品加分项，客户不一定在选择商品之初就对其有所期望。但是这些特性能使你的产品区别于竞争对手的产品，在客户心目中树立良好的口碑。你的产品在该方面服务的提升能超过客户预期的满意度。也就是说，如果你能在你的产品中添加一点令客户激动的服务，那么在客户心目中你超越竞争对手的距离是不可估量的。例如，汽车行业中的个性化设计、与同类产品不同的设计等。

4. 不相干的部分是指你的产品中虽然包含但是客户不关心的部分。通过这些特性，你虽然不能在客户心中增添对你企业产品的满意度，但是若你的产品不具备这些特性，客户也不会对你产生不满。例如，汽车行业中只为极少数特定客户群制造的驱动装置。

5. 倒退性部分导致客户对你现有的产品产生不满，但若你的产品不具备这些特性，也不会增加客户的满意度。例如，汽车行业中只是为某些特定客户群所设计的品牌、外观、结构、驱动能源，等等。

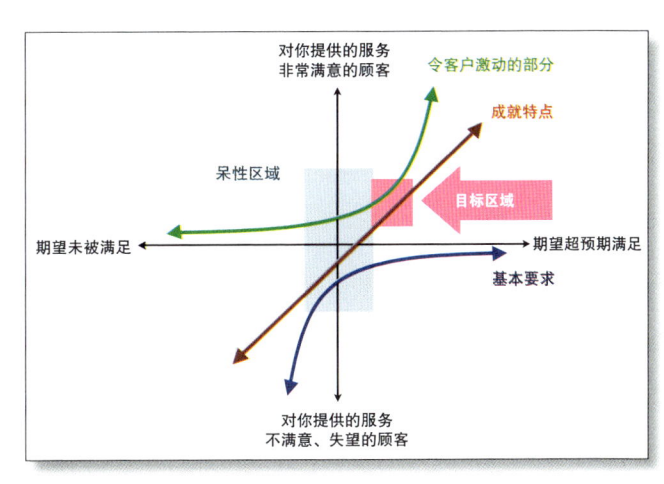

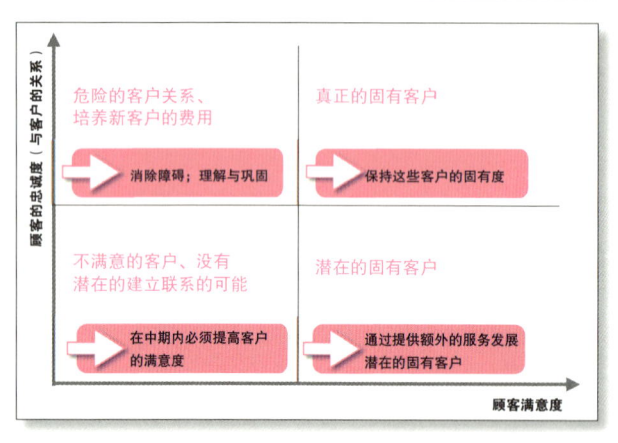

企业员工以客户为本的程度

你的企业中有多少员工真正以客户为本？你应当加强对那些对以客户为本理念只说不做的人的职业培训，并将那些总是在抱怨的人与其他员工区分开，因为这两类人都会损害企业的利益。

忠诚度与满意度

你目前拥有多少对你的企业十分满意且忠诚度较高的客户？通过哪些附加服务能吸引更多的客户成为忠诚客户？危险的客户关系是：你的客户之所以选择你，是因为他们没有更好的选择。只要有高质的同业竞争者出现，这样的状态可以在一瞬间改变。

05

第5章 革新
INNOVATIONEN

为 问 题 辩 护
Plädoyer für Probleme

"我的个人观点是，也许全世界的市场只能容纳五台计算机。"

  IT行业的例子大致说明了两件事。一是创新，彻底改变市场的创新通常能解决绝大部分客户还未发现的问题。在今天，如果我们的个人计算机、手机突然卡顿，或者突然断掉网络数据连接，那么对于个人来说，是一个非常严重的问题。这意味着连接我们与这个世界的桥梁被斩断了，我们不能再向别人发送任何信息，不能再订购各种车票，不能再使用网上银行的各种功能，也查找不到所需要的信息，所有这一切需求都会在瞬间变得劳心劳力且复杂无比。不可思议的是，仅仅在数年前，我们还处在根本不需要这些技术也能安然度日的情形中。二是，特定领域的专家或者精通该领域的人，他们恰好是那些看不清楚状况的人。每一次真正的创新都打破了现有的规则，而那些掌握了这些规则（甚至是发明）的人，那么通常来讲，他宁愿待在自己舒适与熟识的角落，也不愿意换一种眼光去看待新生事物。

  相较于尝试全新的方法，事实上大多数企业更倾向于在旧的方法上进行改进，优化已经存在的产品、美化包装设计、简化生产流程。从一方面来说，这种做法是可以理解的，因为许多客户的期望是可以通过这种改变而实现的。不过，从另一个方面来说，这种改变又是危险的，因为它能直接把企业拉到破产的边缘。按照这个逻辑，客户不期望的，企业也不会期望，比如互联网与个人终端设备。由此我们可以得出结论，倘若市场领军企业过分看重固有客户的需求，那么，他们同时也会失去革新的能力。我知道这听起来很荒谬，但是历史告诉我们，如果企业错过时代赋予的机遇，那么它所做的所有改良只会让其走向灭亡。本书下面的内容是那些已在掌握之中的问题，可以为成功的企业提供巧妙的解决办法；那些我们迄今根本没意识到的问题，可以为更成功的企业提供发现它们的机会。总而言之，革新意味着解决问题的能力。正是因为存在问题，企业才得以革新、发展。

问题是不会自己说话的

维基百科把问题定义为"必须克服的障碍"。可事实上,还原问题才是解决问题过程中你最应该付出精力的!这不仅是因为我们能在发现问题的过程中成长,更是只有把可能出现的问题扼杀在摇篮里,我们才能最大限度地降低成本。越是需要花时间去解决的问题,其本身所蕴含的经济价值也就越高,因此,从这个角度来说,我希望你的问题越多越好!

我们在哪里也不能像在自己的问题花园中一样成长得这样快、这样好

每个解决方法都会带来新问题

"在计算机出现以前,编程根本不是一个问题。当出现一些性能较低的计算机之后,在编程这件事情上,人们就要费一些脑筋了。而今天,我们生活中需要计算机实现的功能已经遍及生活的方方面面。同时,编程也变成了一件非常棘手的事情。从这个层面上来讲,电子工业实际上并没有通过它自身的发展让问题减少,反而使其大大增加了。"著名荷兰计算机科学家艾兹赫尔·戴克斯特拉说。直到今天,计算机行业都发展得十分顺畅,从事该行业的人通过不断创造新问题每年获得几十亿的利润。这样看来,人们把这些东西叫作"问题"而不是"反问题"也有一定的道理,即使在我们的头脑里,问题固有的形象都是负面的。每一个解决方法都是新问题产生的"温床",这种现象推动了无数产品的更新换代。谁要是拥有一部iPod,那么他还需要口袋跟耳机与之相配。与此同时,CD唱片快速地退出历史舞台,即使人们已经在家里购置了CD机。每一种新媒体形式的问世都将能否继续生存下去的问题抛向已经存在的形式,这些问题使转换器成为必需,而且随着数据存储量的迅速增大,更大的存储空间以及新软件也成为发展的必然要求。此外,还有一个问题是,我们一直在使用的手机移动设备,许多年后还会存在吗?

Die Erfindung
des Problems ist
wichtiger als die
Erfindung der
Lösung; in der
Frage liegt mehr als
in der Antwort.

发现一个问题远比发现一个解决方法有价值得多，因为在一个问题中所包含的实质要比一个答案所能包含的多得多。

——德国实业家瓦尔特·拉特瑙

你可以掌控生产过程中的哪些步骤？你能解决或者发现客户将面临的哪些问题？

一个包装就能解决非常多的问题……

- 两秒钟内准备一个装礼物的盒子
- 各种装饰的可能性以及最后的收尾工作——一个美丽的蝴蝶结
- 谁都能上手的可能性，不论是否具备该方面的技能
- 在狭小的空间也可以保存
- 漂亮的外观设计

谁要是能更好地解决行业中的某些问题，谁就能在这一行业成为制定规则的人。而一旦成为制定规则的人，那么他在成功的路上将势不可当！

寻找问题者 / 发现问题者

怎样才能让客户心甘情愿地为一个礼品的包装付出 6.8 欧元？当然是通过购买这个包装的方法。

在这个案例中，问题出现在一家香水连锁销售商身上。为了给卖出的香水配上精美的包装，往往需要消耗销售过程中的大量时间，而时间在销售中是非常宝贵的。香水市场的世界领军者发明了一种带有折痕的硬纸制外包装代替传统的纯彩色礼品包装纸。这种带有折痕的硬纸制外包装可以由任何一个人，甚至没有受过包装训练的人，在短短几秒内折叠成一个小盒子；再配上为其特别定制的华丽的蝴蝶结。同样，这个蝴蝶结也可以被任何人在几秒钟内在盒子上扎好，整个包装过程不过几秒钟。

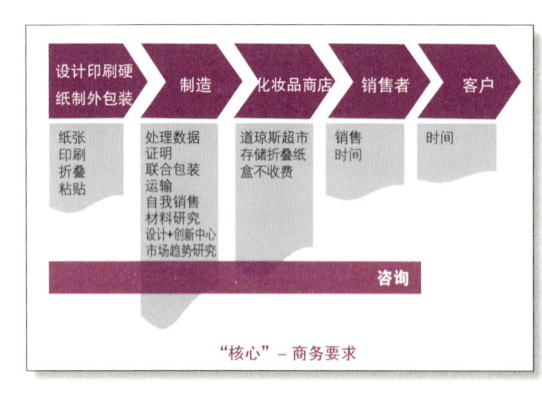

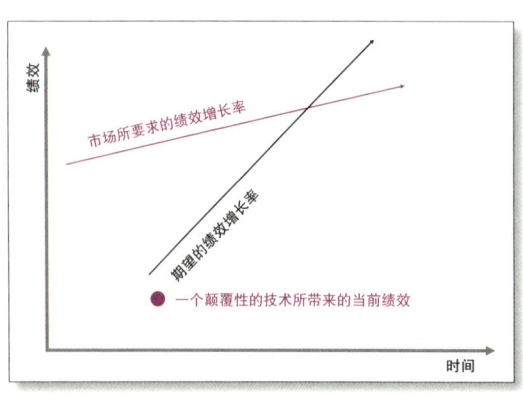

过程控制者

有创造力的问题解决者所想出的解决方法总是以客户为本。他们不会让固有的产品蒙蔽双眼，阻碍发散性思维萌发。

正如我们上面列举的关于香水包装的例子，香水制造商通过生产带有巨大盈利潜力的简易礼品包装盒为客户提供便捷的服务，为销售人员赢得了更多的时间卖出更多的产品，而不是将宝贵的时间浪费在包装一个已经卖出的商品上。当然，最终也为客户节省了宝贵的时间。

颠覆性的工艺

颠覆性工艺是技术的革新，摒弃目

前的产品或服务。这样的革新通常分布在现有市场与新兴市场，因为市场的普遍规律是新兴产品总是陈列在其他产品的下面。

传统工艺的绩效很容易被大多数的客户认可、理解和接受。通常情况下，颠覆性改革的工艺很难一下子让大多数客户认可并接受，尤其是当它刚一出现的时候，其内容都需要更新、完善。你回想一下等离子和液晶屏幕刚上市时的情形，价格非常高，且质量参差不齐。或者第一代苹果手机，虽然样子看起来很新潮，使用起来也很便利，但是比其他手机都昂贵且口碑各异。但苹果手机后续不断更新就改变了整个手机市场。

客户类型

客户对于不同的新兴产品给出的反应是不同的。

美国社会学家艾佛尔瑞特·M. 罗杰斯将客户类型分成以下五种。

1. **革新型**（大约占 2.5%，其中绝大部分是年轻人或者具有巨大购买能力的人）。
2. **早期接受型**（大约占 13.5%，他们不像革新型客户那么勇于冒险，却是对大多数人有影响力的人）。
3. **先行一步的大多数**（大约占 34%，他们大多是行事比较谨慎的人）。
4. **后来才跟上的大多数**（大约占 34%，他们大多对革新持怀疑的态度）。
5. **犹豫的人**（大约占 16%，他们更信任传统的工艺，是保守型客户）。

人们需要"亲吻"很多青蛙

新产品平均开发 175 件才能发现一个真正的"王子"。3M 公司要对每一项生产过程中产生的"亲吻"次数分别加以计算。仅仅在多次便利贴这些大小不一、能多次粘贴的彩色小纸片上，它每年就能赚大笔的利润。不过，在这个产品出现以前，我们根本没有意识到，没有它们我们简直活不下去。

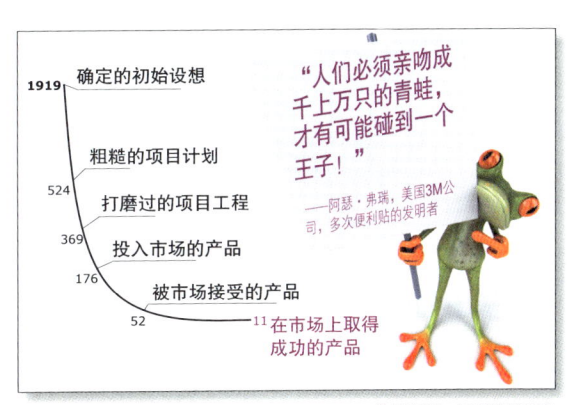

1919 确定的初始设想
524 粗糙的项目计划
　　 打磨过的项目工程
369 投入市场的产品
176 被市场接受的产品
52　11 在市场上取得成功的产品

"人们必须亲吻成千上万只的青蛙，才有可能碰到一个王子！"
——阿瑟·弗瑞，美国3M公司，多次便利贴的发明者

数据来源：其恩鲍姆模型

你能够推动哪些方面的革新？

做改变时所需要的知识

"我虽然知道的很多，但我还是想无所不知"，歌德在他的戏剧名作《浮士德》中这样写道。而在这句话的背后，许多企业以及研究机构也在经历着同样的煎熬。

很多企业缺少重要的能力，以便将他们手中的知识变成现实

专家提出的问题：十个重要的能力

级别	能力	能力所属范围
1	决断能力	社会能力
2	沟通交流能力	社会能力
3	说服能力、执行能力、处理矛盾的能力	社会能力
4	分析辩证的思维能力	方法能力
5	将专业知识运用到实际操作中的能力	专业能力
6	变革中的管理能力	方法能力
7	合作与代表的能力	社会能力
8	深化专业知识内容的能力	专业能力
9	判断、评价以及选择解决方法的能力	方法能力
10	更新专业知识的能力	专业能力

数据来源：2004年埃森哲数据

一言以蔽之，在德国，企业最看重的不是优秀的创意，而是一个目标明确、贯彻始终的改变过程。即使行业专家，也非常强调个人所具备的软技能，看重的是一个人的整体价值，即是否具备从设计到实现的能力。

德国的发明——其他国家的成功

在德国发明的技术…… 但是产品在其他国家或地区获得市场上的成功

- 传真（1929年赫尔发明） ▶ 日本
- 计算机（1941年楚克发明） ▶ 美国/日本
- 转子发动机（1957年汪克尔发明） ▶ 日本
- 电动时钟驱动（1964年迪尔发明） ▶ 日本/中国香港
- 视频2000（1969年格鲁恩迪西发明） ▶ 日本
- 微处理器（1974年奥林匹亚发明） ▶ 日本
- CD光碟（1973年菲利普斯/格鲁恩迪西发明） ▶ 日本
- 抗癌药"干扰素"（1983年碧欧芬公司发明） ▶ 美国
- MP3标准（1998年弗劳恩霍夫IIS发明制定） ▶ 法国/日本

> 创新理念和创新的评价方法必须包含技术和经济标准，只是不能太严苛。

数据来源：亨茨勒尔/施拜特，为德国倒计时

"德国是一个肯对出现的问题进行钻研的国家，但非常可惜的是，它并不是一个擅长解决问题的国家。"埃里克·T.汉森在他的著作《德意志星球》中这样描述。他的观察点非常有趣，并且他观察得非常仔细。在将寻找错误与计划未来这两件事情完全割裂开来处理方面，德国是一个"优秀得无可比拟的国家"，而在汉森的家乡则是完全相反的情形，"如果你没有好点子的话，那么就请你闭嘴，让我们来完成这些工作"。这两种截然不同的处理方法所导致的结果如上图所示。

改革的能力

自2005年以来，联邦德国工业协会与德国电话基金会共同请求德国经济研究所每年发表德国改革现状报告。从报告中可以看出，德国的改革魄力仅位列所调查国家的正中间。

研究将德国定位为"改革能力羸弱的国家。相较于其他在此方面成绩卓越的国家的法律和政府，德国的法律与政府并没有给予企业风险资本的保障，而且推动企业与国民行为方式改革的手段也少之又少"。瑞典人、瑞士人以及美国人对改革这件事的重视及接纳程度要远远超过德国人。

国家	数值
瑞典	7.00
美国	6.92
瑞士	6.81
芬兰	6.65
丹麦	6.00
日本	5.64
英国	5.38
德国	5.18
荷兰	5.00
加拿大	4.90
法国	4.56
爱尔兰	4.36
比利时	4.35
奥地利	4.14
韩国	3.87
西班牙	1.38
意大利	1.00

数据来源：《2007年德国改革现状报告》

德国需要更多的企业家

"急寻创建人"，经济研究学者这样标注德国现在的改革现况，并说："实施改革意味着不惧怕改变。所有成功的企业都具备这个特点，但遗憾的是，在德国企业中没有这样强势的灵魂领军人物……"德国的邻居——奥地利看起来不比德国强，不过另外一个邻居——瑞士，其国民却明显要比德国国民在对待改革这个问题更加迫切。现在是急需改变我们思想观念的时候了！

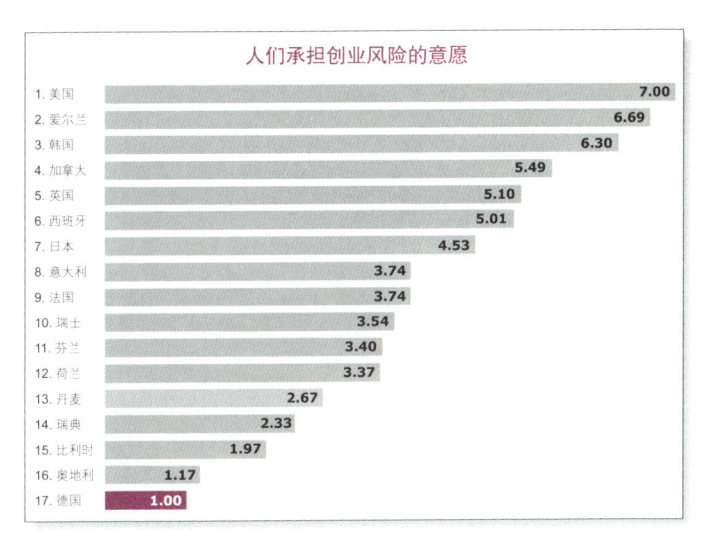

人们承担创业风险的意愿

	国家	数值
1.	美国	7.00
2.	爱尔兰	6.69
3.	韩国	6.30
4.	加拿大	5.49
5.	英国	5.10
6.	西班牙	5.01
7.	日本	4.53
8.	意大利	3.74
9.	法国	3.74
10.	瑞士	3.54
11.	芬兰	3.40
12.	荷兰	3.37
13.	丹麦	2.67
14.	瑞典	2.33
15.	比利时	1.97
16.	奥地利	1.17
17.	德国	1.00

原始数据：国家标准局

Was wir brauchen,
sind ein paar
verrückte Leute.
Seht euch an, wohin
uns die Normalen
gebracht haben.

我们需要的正是一些疯狂的人。你们看看你们自己，众多的条条框框已经把我们带到何处去了。

——爱尔兰剧作家、诺贝尔文学奖获得者萧伯纳

06

第6章
发现潜在机遇
CHANCEN-
INTELLIGENZ

拓　展　未　知　领　域
Erfolgspotenziale aktivieren

"天才是百分之一的灵感再加上百分之九十九的努力。"

  这是天才发明家、成功企业家托马斯·阿尔瓦·爱迪生给那些模仿他的人以及试图模仿他的人的忠告。这样的忠告听起来似乎意味着，很多很多的工作，即使从事的人没有任何神奇的天赋，也能达到成功的彼岸。当然，有时候我们的确需要那百分之一的天赋去发现我们的机会并且准确地抓住它。我喜欢把这种能力叫作"机遇智慧"。

  我们的一生中能遇到多少次机会？每个人能得到的都同样多吗？到底有没有扫帚星和幸运星？还是说，人们更需要的是抓住出现的机会，然后竭力工作，完善提出的创意，最终实现目标。人类幸福心理研究者为我们揭开天生扫帚星的神秘面纱，他们认为有关于此的说法不过是无知的人用来骗人的。英国心理学家理查德·威斯曼博士曾花费8年时间跟踪调查了400人的生活。这些人都是从小便获得"扫帚星"或"幸运星"称号的。他总结道，从小被称为"幸运星"的人大都不会拒绝新的体验，他们拥有非常庞大的人际关系网，更相信灵感的力量，对待人生的态度积极向上，即使身处逆境也相信凭借自己的力量能解决眼前的各种问题。当然我们也可以说，"幸运星"的人对生活中遇到的事情与选择的可能性能更智慧地加以处理。

  机遇智慧的第一层含义便是发现机遇的能力；第二层含义是利用机遇的能力；第三层含义是获取机遇的能力。无论在商务活动中还是个人生活中，这三种能力同等重要。其成功的秘诀在于：第一，对于新体验与不同的可能性保持宽容的心态；第二，一个可以信赖的评判系统。因为并非每一个"方便的机会"都是一次真正的机遇，它们中有些并不值得我们花费时间和精力。我们不能被生命中出现的种种事物分散注意力，仅仅因为它们来得特别容易看起来好像挺有趣，但却不能给我们带来实际的效益。机遇智慧所需要的前提是目标明确。对于越来越细分、竞争者越来越多的市场来说，这种能力显得非常重要：机遇智慧高的企业家具有开拓新市场的能力，并且能对已经存在的市场进行合理规避利用。英士国际商学院的两个教授打了一个非常好的比喻——"蓝海战略"。谁要是敢于向市场上新的处女地"蓝海"挺进，谁就可以成功避开"红海"的残酷厮杀。

机遇智慧

请你想象剥一个橙子，大概会有十二瓣。这十二瓣橙子就代表我们一生中会遇到的机遇次数。这里所说的不是所有机会的总数，而是那些你有可能抓住并能利用上的机会数量。如果你错过其中的九个，那么你还可以利用另外三个。这三个就是我们在那十二个中能意识到的机遇。即使你在这三个中的两个上犯了错误，那么你手中仍然有一个能把握住的机遇，而这一个就是你生命中真正能把握利用，对你产生好的影响的机遇。

实际情况是，对于生命中的绝大多数机遇，我们都视而不见，或者虽然看到了但却不把它们当作机遇。即使那些我们能意识到的机遇，我们能利用的部分也只是其中非常少的一部分。很多人都喜欢这样抱怨："我的生活中从来就没有出现过机遇！"然而这到底是不是真实的情况，我们不好轻易评判。他们是真的没有遇到机遇，还是他们没有看到出现在眼前的机遇？他们中的很多人只是一门心思地过自己的生活，没有看到他们错过了一个又一个闪着金光的机遇，就像那些只见树木不见森林的人。还有一种可能就是，这些人虽然看到了他们面前的机遇，但是他们在机遇面前却做了错误的决定，这样的事情也时常发生在我们任何一个人的身上。这样的结果就是我们所做的一切努力都将付之东流。因为机遇只是一个契机，理想的结果还需要人们通过自己的辛勤努力才能获得；机遇不是一个附带成功结果的礼物。成功的公式如下所示：

机遇 + 对机遇所做的努力 = 成功

即使有些人不被命运之神眷顾，很少遇到什么机遇，我们还可以问一个问题，你给自己"创造"过多少机会呢？我们再把刚才那个橙子拿在手上，看看有哪些方面没有看到吧。它们代表的是那些没有放在银光闪闪的托盘里，被人用双手捧到我们面前的机遇；那些需要我们自身通过努力才能获得的机遇。

你对新生事物能采取包容接纳的态度，认清现实并抓住机遇吗？

带有吸引力的目标

目标是我们生命中的指南针。无论什么时候，每当我们具体设计实现我们目标或远景的可能性时，我们都不得不将它们进行重新定位和考量。因为有时候，甚至经常在一些关键步骤上，不是难关重重就是会有绊脚石让我们摔倒。而我们最终能否达到目标取决于我们是否被这些困难吓倒。现在我们又回到最初的问题上：我们的目标是不是带有巨大的"吸引力"？有人问了：我们的目标真的有那么大的吸引力，能将我们从好逸恶劳的路上拉回来吗？如果我们决心不惜一切代价也要到达某个地方，我们个人实现目标的意志力就会足够强大。

事实上，我们每个人的生命中都有足够的"特惠供给"。联想一下在购买食品时经常发生的事情吧，你总能看到商家在搞促销活动。所有的"特惠供给"都有一些相同的特点。首先，它们都很便宜；其次，特惠商品的作用是招揽顾客前来购买。而他们在收银处所付的钱却比他们实际计划花费的要多，心里却认为自己通过购买特惠商品节省了开支。与此同时，他们完全想不到在寻找的过程中浪费了多少的时间与精力。这样的行为所带来的不过是多方面的消耗，以及麻烦无比的购买过程。

我常常看到一些人，他们的人生目标并不明确。这种情形所导致的结果就是他们的目标也不能像磁铁一样吸引他们径直向前。他们的注意力总会被那些"特惠供给品"吸引过去——那些看起来"实惠"的机遇其实并不能帮助他们在达成目标的路上走得更远。在眼花缭乱的"特惠供给"面前，很多人根本看不清到底哪个才是能帮助自己实现人生目标的选项，甚至在职业的选择上也常常出现这种完全不知所措的情况。

太多的人根本不是前往他们真心想去的地方，而是去往有"特惠品"的地方。这样一来，他们经历的"特惠品"可能今天是炒锅，明天是股票，而后天又变成了其他东西。当然，这些"特惠品"也可能都是"实惠"的，但是由于品种繁复多样，特性各不相同，它们并不能形成一股统一的力量，将我们的生命向我们最初的目标拉近。

生活中的特惠供给

你的目标是什么呢？这里指的是那个能发挥指导作用，能将你的生命（或企业）朝正确的方向牵引的目标。

蓝海战略

英士国际商学院的两名教授——W. 钱·金与勒妮·莫博涅在枫丹白露发表了他们的研究成果："你的竞争对手只用一种方法就可以将你打倒，即人们听从他们的建议，尝试他们的产品。"

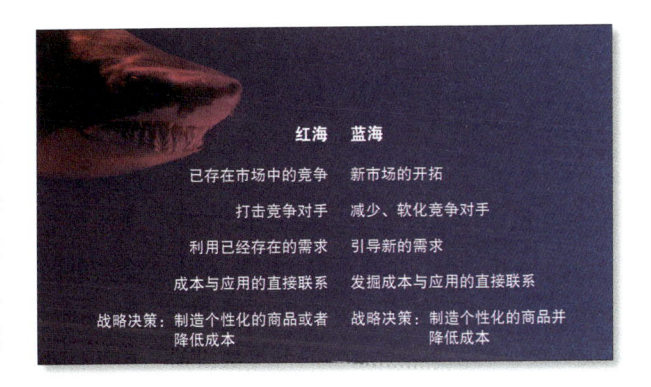

红海	蓝海
已存在市场中的竞争	新市场的开拓
打击竞争对手	减少、软化竞争对手
利用已经存在的需求	引导新的需求
成本与应用的直接联系	发掘成本与应用的直接联系
战略决策：制造个性化的商品或者降低成本	战略决策：制造个性化的商品并降低成本

你的战略则是：开拓新的市场领域，避免卷入几乎波及所有已存在市场的残酷竞争。那些"红色海洋"区域就是已经存在的市场领域，它们就像充满鲨鱼的鱼缸，谁如果纵身而入，那么只有被吃掉的下场。谁如果在还没有被开发的"蓝海"里大展身手，那么他就很可能获得大量的需求、稳定的产品以及许许多多同类产品开发者。从而，他就利用了一个别人都没有看到的机会。

杜塞雷马戏团：应用曲线的比较

一家加拿大企业接下一个项目——"重新打造"马戏团。著名的杜塞雷马戏团的确具有许多与其他同类竞争对手完全不同之处：他们没有很多表演明星，也没有大量的动物，更没有那些传统的杂技表演。与之相反的是，他们所有的表演都像戏剧表演一样，具有故事情节，而且他们的表演场地也被布置得非常吸引人。通过这些因素，这个马戏团把他们的观众群体定位在与普通马戏观众完全不同的一类人群上：与那些拖家带口去看动物表演的观众不同，他们有能力支付价格高昂的入场券。

他们的战略指导路线是，当其他马戏团还在为是否能继续生存下去而残酷竞争时，他们早在 1984 年前，已将自己的经典剧目《流水线上的童话》在世界范围内上演了无数场。他们拥有 4000

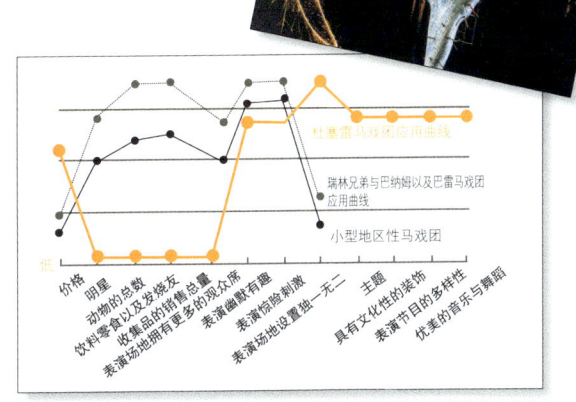

图片来源：《蓝海战略》，W. 钱·金，勒妮·莫博涅，英格里德·普洛斯·吉尔

Der Pessimist sieht
Schwierigkeiten bei
jeder Gelegenheit.
Der Optimist erkennt
die Gelegenheiten
bei jeder

悲观主义者在每一个机会面前都只是看到困难；乐观主义者在每一个困难面前都能发现机会。

——英国哲学家劳伦斯·皮尔萨·杰克斯

哪里是你的"蓝色海洋"？
在你的产品的市场领域，哪些因素可以由你改变，为你创造一个少有竞争对手的细分领域？

名员工，并把他的创建者古埃拉·里布特从一个街头艺人变成百万富翁。虽然这家马戏团在某些方面所提供的可能性比它的同类竞争者要少得多。

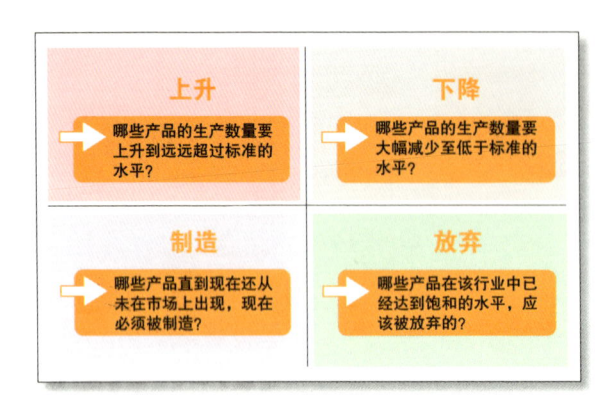

上升 哪些产品的生产数量要上升到远远超过标准的水平？	下降 哪些产品的生产数量要大幅减少至低于标准的水平？
制造 哪些产品直到现在还从未在市场上出现，现在必须被制造？	放弃 哪些产品在该行业中已经达到饱和的水平，应该被放弃的？

新市场：四个决策领域范围

手工业者的工具人人都能使用，你应该舍弃全能的机器，占领新兴市场。请你将企业按照产品特点拆分，反问自己，下列这些操作方法可以选取哪些应用于你的产品。

- 继续推行 / 上升？
- 舍弃 / 忽略？
- 限制 / 减少？
- 重新发明 / 应用到生产？

如此这般抓住你的商业机遇！

1. 与有趣的人交往——有意识地与那些"不同"的人，从事不同工作的人，看待这个世界与你截然相反的人交往。
2. 时常将目光投向你所从事行业以外的领域，思考其他地方的那些人都在做什么。
3. 向那些对你的企业"完全没有概念"的人询问他们的观点，他们很可能会为你带来巨大的惊喜。
4. 像海绵吸水一样吸收各个领域的信息：从互联网、书本、报纸杂志、各种讲座、各种培训课上……这样，你将保持头脑清醒并且不会与时代脱节。
5. 畅想一下你的"蓝图"：如果发生什么，我将怎么做（例如，如果这三个愿望能够实现，那么……如果你能没有风险地投资100万欧元，那么……如果……）。如果你属于清醒思考的人，那么就为自己寻找一名勇于创新的实践伙伴吧。
6. 偶尔尝试一下那些你"从未"尝试过的事情。
7. 请你将那些句子，诸如"这根本就不可能"，从你的经典语录中划去。请你再想想，这是否真的根本不可行。
8. 经常性地给自己一个小小的创新时间，让自己的思维无所顾忌地天马行空。在装宠物鼠的小金笼子里是产生不出什么绝妙的好点子的。
9. 如果在你的头脑中有灵感闪现，请你马上把它写下来！因为稍后也许你就会把它忘掉。

例如，苹果公司总是能不断地用新奇的产品外观设计以及颠覆性的科技手段在竞争激烈的传统电子产品市场赢得大量的客户，而且他们产品的价格永远高出同类。关于另一个改变战略的企业案例可以参考右图中的内容。

成功企业

成功企业获得成功的主要因素有：

- **上升**：通过精英演讲者——乌尔里希·维克特、萨米·莫尔授或者汉斯·欧拉夫·汉高，企业能获得更多优秀的中层领导，而这些中层领导人是所有投入中价格最为低廉的投资。
- **忽略**：对于昂贵的投资项目应该果断放弃（比如，性价比不高的固定表演节目、给人留下深刻印象的入场程序、参与者得到的写有名字的胸牌以及演讲的书面材料）。谁要是能有一张入场券，那么谁就能尽情享受所有精彩的演讲。
- **减少**：对于参与者数量的传统高要求必须降低。我们所举办的演讲不应该只允许极个别与此有特殊关联的人参加，越成功的企业自然会拥有越多的听众。因为无论是两万人、两千人，还是五百人参加的演讲，如果你的演讲本身没有价值，无论如何限制参会人数，演讲都不会有价值。
- **形式**：成功的企业还衍生出"知识订阅"这个形式，这无论在任何领域都是新鲜事物。就像剧院也会推出演出年票一样，客户一次就预定十次聆听演讲的入场券。

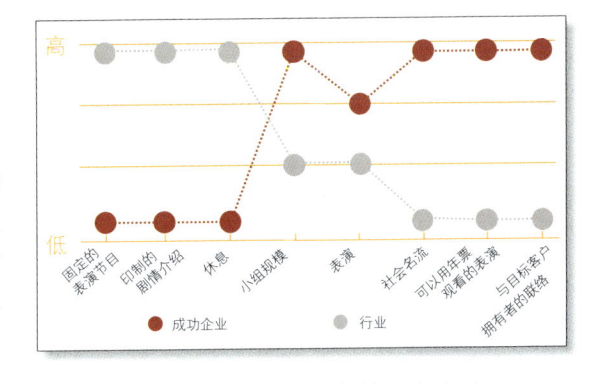

即使成功企业也会在某些方面比它的同业竞争者表现得要"差"一些，比如听众不够专业，其中的某些部分看起来不那么精致等。但是，成功企业却会在那些具有决定性的因素上做得比其他企业都出色，比如，演讲者的知名度高以及提供价格合理的入场券。请你放弃在每一方面都做得比同行要好的不切实际的想法！总的来说，战略决策是正确的，企业就很难不优秀！

07

第7章
从最好的地方获益
VON DEN BESTEN PROFITIEREN

用下一个实践代替最好的实践
Next Practice statt Best Practice

> **"我们的习惯是一条绳索。我们每天都在向里面添加一根新线,到最后我们就再也挣脱不开这条绳索了。"**

诺贝尔文学奖获得者托马斯·曼曾说过上面这段话。不过法国作家让·谷克多则发表过更加刻薄的评论:"大多数人都生活在他们的习惯里。"在很多企业中,人们也多是舒服地将自己安置在经年形成的习惯中不思进取。"这我们早就在做呢""这我们还从来没做过呢""这根本行不通的",人们总是这样把革新者的新创意武断地否决掉。相对于对彻底革新的接受,我们更倾向于一再改良、优化现有的或者正在应用的,让它运转得再快一些,让它再省钱一些,让它再多节省一些时间。但是,最关键的是不能改变现有的规则。只是你有没有想过,这样做却越来越难打败行业内的竞争对手了。

用下一个实践代替最好的实践是企业竞争的黄金定律。这就意味着对创造性的追求和开发新的可能性,以及突破旧习惯。只有拥有改革的魄力,才能大步地向前迈进。迪克·福斯贝里以自身的经历向人们证实了这个道理。福斯贝里创造的一种全新的跳高技术——背跃式("福斯贝里跳")刷新了跳高的世界纪录。在此之前,他受到多方面的阻力,大家都建议他接受箭跃式或者跨越式跳跃。"叛逆者"在最开始总是缺少同盟,他的教练曾建议他去马戏团试试身手;他的竞争对手也肆无忌惮地嘲笑他,直到福斯贝里在墨西哥城刷新奥运会纪录并夺得金牌。这绝对是个实践的经典案例。今天,所有的跳高运动员都在采用福斯贝里的跳法。

有时,关掉你的汽车导航仪,尝试一下陌生的道路会别有一番景象。"转换惯有程序"——改变管理专家皮特·克鲁斯教授这样定义,而且他还建议大家,当你被问起关于改革风险性问题的事情时,你也不该回避。幸运的是,把创新当作企业之宝而非威胁的企业家如雨后春笋,他们对有关于此的讲座与新技术也展示出了极大的热情。当然,这些革新技术是否明智,也可以接受众人的质疑。著名心理学家米哈里·契克森米哈认为:首先,创新能力是以个人能力为先决条件的;其次,创新者需要一个宽容的创造环境;最后,创新行为是一个个人行为满足感的体验过程。总的来说,创新需要的是真正的人才以及人才所需的自由空间。

战略方法之一：保持幽默！

为什么不出租一头奶牛？

在一些餐馆所有者的推动下，近些年餐馆的服务内容发生了巨大改变。每一位瑞士阿尔卑斯山农人联合会的成员都可以从 150 头奶牛中借一头。不过，阿尔卑斯奶酪商也会从"他们"所拥有的奶牛身上获得额外的收益。

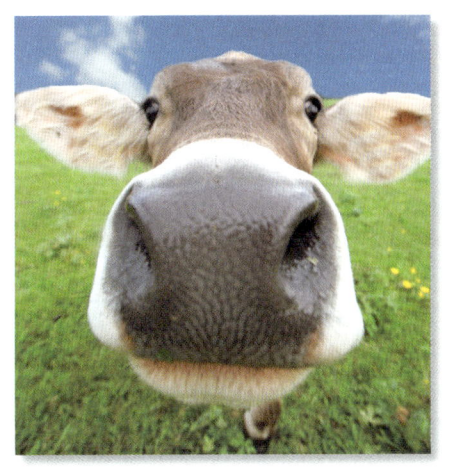

你愿意坐着这只奇怪的大鸟飞行吗？

仅 2007 年，就有超过 1 亿乘客被美国国内航空线路以低廉的价格及优质的服务深深吸引。当西南航空的航班发生严重误点时，该航班的乘客们得到的不是一张免费就餐券，而是获得一次参加"看谁的照片最丑"的比赛。他们可以将自己驾照或护照上的照片交给航空公司，获得最丑照片第一名的乘客将获得一张免费搭乘西南航空的机会，而其他乘客也因此获得了好心情。

称赞

直到今天我还一直奇怪，为什么那 100 多个没有获得免费机票的乘客不但没有生气，还能兴致勃勃地在候机大厅争论到底谁的照片最难看。面对这样的现象，柏林洪堡大学展开了一个"飞机延误娱乐"的研究项目。

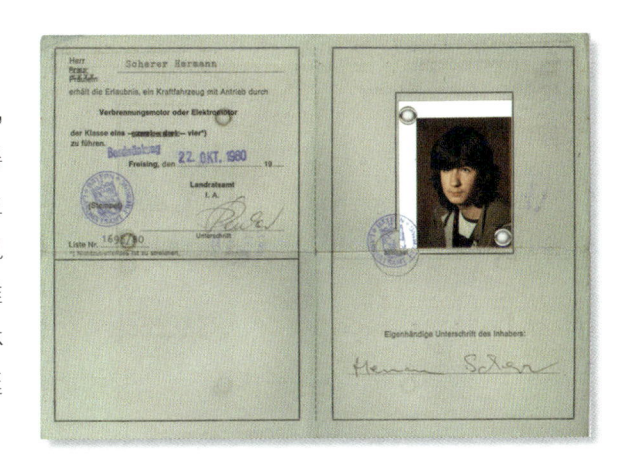

战略方法之二：一定要独一无二！

请你光临世界上独一无二的米歇尔大米饭商店

"我们来过，我们看过了，我们做过饭了。"米歇尔大米饭商店的店主这样自豪地对外宣布，因为他的企业经营得非常成功，即使在他那里人们"只能"吃到一种食物，即米歇尔大米饭。米歇尔大米饭商店提供几十种大米饭的形式，顾客不仅可以去堂食，还可以点外卖。

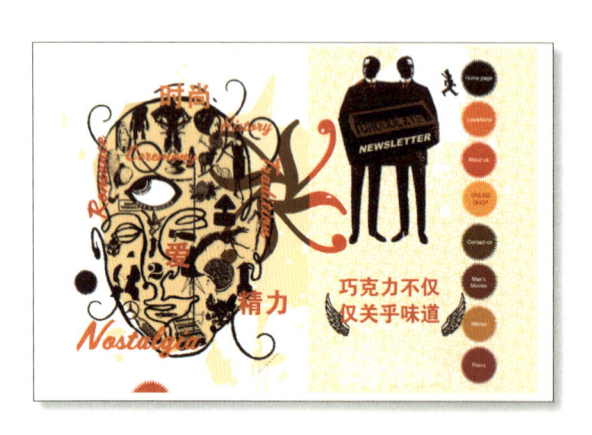

巧克力，别把它仅仅当作巧克力……

有一家叫作马克思·勃兰登纳尔的巧克力餐馆，这也是一家经营成功的独特的餐馆。而这家店的分店也遍布全球各地，不仅在纽约的百老汇，而且在澳大利亚、新加坡以及以色列，人们都可以找到。

成功的创新者

许多获奖者在企业发展的过程中都成了各自行业中的重要人物：如冈瑟·费尔曼，他一早就认识到眼镜行业的潜在危机；再如瑞安航空的首席执行官迈克尔奥·利瑞，他所提供的低价机票是任何一家航空公司都不能比拟的；还有阿道夫·默克尔通过他的拉缔欧药厂在制药行业的革新，由此成为制药行业众人争相效仿的对象。"那些在发展策略上具有进攻性的企业对市场的发展做出了巨大的贡献，"《经济周刊》曾这样写道，"就像安装了极其敏锐的接收天线一样，他们总是知道如何掌握需求与供给的平衡……几乎每一个有魄力的革新者都能提炼出作为精华的战略决策，并能使别人为他们企业的良好运转付出努力。"

> 再见平庸！哪里满满的都是人，哪里就再没什么可以获得的东西了。

战略方法之三：制定行业中的价格规则！③

从邋遢鬼到名牌产品

当拿索斯古典音乐乐团开始启动时，整个行业都不看好他们。它的创建者克劳斯·海曼既不请明星演奏家，也不组织管弦乐队。他们只是录制与出售古典音乐的低价成品，而后来风靡世界 60 多个国家，人们都称拿索斯古典音乐乐团为"世界最优秀的古典乐团"。

一条艺术牛仔裤能便宜到什么程度

经济杂志《激情》曾经写过一篇标题"名牌与廉价"的报道。报道所描写的对象是一个瑞典新兴品牌，叫作"廉价星期一的艺术牛仔裤"。这个牌子的嬉皮牛仔裤每条售价在 40～50 欧元不等，仅是同类产品售价的 1/10。该公司创建的第一年，他们就售出了 8000 条，两年之后，他们就已经售出了 150 万条。

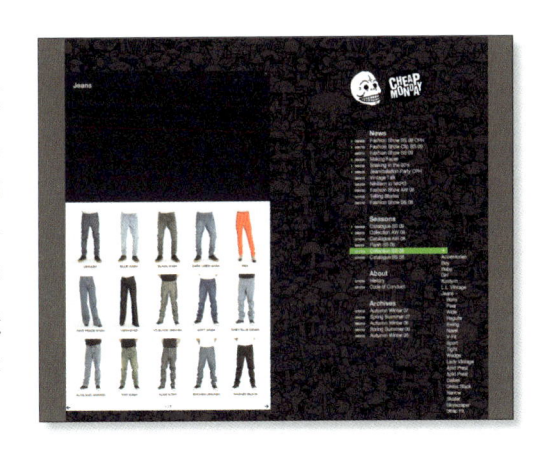

那么有没有物美价廉的艺术品呢？

斯蒂芬妮·哈利希与马克·乌尔里希两个人不顾艺术市场上不成文的规定，毅然以大多数人可以接受的价格出售艺术照片。他们的经营理念是：让充满激情的艺术原作以照片的形式与合理的价格让更多的人拥有。这两个人成功的秘诀是每一件艺术品照片的数量都是有限制的，不过又比先前的惯例多那么一些。他们的经营战略就是通过薄利多销来保持企业的顺利发展。

而现今，从柏林到纽约再到苏黎世，全球已经有 12 家卢马思艺术画廊开业。

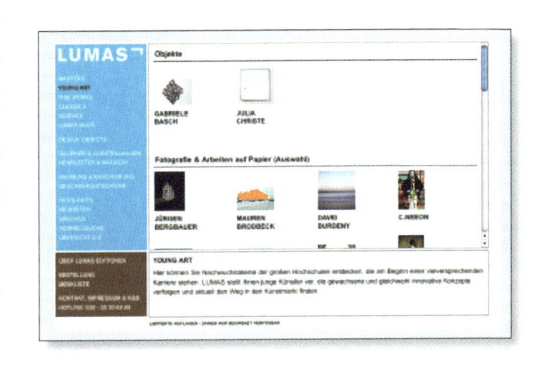

第 7 章 从最好的地方获益

④ 战略方法之四：让你的产品成为稀缺品

"美国运通贵宾黑卡是全世界发行量最为稀少且价值最高的信用卡品种。拥有这张黑卡就等于拥有了一张踏入现代贵族社会的入场券。而那个圈子在全世界范围内只有极少数人能够踏入。"

纯粹的排他性

美国运通黑卡是不能任由客户自由申请的，只有具有非凡购买能力的客户才能获得公司总裁的亲自邀请，并亲手把这张象征着身份与尊贵的卡片送到他们手上。对于每年四位数的服务费用，该黑卡的所有者几乎能享受到所有他们想得到的服务。

让客户与其他人相比具有排他的特性

"并非为每一个人"——这是一个纺织品公司为其产品所做的宣传语。他们生产的男士内衣让每一位穿着它的客户都具有一种文化气息。不过这家公司的杀手锏是其产品的有限性：每30天仅有一种供发烧友收集的新款式推出——公司网站首页的广告语就是"最后一款可能是再也不推出的内衣"。除此以外，公司还为每一款内衣都配上各种各样的故事并在太空以及深海检验其内衣的舒适度。

稀缺性是可以行得通的

捷豹汽车：其特别款敞篷系列XK3.5在全世界只生产了300辆。"所生产的汽车几乎只够满足提前递交订单的客户"，N-TV在2008年9月的新闻中如此报道。

沛纳海手表：这家意大利制表商最初是专门为国家战斗潜水员生产手表的公司。他们每年只生产为数不多的一些特别型号手表，而这样的行为则激起了全球手表迷们的热情追捧。总产量为150只的"鲁米那1950八天"款，在德国售价居然已经高达16900欧元一只；而仅仅一年之后，该公司继而推出的"索斯拜"型号售价则上升到了72800欧元一只。

帕尼尼集藏贴纸："德国人都在哪里？"《南德日报》在2006年女足世界杯前这样发问。这个问题其实问出了所有球迷贴纸集藏者的心声，因为每个球迷都希望自己的集藏册中能有一张德国球员的贴纸。这种方式连甜食制造商费列罗也一直在使用。你想想，你已经多少次因为你的孩子想收集惊喜巧克力蛋里的集藏小物件而摇晃过（或购买过）它们？

战略方法之五：请你讲一个不为人知的故事！

如何将笔记本卖到 12 欧元一个

很多有随时记笔记习惯的艺术家和知识分子都知道这个牌子的笔记本：在意大利 Modo & Modo 公司被法国公司 Moleskin 接手以后，人们在博物馆的纪念品商店、书店以及艺术设计品商店都可以找到这个牌子的笔记本。为什么人们愿意为一个几乎没有机会在外人面前显示的笔记本花费超过 10 欧元呢？这正是因为 Moleskin 出产的并非一般硬壳封皮的笔记本，而是作为一种艺术家与知识分子"传奇笔记本"而推出的笔记本。从梵高到毕加索，从美国作家海明威到英国作家查特文，众多极具代表性人物的很多手稿、笔记、构思都是被写在 Moleskine 笔记本上的。旅行作家布鲁斯·查特文甚至将这个笔记本写进了他的小说中。在他全世界范围销量巨大的小说《梦的轨迹》中，他描述了自己是如何年复一年地为一家巴黎纸业公司生产的笔记本所痴迷的，直到 1986 年该笔记本在图尔不幸停产。"从此，世上再也没有 Moleskine 笔记本了"，这位巴黎文具制造商以如此充满戏剧性的语调向世界宣布。通常情况下，人们只有在伟大的诗人或者思想家逝世的时候才会这样沉痛宣布。1998 年一个米兰的出版商将这种笔记本赋予了一个有诗意的名字之后又将它成功复活了。具有这样与众不同传统的笔记本，追随着查特文的脚步，Moleskine 笔记本作为必备之品又开始了它新的旅程。这个故事具有一切生产商所必需的能够留住客户的因素：知名的主人公、具有戏剧性的转变、一位智慧勇敢又富有爱心让传奇得以延续的英雄，当然还有公司与各大艺术家以及博物馆的合作。一个由该公司注册的网络论坛每天的访问量都高达 5000次。Moleskine 笔记本让人们相信，谁要是不够卓越的话，那么他的思想就不配写在这样传奇的笔记本上。

Willst du was gelten, mach dich selten!

你要是想有成效,那么就让自己变得稀缺!

——古老的销售原则

❻ 战略方法之六：让你的产品变成潮流的引导者

谁说卫生纸只能是单一的白色

西班牙造纸厂 Renova 生产的卫生纸不是普通的白色，而是各种各样的颜色。通过这个创意，他们生产的卫生纸成为顶尖的艺术设计产品。另一家美国公司创意方法联合公司选择的也是相同的战略路线。它们所生产的清洁剂在设计理念上兼顾了环保的需求，也就是说它们的产品是：设计 + 环保 + 卫生。因为它们倡导"乐治（LOHAS）"的潮流。意为"Lifestyles of Health and Sustainability"，以一种新的健康及自足的形态生活。

未来播客——企业内交互式学习

是谁说的，企业中的进修行为只能是单向发生的？林格纳尔咨询公司是"未来沟通"的专家。这种沟通咨询将企业引导到 2.0——多层交互式沟通的层面，并让这些沟通的结果满足企业的需求。例如，欧宝汽车的销售是以客户为中心的典范，林格纳尔咨询公司的史蒂芬 - 马格努斯与 V-max KG 为他们开发了一种可行的交流模式——播客，通过播客平台，使用者可以实现实时沟通。播客是怎么工作的呢？简单来说，播客就是一个对话平台。在工作日，客户所发出的信息会直接传递给对应的销售员，而传递工作都是由计算机程序自动进行的。反馈功能则是为了每隔一段时间统计播客用户所讨论的问题以及收集用户提出的中肯建议。同时，在公司内部形成了一个有价值的讨论氛围：从上级到下级，从下级到上级，涵盖横向、斜向与纵向等多方向的信息流。这种设计的成功之处在于，在测试期结束后，统计表明每一条广播都有超过 94% 的用户收听过，超过 1/3 的用户表示在整个试用过程中销售量增加了。

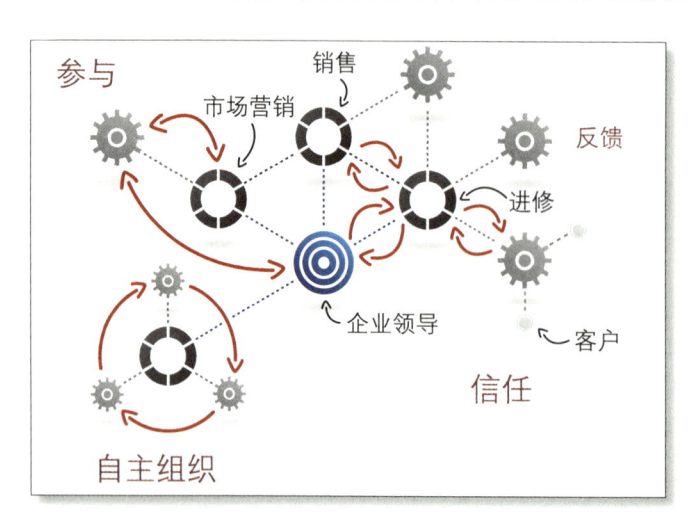

战略方法之七：借鉴其他行业的战略 ⑦

律师从花展上学习到的

餐馆、花店、健身中心……不论什么形式的企业都有他们特有的经营方式。那么为什么律师事务所或法律咨询顾问不需要有自己的经营战略决策呢？这个问题是雷吉塔斯法律事务服务中心的创建人提出的。

这个由律师联合组织的服务中心不仅提供给那些从事自由职业的律师一个可以进入社会的机会，还为他们提供一个自由交换经验的场所。此外，前文中所提到的奶牛租借的案例，也是企业创建人在看到其他行业的经营行为时想出的主意：既然人们可以租一辆汽车，那么，人们为什么不能租赁一头奶牛呢？

派克农贸市场，鲜鱼市场：鱼贩子为你提供精彩的超级秀

谁要是来西雅图观光，那么绝对不能错过派克农贸市场。这个鲜鱼市场可不是你在生活中常见的那种普通鱼市，而是一个即兴表演的演出场地。那些鱼贩子看起来都像是受过专业表演训练似的，他们可以拿鱼市的人开玩笑，可以把手里的鱼耍得漫天翻飞，可以大声叫着喊出他们的要求。更多关于这座"世界上最著名的鱼贩剧场"的现场表演信息，你可以参阅《鱼》这本书，这本描述派克农贸市场的书已经在全世界销售超过100万册。我们可以从这个鱼市上节目表演的效果中借鉴如何激发企业员工的工作积极性。如果人人都能在任务的重压下找到充满乐趣的"鱼市"，那么，拥有一间气氛轻松愉快的办公室将不再是梦想。

你能从同行企业和其他行业的企业中学到什么？

⑧ 战略方法之八：用旧的传统创造新的机遇

纯手工制作的夹心巧克力糖

"请你与我们一起体验发现纯手工制作、新鲜的夹心巧克力糖的世界吧！你要享受不同寻常的高质量生活吗？这些价格适中的新鲜巧克力夹心糖将带你踏入享受的圣殿。"巧克力夹心糖俱乐部是如此宣传它的产品的。这家俱乐部是由一位电气工程师与一位企业销售人员联合创立的，只有能天马行空思考的人才能像黑马一样横空出世。

在裁缝那里你就像皇帝一般

"不论是晚装还是西装全都为你量身定做"，多尔茨这家价格高昂的裁缝店通过它的优质产品以及无可挑剔的服务把自己的分店从汉堡开到了慕尼黑。在这家店里，它的经营理念也是用旧的传统创造新的机遇，为自己量身定做一身独一无二的衣服，而不是从成衣店购买与大多数人"一模一样的成衣"。此外，在其他一些行业中，也有用旧传统打开新局面的情况。比如，手工缝制的鞋子、手工制作的首饰、手工烹制的精品美食。"在我们这个年代，手工制作的产品会带来文艺复兴的气息"，经济杂志《激情》曾这样写道。

从硬纸板获得的创意灵感

"1970年，发生了最后一次手提袋革命。我认为那是一个彻头彻尾以革新为目的的为提东西人着想的革新。"罗伯特·帕彻尔如是说。这位奥地利人在2005年创建了世界上第一家也是唯一一家专门以硬纸板为原材料生产手拉小车的公司。这种新型运输工具主要针对那些需要在展会上往来运送宣传产品而设计的。他们的客户除了那些大型葡萄酒生产商以外，还有Agfa（爱克发·吉华集团）、ABB（电力和自动化技术的全球领导厂商）和科隆国际展会。

战略方法之九：创造一切新东西 ⑨

有系统地获得新创意（后继步骤之一）

创新绝非是灵机一动或在毫无准备的情况下突如其来的。一个有组织、有计划的创新例子便出自位于斯图加特的世界知名企业——博世。它生产的汽车配件排名世界第一，它生产的建筑工具排名世界第二。从可以灵活运动的机械手臂到第一次实现系列更新换代的ABS系统，博世公司以其不计其数的新发明而获得大量利润，最终使自己成为最著名的企业之一。记者哈拉德·维伦布洛克通过研究得出以下并非仅仅适合大型企业的结论。

1. 系统化
博世公司拥有一个"点子仓库"，那里有1300名创意人员。他们被允许提出短期内可以实现的创新点子。

2. 可持续性
博世公司能够耐心地等待创新人员的实验。你的第一个创新点子就能立即在生产实践中获得成功。

3. 实用主义
博世公司只跟踪那些能为他们带来实际收益的创新。你要不断地反问自己，你的计划能否给企业带来更多的客户。

4. 勇气
博世公司敢于冒险，他们不怕尝试那些在实践前期没有成功保障的创新。没有冒险就没有成功。

5. 想象力
博世公司让不同部门的员工一起参加讨论会，为他们制造共同创造不可思议的新创意的机会。请你给那些必将随着创新而产生的混乱一个固定的空间。

6. 幸运
博世公司跟踪实验大量的创新，很多时候，正确的创新会出现在正确的时间。防抱死制动系统——ABS系统便是从一个边缘性技术一跃成为最新的汽车保险标准。那头不幸的"被测试的麋鹿"出现得是多么及时。熟能生巧。你越能积极实践你的新创意，就越能掌握抓住正确的时机，要有抓住偶然事件的能力。

7. 结果
博世公司拥有一位乐于且勇于创新的革新经理（定量分配资源，营造积极面对失败的企业文化，其主要任务是创新）。基本上，全公司8%的利润要投入到研究与开发之中。新创意需要自由的环境以及资金的支持。

有系统地获得新创意（后继步骤之二）

企业创新行为包含几个必不可少的因素：勇气、专业能力、持久性，这些我们已经在前面介绍过了。在这里，我们必须感谢为我们开发如何更有效发展新创意的瑞士天体物理学家弗里茨·茨威奇，以及他以形态学理论为基础所设计的立方体模型。这个模型将人们遇到的问题拆分为许多微小的单一因素，并为每个单一因素罗列可能的解决方法。以此为辅助手法，通过将立方体上不同的"抽屉"拉开的方式，我们可以系统地检查以不同组合形式出现问题的可能性。一个简单的矩阵也可以在二维空间分析解决问题。

形态学结构组合方块

请你想象一下，你面前有一个巨大的聚氯乙烯立方体，而它能帮助你思考产品组合的可能性。对于一个产品非常重要的基本参数有："材料""大小"以及"形状"。对于每一个参量都有不同的组合数据可供参考：对于形状来说，有圆柱形、四方形和球形；对于材料来说，有玻璃、金属和硬纸板等。其中很多组合可能会由于各种各样的因素（如费用、技术等）被否决掉；与此同时，人们可以将注意力专注于另外一些可能性上。而这些可能性中的某些在没有形态学结构组合方块的帮助下，是不容易被想到的。

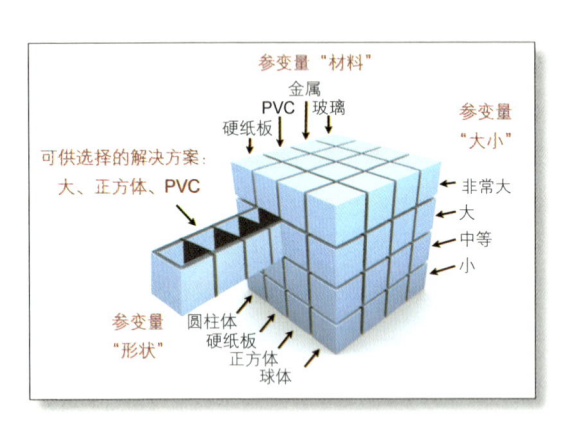

形态学方阵

这种矩阵方式是将参数与解决的可能性放在一个二维的表格中综合考虑其组合的可能性。这里的例子便是如何组织一个会议活动。在这里，组织者需要决定的是会议的主题、活动的形式、举办地点等细节。当收集到所有的建议后，组织者便可以一目了然地评价各种可能性的优劣，找到一个系统且有条理的解决方法。正如上页图中所显示的一个在柏林的露天场地举办的关于"危机时期的领导能力"的会议。

专为葡萄干迷制造

三个来自帕绍的德国大学生创建了"我的燕麦片"网店。仅仅两个星期后，他们的第一批产品就销售一空。客户可以从他们的网店里提供的 56600 种不同种类的燕麦片组合中选出自己想要尝试的产品。这个充满想象力的团队获得《德国金融时报》当年颁发的"最优秀创建人奖"、联邦德国经济部颁发的"多媒体企业创建人奖"，并被评为明星企业，电视及网络上布满他们的广告。第二年，他们的小商店就以"急速膨胀"的趋势占领了整个欧洲市场。

你想要家庭式祖传名牌吗？

"制造属于你自己的啤酒、葡萄酒或水"——如果你是布莱乌托皮亚公司的客户，那就完全不成问题。布莱乌托皮亚是一家美国饮料供应商，人们可以用几分钟的时间在网上订购所需的饮料并设计自己喜欢的商标图案，而这一系列服务不但没有最少订购量或必须支付的费用，还包含"100% 的现金返还保证"。

> **定制**
>
> 人们把商家将某一系列产品按照客户本人要求分别生产的行为称为定制。这一服务行为在汽车制造业或软件制造业已非常普遍。不过像上文提及的，麦片制造与饮料设计不仅没有同行业第二家公司与他们竞争，而且，在其他领域也还没有类似的案例。在这个越来越多产品批量生产的时代，个性化的需要也在随之增加。

对此你能做出何种应对呢？

Kreativität ist, wenn aus vielen Sachen nichts wird.

创造力就是从混乱中找到出路的能力。

——跨国公司福伊特主席海尔穆特·阔尔曼

战略方法之十一：提供多种多样的场所

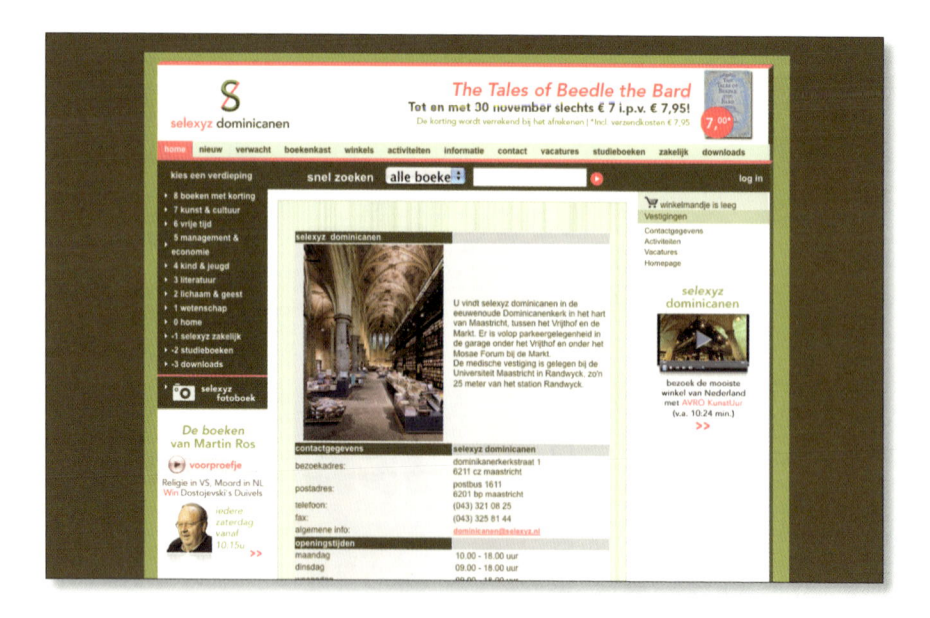

一家拥有特别氛围的书店

书籍也可以看起来完全不同。在荷兰马斯特里赫特市，人们将一家书店建在了一座有 800 年历史的多米尼卡纳教堂中，马斯特里赫特市也由于这座教堂书店而世界闻名。除此之外，还有一家酒店与一家城市档案馆分别建造在完全意想不到的地方。如果你入住克鲁舍尔恩酒店，那么你所下榻的地方事实上是一座废弃的哥特式修道院。因此，这就难怪这座城市每年都能有 1400 万游客前来观光了。

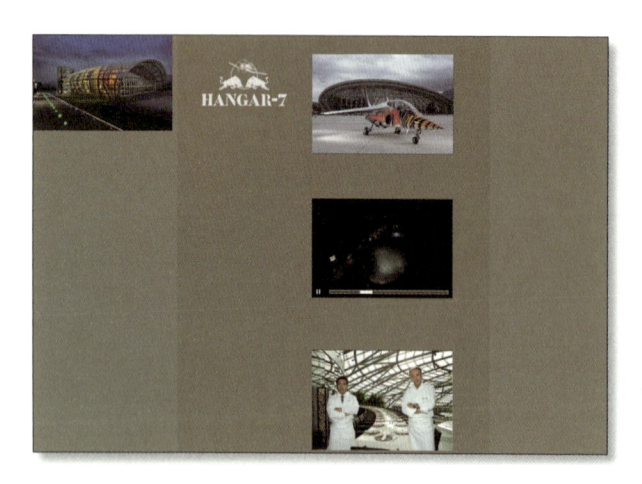

创意其实就在最开始的那个想法

"在一个能容得下想象与创造的地方。"七号机库的运营商在萨尔斯堡飞机场这样讲道。除了一家艺术品展览中心和一家咖啡馆，这里还有一家叫作伊卡璐斯的餐厅。除了埃卡德·维茨格曼以外，这家餐厅每个月都会有一位国际知名厨师来担任客座主厨。

08

第8章
建立关系网
NETZWERKSTATT

社 会 交 往 是 通 向
成 功 的 必 经 之 路
Networking für Fortgeschrittene

"你认识谁将变得比你知道什么更重要。"

　　企业咨询专家德罗伊特在他最近的研究中指出，今天我们生活的世界每天都在变得比前一天更复杂。这样的发展趋势决定了人们认识的人要比自己拥有的知识更重要。未来趋势研究专家马提亚斯·霍尔克斯也这样认为："在未来社会中，人们的生存手段是由"社交网"建立的。

　　上面提到的这个观点虽然比较新奇，但就像你心里所想的一样，建立人际网对于我们来说早已不是什么爆炸性的新发现了。也许你曾经疑惑，为什么每年的慕尼黑啤酒节的开幕剪彩都固定在肖特哈梅尔家的帐篷中举行？

　　事实上，答案非常简单。1950年，机灵的小酒馆主肖特哈梅尔与当时的慕尼黑市长托马斯·魏默尔建立了亲密的私人关系，而在那一年的啤酒节上，市长亲自来他的帐篷进行拜访。一番品尝之后，市长表示这里的酒菜是他有生以来品尝过的最好的。第二年啤酒节时，魏默尔市长又来光顾肖特哈梅尔家的帐篷，并表示每年都要来肖特哈梅尔家的帐篷品尝酒菜，这成了他的个人习惯。当年如果不是冯·托恩与塔克西斯家族跟当时的皇室建立了良好关系，他们也不可能通过垄断邮政行业而创造富可敌国的神话。这是发生在400年前的事情。其实，在亚当与夏娃共同创造人类历史的同时，人际关系史也与人类本身同步发展着。

　　据估计，在美国，大约有70%的人的工作是通过熟人介绍而获得的。在德国也同样如此，又有谁愿意花费大量时间和金钱为某一职位的合适人选而阅读数以万计的简历呢？因此，通过熟人介绍而获得机会，其成功率要远远高于凭借个人

能力而得来。

我们每个人都或多或少有一些人际关系网。据调查统计，每个德国人通过他们的熟人关系平均能与1900个人建立联系。这张网中所包含的人从街角面包店的店员到前同事再到一起打高尔夫的俱乐部成员。我们面临的问题是，如何才能在企业日常经营中有目的地合理维护并有效利用这些人际关系。每当两个供应商在价格、产品质量以及服务等各个方面极为相似时，人际关系将最终决定取舍，也许是同一个企业联合会的成员，也许是某位经营伙伴的推荐，也许是在某次会议中与其交谈过的人。

你在为你的企业寻找建筑队、税务咨询或法律顾问吗？你愿意在电话号码簿上查找他们的联系方式，还是通过熟人获得更可靠的信息呢？

就像那句话所说的，关系网只会伤害那些不拥有它的人。不过我所指的关系网是依赖整个企业运作系统建立的，而不是为了个人利益或霸王营销而建立的私利的关系网。我所说的关系网是指一种双赢的企业间的合作关系。就像你所看到的，打开任何一个网页都可以发现无数新的可能性。当然，建立关系网的核心还是每个人的个人兴趣与关系发展所带来的潜在发展趋势。到底是做一个网页或建立一个公众号更能受到客户的青睐，还是受到市长本人的推荐更能得到客户的信任呢？

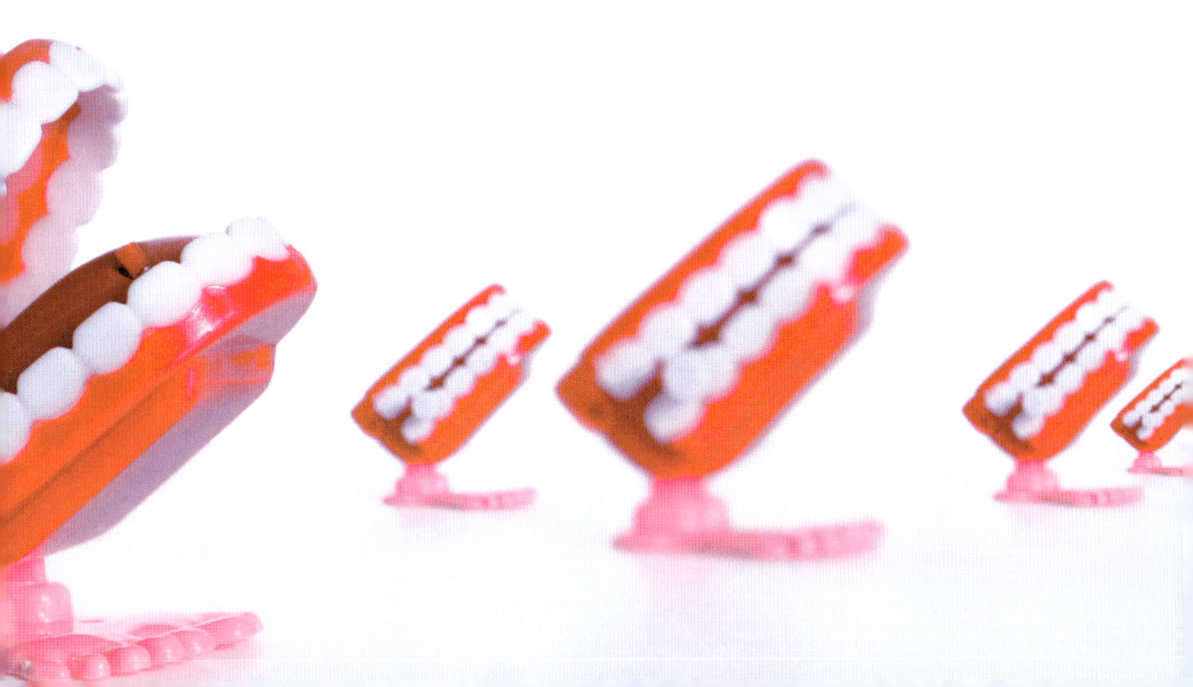

为什么需要建立人际关系网？

简单来说是为了与别人建立联系，带来源源不断的合作意向

+ 减少风险
+ 建立新合作
+ 平衡个人财政赤字
+ 保留工作岗位
+ 帮助招募人才
+ 弥补企业产品与服务的缺陷

＝增强企业的市场竞争力，同时保证企业在市场中得以生存

在企业的日常运营中，人际关系网的建立既可以推动企业发展，又可以交换信息。不过，无论怎样都是为了借助别人的一臂之力，以及在日后有机会取得双赢的结果。通过本书，读者将以科学的视角解析人际关系网及其作用。

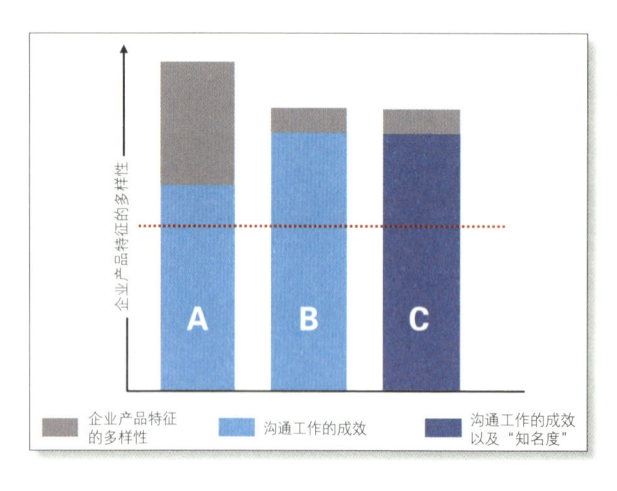

人际关系，如果没有人知道，再好的产品也没有意义

你是否曾为这样的结果感到惊讶：一个产品并不如你的企业所提供的产品却将你取而代之，获得了你也想得到的重要合作伙伴。

其实这很可能只是因为你的竞争者比你拥有更好的人际关系。通常是人际关系网络或者某些关键人物的推荐在各种竞争中起了至关重要的作用，而企业产品自身的多种特性只是其次的考量因素。在左边的图中你可以看到，产品C在三种产品中被最多的人接受，获得了最多的销售合同，即使产品A在这三者中的客观质量"更好"。

你的人际关系网有多大？你都认识些什么人？其实，最关键的是，有哪些人认识你？

个人升迁的各种因素是什么？

关于这个问题，IBM 的企业领导已经追问了很多年。从调查结果来看，个人专业知识能力在事业成功的全部因素中只占 10%。有效的自我包装与自我营销要比专业知识能力更重要，占全部因素的 30%。而所有因素中最重要的、影响力最大的是关系。就像本章开篇时提到的，你知道什么并不重要，关键的是你认识谁……

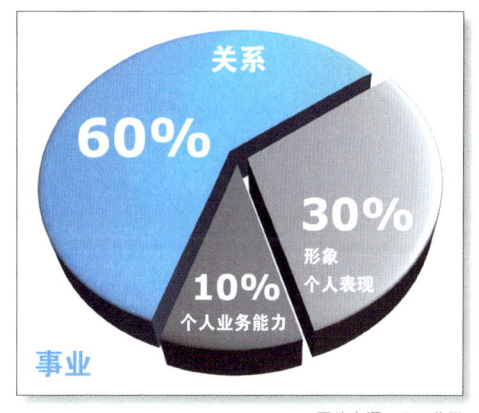

图片来源：IBM 公司

社交网络的几何增长——一个巨大的人际关系网

你有兴趣跟我们一起做个小实验吗？如果可以的话，那么请你拿出一张 A4 大小的白纸，把它反复折叠 50 次。也许你会在折到第七次的时候就放弃了，因为那时你所叠纸张的厚度已是

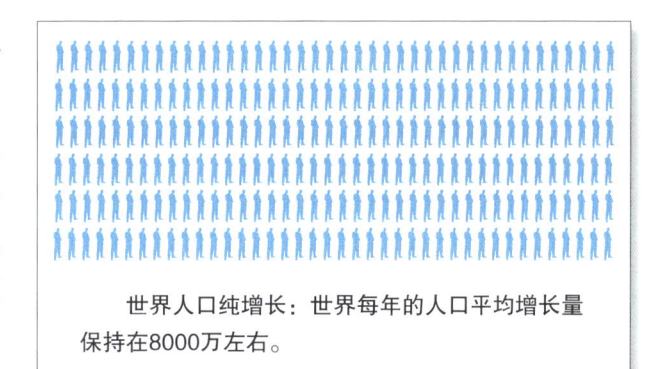

世界人口纯增长：世界每年的人口平均增长量保持在8000万左右。

128 张纸的厚度了。折叠如此厚的纸需要有非常大的力气。折叠到第八次的时候，相当于 256 张叠放在一起的纸。纸的厚度是呈几何级数增加的。在人际关系网络建立上，能与你建立联系的人数也可能与此相似。正是这个原因，我才会提到"社交网络的几何增长"。"世界真小"的确是一件让人不可思议的事情！

你认识他吗？

这是非常有可能的事情，虽然可能会通过几个中间人。因为我们生活的这个世界范围有限：每个人只需要通过最多六个人就能认识其他任何人。这个实验是一位美国的社会学家发起的，通过电子邮件参与实验的 6 万多人分别来自 166 个国家。通过这个方法美国哥伦比亚大学的教授邓肯·J. 瓦茨终于证明了早在社会学领域存在了 60 多年的"世界真小"的假设，并且还得出了具体的数据。另外一位社会心理学家斯坦利·米尔格兰姆在稍晚一些时候用他的研究成果补充了更加令人惊讶的数据——地球上每两个人都能最多通过六个人而相识。

Wie weit ein
Manager aufsteigt,
ist auch eine
Frage seiner
Verbindungen-nur
mag dies kaum einer
zugeben.

一位经理人最终能走多远在于他的人际关系网有多大。虽然几乎没有人愿意承认这一点。

——《职业经理人》杂志

你该如何使用互联网来查找呢？

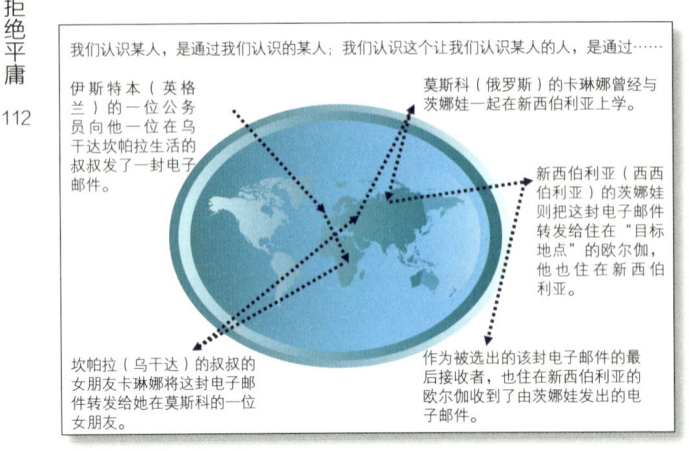

我们认识某人，是通过我们认识的某人；我们认识这个让我们认识某人的人，是通过……

伊斯特本（英格兰）的一位公务员向他一位在乌干达坎帕拉生活的叔叔发了一封电子邮件。

莫斯科（俄罗斯）的卡琳娜曾经与茨娜娃一起在新西伯利亚上学。

新西伯利亚（西西伯利亚）的茨娜娃则把这封电子邮件转发给住在"目标地点"的欧尔伽，他也住在新西伯利亚。

坎帕拉（乌干达）的叔叔的女朋友卡琳娜将这封电子邮件转发给她在莫斯科的一位女朋友。

作为被选出的该封电子邮件的最后接收者，也住在新西伯利亚的欧尔伽收到了由茨娜娃发出的电子邮件。

这个世界很小

邓肯·丁瓦茨设计的新实验是请所有参加者将一封电子邮件在熟人中尽可能地转发，直到它被 18 个接收人收到，并经过 13 个不同的国家。所有接收人的个人信息（如，姓名、职业、家庭住址）是公开的。从左边图中箭头所表示的

网络中的网络

"XING"是目前欧洲成长速度最快的网站。截至 2008 年底，这家著名的企业网站已经拥有 600 万注册用户。这些用户又在世界范围内自行分散成 19000 个以不同职业为依据的专家小组。可以肯定地说，你所从事的职业在"XING"网站上已经有建立好的专家小组了，只要你也加入其中，你就会获得许多你专业领域中有价值的联系方式。很长时间以来，"XING"网站都被各行业内的专业人士当作联络资源数据库来应用，它既是大公司企业的人力资源部门或职业猎头的招聘工具，也是业内人士的招聘工具。具体案例如下所示：

1. 一个依据不同行业划分而成的大型企业"XING"数据库建立后，任何一家企业都可以通过该网站筛选所有该行业的企业领导人。除此以外，他们还可以随时了解到该圈子中的注册用户随时更新的信息以及新近加入的成员。人们可以通过简单的"欢迎你的加入"或"我们真高兴你也加入我们"的欢迎语来建立与别人的第一次联系。矛盾的是，很多在"XING"网站上互相认识的人之间的关系也不会比那些在街上散步时认识的人或一起在大学上大课时认识的人关系更加紧密。这样的网站与我们现实中社交网络的运作原理是一样的。

2. 新改革的企业管理学校圣伽仑大学开始提供职业经理人课程。人们在那里读一个 MBA 课程需要缴纳将近 3 万欧元的学费，但是读一个职业经理人课程只需要缴纳 5000 多欧元的学费。毕业之后，60% 以上的学员都会在"XING"网站上注册，参加该课程的"毕业生社交圈"，在这个圈子里，他们会收到各期学员的消息。

3. 一家舞蹈学校的经营者在我的一次报告之后这样对我说："谢勒先生，B2B 的经营模式有它不可替代的好处。但是如果我想在一家舞蹈学校中开设多种课程的话，这种模式对于我来说却没有任何帮助。"接下来我和他一起在"XING"网站上做了一番查找工作，查找谁在曼海姆居住，并且爱好跳舞。通过鼠标的几次点击之后，这位听我演讲的舞蹈学校经营者卖出了 90 个舞蹈课程——这可是在几分钟的时间内就搞定了他往后三个月的收入。

你可以加入并应用哪些网络上的人际关系？

路径上，你可以看到一个身处英格兰的公务员是如何通过熟人的熟人与一位身处西西伯利亚的新西伯利亚居民取得联系的。

用"XING"沟通，更无障碍

"谁与谁相识"（一个交友网站）上形成的网络交友关系和交际网络已经被事实证明对实际的商业活动是有推动作用的。

网聚世界

随着职场交际网站的数量不断增多，不同软件使用体验上的差异也越发明显。如在"XING"网站上你可以随意注册登录；而 spock 网站则会在你注册成功前收集许多关于你的个人资料，这难免会让人感到有些不太舒服。

请将我加入你的联系人名单

第一时间获取定制信息

你知道谷歌快讯功能吗？它能向你发送你需要的最新实时消息。这个简便操作的工具能在第一时间向你发送定制的信息，如关于你的竞争对手、企业客户还有合作伙伴的信息等。你只需在网络上给出查找关键词，如竞争对手的企业名称，那么，只要这家企业的名字在互联网上任何一个地方被提及，你就能立即在电子邮箱中收到相关报道。当然，只要有任何媒体在网络上报道你的消息，这个快讯功能也不会忽略你的名字。

有目的地了解最新情况

谷歌还提供另外一项查找功能，即人们可以通过谷歌网页上给出的严格筛选定义，订阅自己需要的新闻报道。目前，谷歌所提供的查找源已超过700个。通过使用这个工具，你就不必再苦苦等待媒体编辑偶尔想起来时才把有关于你的报道整理出来发送给你了。

网络工具在每一代都是不同的

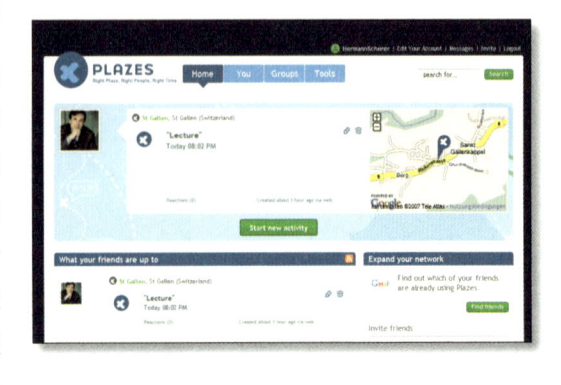

昨天你们刚见过面。如果你想实时了解你的联络对象现在在哪里、正在做什么，那么我建议你使用PLAZES网站。当你在这个网站上注册后，在未来每一次你打开计算机或手机时，你都能了解谁现在正在哪里。这样一来，你也可以更加实时灵活地完善你个人的人际关系网。

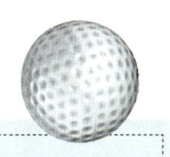

与他人建立联系需要有创造性

谁要是能灵活地运用互联网，谁就能比别人获得更多的信息，也可以更巧妙地与他人建立联系。比如，你需要联系的人非常喜爱打高尔夫球，而这个消息是你从他在某个网页上填写的资料中获得的，你就可以根据这条关键信息，每周想一个办法送给他一个高尔夫球。我向你保证，不用很长时间，这个高尔夫球爱好者就会自己来找你询问送给他礼物的原因了。除此以外，我们还有很多方法帮助你达到相同的效果。

不必害怕体型巨大的动物

你是怎么成为 CEO 的？这个问题是一位科隆的女中学生给德国 63 位企业领导者提出的问题。其中，有 35 位给她写了回信，这当中的绝大多数人甚至是亲自提笔写的，而极少数是请他们的助理或宣传部门的工作人员代笔的。从各位领导的回信中，这位女学生得到了多家公司的实习邀请。法兰克福证券公司的老总甚至邀请她到公司来，并表示希望可以认识她本人。保时捷汽车的老总韦德金送给她一辆保时捷汽车的模型，别看只是模型，却表达了公司对她的认可。通过这个故事可以看出，一位 18 岁的孩子就是这样与超过 30 位顶级公司的负责人建立联系的。

这位女学生所收到回信中的两封。

迪特·阿姆尔，奇宝咖啡 CEO："作为一名经理人，必须学会倾听，还要具备决断力。当然这还包括有勇气尝试新的、未知的路径。最重要的是人们必须真的有兴趣做这些事情，并且保持对他人的尊重。人们并不能计划一个持续上升的事业。人们只能在正确的时间、正确的地点，遇到正确的事物。而我恰恰多拥有了几次这样的幸运。"

迪特·尼尔施，途易集团人力资源总经理："无论什么时候，接受扎实的教育培训是必不可少的。这当然不一定非得是大学教育，但必须是能够开发你全局思维以及分析能力的教育。除此以外，你还要有良好的社交能力、宽容度、可以使人信服的能力、坚持贯彻决定的能力以及对各种文化的接纳能力和强大的表达能力。"

尊敬的贝尔诺塔特先生：

我是一位住在科隆的18岁女孩。我的理想是将来成为一名职业经理人。虽然我现在才刚刚中学毕业，但是我认为在以后的职业生涯中，如果可以承担许多责任以及有做决定的权力将是一件非常有意思的事情。比如，我的父亲就是一位医院的主任医师，当然，他的工作职责除了治病救人之外还包括许多领导性事务。

我还在RTL电视台的领导部门有过一次实习经历，当然由于这个经历我更加坚定了对实现愿望的信心。所以我想，关于一个优秀的职业经理人应该具有的素质与能力，也许您能给我一些有益的建议。

如果您能花上一点时间回答我下面提出的问题，我将不胜感激！

一位优秀的职业经理人应该具备什么样的素质与能力？我该怎样做才能在将来从事这项工作做最好的准备？阅读哪些书籍？

为了成为一名优秀的CEO，我必须学习哪些知识，获得今天的成功之前必须完成的？如果有的话，是什么事情？您当年是如何看到这件事情的重要性的？

如果您能给我一些建议，我将非常感谢！

再次感谢您能够抽出宝贵的时间回答我的问题，也一定有很多重要的事情需要完成。

此致

敬礼   阿丽萨·米夏艾拉·寇克斯

为你的人际关系网做一次盘点！

- 我已经认识了谁？（心智图）
- 我还想认识谁？为什么？
- 谁能有效扩展我的人际关系网？
- 我能为这些人做什么正确的事情？
- 我能提供给潜在的人际关系网中的成员什么需要的东西？
- 这些人能为我做什么？
- 我能（在哪里以及）如何结识这些人？或者谁能认识这些人？

哪些人际关系现实中是你能够利用的？

你应该说些什么……

1) 名字
2) 公司
3) 职位
4) 责任范围
5) 你目前所接手的任务
6) 当下的经济趋势对你企业的影响
7) 如何获得参加本次活动的机会
8) 正在争取的客户群体
9) 对你企业进行简单的介绍以及一部"30秒的迷你广告短片"
10) "如果有我能为你效力的事情，请你随时给我电话！"

小对话研究

斯坦福商学院曾经做过一个有趣的调查，他们统计了所有从该校毕业的学员在通过学校考试的十年后各自处于什么位置。调查结果显示，最终考试成绩完全不能作为这些学员日后能否成功的衡量尺度。决定成功的因素反而是他们能否与他人良好对话的能力。与他人展开对话的能力，即通过一个"日常的小话题"将两个人的对话自然引入他们实际对话的目的。

建立人际关系网的十三黄金定律

1) 请你首先找出哪些人应该被你网罗到你的关系网中。
2) 请你尽早与他们取得联系。
3) 请你尽量多地随身携带自己的名片。
4) 请培养你自己一些恰当的爱好。
5) 请你尽量多地记住人名，并在日常生活中运用它们。
6) 请你不要在与别人的谈话中抽烟、喝酒以及吃东西。
7) 请你不要将时间浪费在对你不感兴趣或者你不感兴趣的人身上。
8) 请你保持活力四射、积极乐观的形象。
9) 请你在聚会开始或结束时尽量站在进出口附近。
10) 请你将2/3的交流时间留给那些你不认识的人。
11) 请你在对你的对话伙伴做出判断之前更多地了解他的情况。
12) 请你为自己准备一份优秀的宣传材料，但不要在这上面做过度营销。
13) 请你立即在收到的名片背面写下对方的重要信息。

什么是一部30秒的迷你广告短片？

营销专家称这种能力为"电梯演讲"：请你想象一下，你与你梦想中的大客户一起搭乘一部电梯，而你只有30秒的时间与其谈话。为了给你的客户留下一个深刻的印象，你应该对他说什么？具体有以下几条建议。

- 请你以"客户为中心"思考：你对面的那个人对什么最感兴趣？
- 请你用一句话唤醒客户对你的兴趣：可以借助一张图片或者一个例子。
- 请你表现出自身的与众不同：你与你的竞争者之间的差别是什么？
- 请你画一张图画：案例与故事总能比具体数据以及少有人理解的专业术语更能令人印象深刻。
- 请你用一个请求结束你的演讲，并告诉我，你是如何促成你的收益以及想达到什么样的目标。

建立人际关系网的策略

请你定期离开你的办公桌！
有时，与他人建立联系比拥有专业知识重要得多。

请你维护好与他人的关系！
帮助对方回忆你与其相识的场景。比如，通过微信告诉对方"今天是我们相识一百天纪念日"。

保持你的兴趣！
请你通过讲述扣人心弦的故事引起对方继续往下听的兴趣。要学会灵活运用《一千零一夜》的讲故事技巧。

询问与你对话的人，有什么事情是你可以为他做的……

千万要记住，不是你与对方的对话能为自己带来什么好处。

请你重视"请你认识我"的准则……
除了成为勇于开拓型的企业外，令你的产品更有说服力也是让别人认识你的上佳选择。

请你运用舞台！
请你寻找合适的机会演讲（比如，在地方性企业联合会上），请你组织进修课程以及研讨会（比如，对象是你的客户）。

请你在各种联络网与俱乐部中承担一定的职务！

请你通过积极参与各项活动将众人的注意力吸引到自己身上（比如，参加区域性经济联合会或者企业网络组织）。

请你将其他人组织到一起来！
通过此举，你将成为在这个关系网中一个有正面影响力的核心人物。

出让你的一些利益！
在你企业允许的范围内，你可以将一些小利益出让给那些你希望与其保持联系的人。

向专家寻求建议！
你可以为某本书组织一场采访或者专家研讨会。

组织一场"大型的活动"！
如此，你将获得媒体的关注与报道，以及与某些人的联络，这样的结果是很难用金钱换来的。正是通过这样的手段，直到今天我依旧是那个能"把比尔·克林顿带到德国来的人"。

请你一定要相信，你的慷慨是有所回报的！
请你不要总是算计你为对方做了什么事，而对方又为你做了什么事。请你不要怀疑，总的来说，你的付出与收获是平衡的。

《一千零一夜》所讲的故事是：相传古代有个萨桑国，国王山鲁亚尔生性残暴，因王后行为不端，将其杀死，此后每日娶一少女，翌日晨即杀掉，以示报复。宰相的女儿山鲁佐德为拯救无辜的女子，自愿嫁给国王，用讲述故事的方法吸引国王，每夜讲到精彩处，天刚好亮了，使国王不忍心杀她，允许她下一夜继续讲。她的故事一直讲了一千零一夜，国王终于被感动，与她白首偕老。

建立人际关系网时千万不能做的事情

- 说不在场的第三方的坏话
- 耗费你与对方的友谊（太早、太多、太频繁……）
- 超越对方的底线
- 团体中所属成员名单随手交给其他人
- 对待关系网中的同事没有对待陌生人热情、友善
- 忽冷忽热的联络
- 激怒人际关系网中的伙伴
- 促销（具有强制性的自我推销手段）
- 错误的持久性（"再好的东西也会过时的"）

人际关系网的建立是一个长期的投入过程，世上没有能在很短时间内就建立起来的稳固的互助关系。一个稳固关系的建立需要双方相互付出并且赢得对方信任，最终达到共同合作的目的。如果谁急于求成，并且不注意礼仪，那么他将不能得到自己的同盟。

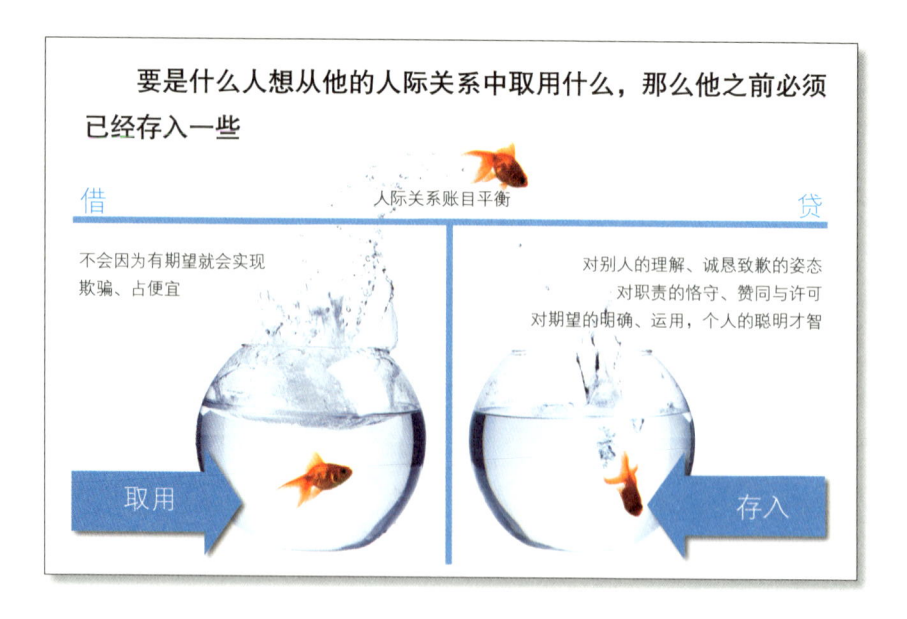

要是什么人想从他的人际关系中取用什么，那么他之前必须已经存入一些

借　　　　　　　　　人际关系账目平衡　　　　　　　　　贷

不会因为有期望就会实现　　　　　　　　对别人的理解、诚恳致歉的姿态
欺骗、占便宜　　　　　　　　　　　　对职责的恪守、赞同与许可
　　　　　　　　　　　　　　　　　　对期望的明确、运用、个人的聪明才智

取用　　　　　　　　　　　　　　　　　　　　　　　　　　　　　存入

关系账户

正如上图所示，在"关系账户"中借、贷的都是非物质的价值。所有能建立信任的行为，都是账户中存入的价值。谁要是使对方失去信任，那么他可就要小心了，因为他账户中的价值马上就会成为负债。

内向的人如何建立人际关系

很多总是站在公众关注焦点上的人，如电影演员、喜剧影星、主持人等，他们自我评价最重要的性格特点却是"害羞"。他们就是能向你表明害羞是可以克服的活生生的例子。

一些附加的小建议：

- 你不必从一开始就改变你的观点，你可以先改变自己的行为方式。
- 请你停止将自己的恐惧（害怕被拒绝、害怕被否定等）归结到别人身上。
- 请你更多地注意自己的外表，穿着合适的衣服，努力给别人留下一个良好

> 成功的过程是很容易被别人学习的，而别人学习不到的是一家企业的文化，以及这家企业的员工是如何对待他们的客户的。

的第一印象。这样也可以让你更有自信。
- 请注意你的个人观点。谁要是认为自己没人喜欢，他待人接物的方式就会由于此心理投射而发生改变（自我实现预言）。
- 在你的弱势方面加强训练。假如没有失误，那么你会感到如释重负。

- 害羞是可以克服的困难，消除你的性格障碍吧！
- 多从积极的方面评价你的性格，很多人认为谦虚是美德！
- 为你自己制订一个循序渐进的学习计划，从最简单的情况到具有挑战性的难题！
- 在一个小型团队中承担一些责任。
- 请你不要因为小小的挫折而失去前进的勇气（即使是最会与人交往的人也不是每一次都能够成功的）。
- 请你亲自体验与其他人在一起能令自己快乐并有成就感！

- 注意你的思维方式，停止对自己灌输消极的想法。
- 报名参加一个"小对话"的训练班。在那里，你可以和许多与你一样不擅长这方面的人一起练习这项技能。
- 请你写下你成功的经验。最好可以将每一次成功都写在一个专门记录的本子上。

现在该你上场了

人际关不必耗费大量的时间。当然你不太可能每一次都像肖特哈梅尔家的啤酒节帐篷一样获得如此大的影响力，即肖特哈梅尔家不只利用市长先生为自己做宣传，并且自 1950 年起，每年的慕尼黑啤酒节都会在肖特哈梅尔家的帐篷举行开幕式，这一模式已经成为慕尼黑啤酒节的传统。你对于人际关系网的投入一定会有所回报，虽然回报通常出现得比较出人意料，也许是在你并没有抱任何希望的时候。"运气"，哲学家与文学家常这样称呼突如其来的幸运事件。事实上这样的例子有很多，比如伦琴射线的发现。人们找到的是他们一开始并没有计划寻找的。只是，无论找到与否，人们必须做的是踏上寻找之旅。

Erfolg ist, wenn
der Kunde
zurückkommt-nicht
die Ware.

成功的标志是赢得回头客，而不是你的产品有多高的价值。

09

第9章 协作共赢
KOOPERATIONEN

联 结 协 作 实 现 共 赢
Kontrakte durch Kontakte

"独自工作的人得到叠加的效果，懂得合作的人得到翻倍的效果。"

这条箴言现在也在企业管理中逐渐渗透，人们即使不会在团队协作中想起它，也会在企业间的联合上运用它。当然，退而求其次的企业战略则是通过产品革新、有创造力的市场推广或精准的产品定位超过同行竞争者。也就是说，你的企业要在没有外援的协助下，凭借一己之力登上该领域的制高点。

若是企业间能实现纵横联合，那么它将取长补短，共同达到利益的最大化。比如，客户数量的最大化、费用大幅减少、市场覆盖面积增长。在自然界中，这种双赢的生存关系其实是随处可见的。《迈耶百科词典》中有这样的描述："不同物种间通过各取所需的方式达到各自存活的目的。"因此，我们常能看到海葵通过身上的触手保护小丑鱼不受其天敌的攻击，而小丑鱼也会将海葵的天敌从其身边除去。在植物种群中也有类似的情况，不同种群的生活环境中总是有不同的昆虫伴随。

即使你没有长期合作的打算，个别尝试性的协作联合也是非常值得的。合作能为你带来所有合作伙伴的强项，同时又不会影响你个人的决策权。这样看来，企业间的协作联合就相当于以企业为单位的人际关系网络的建立。

每一种可以良性运转的合作关系都是建立在双方之间互相信任、能为共同目标贡献力量以及开诚布公的沟通上的。若是双方不能互相信任，或者双方缺乏合作基础，达到双赢的目的也只是痴人说梦。

不过，成功的合作形式具体来看又是多种多样的。即使彼此互为竞争对手的公司也可以实现利益互惠的协作联合，最著名的例子是各大航空公司组成的"星空联盟"。德国汉莎航空公司通过其提供的"飞行里程"积累服务与其他相关企业之间的协作包括：汉莎的客户可以通过入住加盟旅店、使用加盟银行的信用卡等积攒里程积分，而各加盟公司也会通过这一共同项目拓展各自的市场影响范围。

举这个例子并不是想说明这样的协作联合只适合于大型企业，事实上，各种小型企业，甚至居民住宅区内的面包店、肉品店、副食店，都可以通过灵活的纵横联合来实现利润的增加。

你何不亲自尝试一下，体验协作联合的巨大效益呢？

通过联络获得合约

所有成功合作企业的目的都是为了效益最大化。如果合作企业之间相互将对方的强项加以利用，那么将会产生"1+1＞2"的效果。企业间合作的形式多种多样，具体有以下5种方式可供参考。

1. 最优化地满足客户需求

要是有谁订了一张飞机票，那么他通常也需要在目的地租一辆车；要是有谁在度假酒店登记入住，那么他通常也会对当地提供的旅游项目感兴趣。明智的企业会通过企业间的联合增加自己的利润。因此，人们经常看到这样的情况，一家职业咨询公司常常会与不同背景的律师事务所、个人形象咨询师以及专业摄影工作室合作，为那些正处在寻找职业或转型期的客户提供一条龙服务。

2. 赢得新的客户

你的合作者为他的既定目标客户群提供与你完全不同的服务项目，但是你也可以借助合作者所提供的平台展示你的服务与产品。比如，一个家具商店在展示的样板间使用与其合作的电器产品生产商制造的灯具，又比如在一本经济学杂志中附加一张内容有实际意义的二维码，这样那本杂志与二维码内容的咨询专家会互相借助对方的客户群为自己发展新的客户。

3. 弥补自己的弱项

不必事事亲力亲为，你可以寻找一位能与你互相取长补短的合作者。"企业的成功之道"系列讲座不仅仅靠各位著名的演讲者，还有各大宣传媒体的协助。传媒的优势在于它不仅能吸引新客户，还能与老客户建立起稳固的联系，而且人们还可以通过它分辨出不同读者的职业范畴。

4. 创造新产品

在这里，我指的是两个或两个以上的生产商共同研发一种新产品——从一个咖啡机制造商专为新出的产品咖啡垫生产某种新型咖啡机（如飞利浦电器公司与萨拉·李食品公司联手生产的"Senseo"产品系列）到专业口腔冲洗器公司欧乐B与德国博朗电器公司，以及迪士尼公司（授权生动可爱的卡通人物形象）三家公司共同联合生产的儿童电动牙刷，此外，为这款电动牙刷提供特制电池的是美国金霸王电池公司。

5. 通过品牌联合改变企业形象

当两个品牌联合时，最好彼此可以将各自的优势带给对方，从而由对方的加持获得新的瞩目。最成功的例子莫过于百年灵腕表与宾利汽车的"双B"联合了。两家企业强强联合的结果不仅使百年灵腕表拥有了宾利精确的表盘技术，还获得了宾利低调高贵的外观设计。类似的例子还有众多的针织品企业与设计公司的联合。不过，必须承认的是，这样的联合会有令品牌地位下降的风险。

谁是与你的企业相辅相成的合作伙伴？
为了提高营销联络目标的数量，
还是为了提高产品的质量？

相辅相成的合作伙伴

在美国流行一种"主客两益"的企业间合作模式。作为"主"的企业肩负作为"客"的企业的市场拓展功能。如果这种拓展能在"主""客"关系互换的情形下同样成立，那么我们就可以说这两家合作企业是相辅相成的理想合作伙伴。例如，面包商A向其所有客户寄去一封致谢信，信上明确指出，面包商A认为自己的面包若是能配以香肠生产商B所生产的香肠一起食用的话，那么味道肯定是无与伦比的。在这封信中还附有面值2欧元的香肠代金券。而香肠生产商B用相同的手段向他的客户寄出内容相同的信，并在信中附上面值2欧元的面包代金券。最终的结果显而易见，两家企业的利润都得到了相应提升。原因是他们各自的顾客也都光顾了另外一家商店，同时，顾客之间也以口耳相传的方式进行了推广。

交叉销售

交叉销售是指针对已经固定的客户群在传统的销售过程中辅以自己企业所提供的额外产品或服务：如汽车销售店为客户准备适合的冬季轮胎；银行不仅有各种类型的账户，还提供各类融资服务。这种横向销售是联系客户以及增加利润的

> **哪些协同合作可以使你企业的客户数量大幅增加，并且使你的企业与营销伙伴共同实现利润双赢或者产品设计创意？**

重要手段。而企业之间的联合也增加了这种附加产品形式以及战略决策的可能性。当企业需要拓展新客户群体时，最常用的手段便是交叉销售。在阿迪超市，人们可以买到价格低廉的笔记本电脑，或者在园艺工具销售点看到各家出版社推出的私人花园爱好者咨询指南一类的书籍。他们遵循的都是交叉销售原理。

另一个交叉销售的例子

飞利浦建议妮维雅生产男士用品，也可能是妮维雅建议跟飞利浦合作。有些企业间的协同合作最初是由一方单方面提出的，而后由双方共同提供资金支持。网络图书销售商亚马逊把交叉销售做到了几乎完美的地步，每一次无论客户在亚马逊的网页搜索什么书籍，那些与其内容相关的书籍都会作为卖家建议出现在搜索结果的页面上，不仅是相关的纸质版书籍，甚至还有有声书籍、其他相关产品等。除此以外，亚马逊还将书籍以外的各种产品引入自己的销售网站，如玩具、家用小电器、钟表、首饰、计算机以及软件等。更有意思的是，亚马逊甚至向它的终端客户提供来自其他销售商的产品，从而节约了自己的物流成本。亚马逊成功地转身成为网络销售商，它的原有客户一天比一天依赖它，而且每一天还有新的客户加入进来。如果我可以表达得比较极端，那么在某些时候，人们只需要看一眼亚马逊主页上的商品照片就能生出订单。而你又该如何将你的产品、信息或网站向其他企业推广呢？

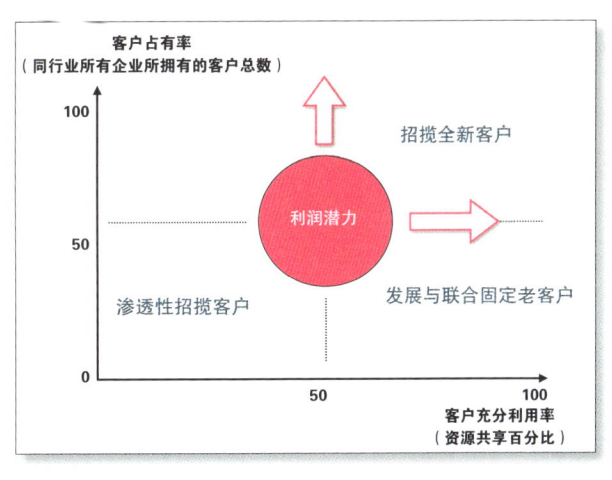

参与有创造性的协作联合

企业间的协作模式与可能性是没有一定之规的。你能想象一家保险公司该如何与一家儿童服装制造商联合生产吗？答案就是，每一位购买儿童背带裤的孩子都会自动获得该保险公司所提供的磕碰保险。儿童服装制造商可以通过此附加服务大幅提高他们产品的价格，因为家长们非常乐意为孩子的安全付出高价。与此同时，保险公司也为自己赢得了年轻的育儿家庭作为长期参保客户。

如果你已经对某个协作联合方式有自己的构想，又不希望该构想在实施中出于某种原因被废弃，那么我建议你最好与同事们做一次头脑风暴。倘若所有人一起动脑思考，那么智慧的力量是巨大的，这时候你能预先想到的因素会更加全面。

1. 联合愿望模式

请你在一张卡片上写下你的产品、服务以及行业，在另外一些卡片上写下你愿意与之合作的相关的其他行业和企业。现在你把所有的卡片混合，然后随机抽出一张，并与所有在场的人一起讨论，企业如何从具体的细节出发与其协作。

2. 计划一个超乎常规的联合模式

再次使用记录你的行业、产品、服务的卡片，在另一些卡片上写下你想到的所有行业、产品及服务类型。再次洗牌，一张一张地抽出卡片，想想如何在一起相互合作。

3. 冲破传统的藩篱

请你继续使用第二组中使用过的卡片，并在其中添加一些描述你企业所处的行业、产品以及服务的详情卡片。现在你可以再次混合所有的卡片，然后抽出其中的两张，接下来的工作就是尽情发挥你的想象力了。

最好将头脑风暴的结果写在一些卡片上，并将它们钉在黑板上。然后你可以对其进行排序和进一步的思考。

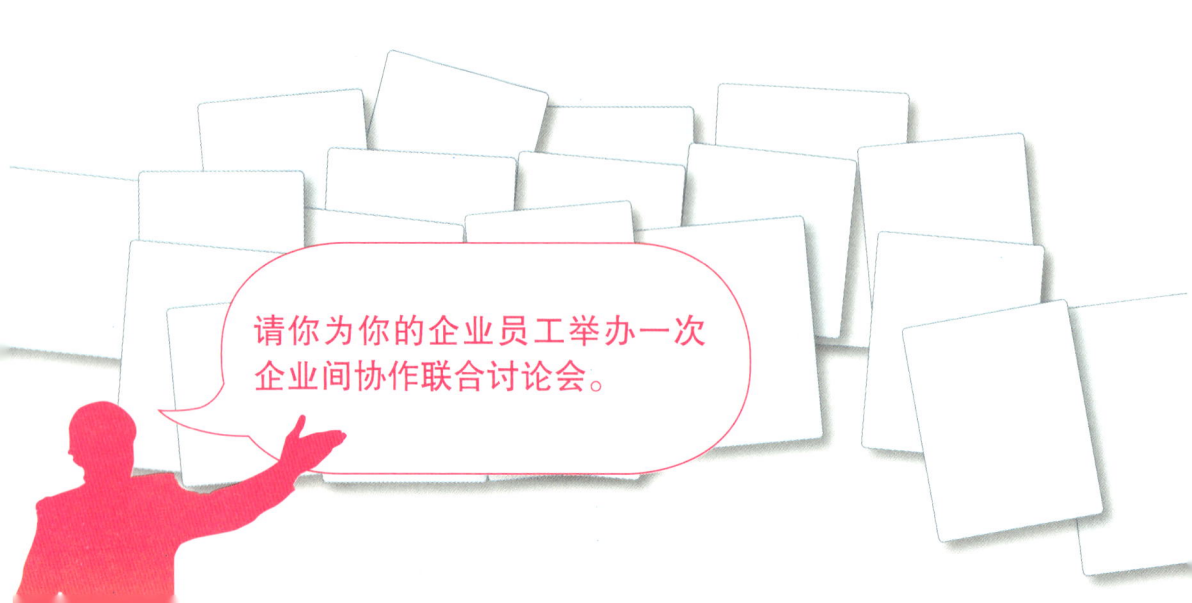

> 请你为你的企业员工举办一次企业间协作联合讨论会。

10

第10章
使人信服的力量
ÜBERZEUGUNGS-
K R A F T

在 纷 繁 复 杂 的 信 息 中 交 流
Kommunikation in der Zuvielisation

"高智商、低情商的专家郁闷死客户"，这是一条著名的营销规则。

  这句格言很多人都知道，但是若要将其运用到实际工作中，对大多数人来说是比较困难的。当你的客户对你的产品有强烈兴趣，或者当你认为你的客户因为对你的产品有强烈兴趣而开始用复杂数据与专业依据对其展开全方位论证时，你是否还对这些聆听过你长篇大论的客户有朝一日会购买你的商品抱有希望呢？心理动机学证明这是一条"死胡同"。通常情况下，人们不喜欢被其他人拉着说教。每一个由客户自己发现的购买理由都比销售人员告诉他们的理由重要一百倍。更糟糕的是，销售人员越是用他们自认为专业、有效的销售语言向客户兜售，就越会引起客户的逆反心理。正如老话所说，"劝人一万句，不如让他们自己找到一个合适的理由"。是的，心理学研究者在这一点上给予了我们肯定的证明。

  从上面的论述中，我们可以得出以下结论，一个成功的营销策略是能够在销售的过程中引导客户自己发现需求，并将其告知销售人员。在此过程中，客户会在销售人员的启发下意识到若是没有该产品他们便无法获得的益处。这也就是所谓的，如果什么都没有发生，那么会发生什么？在下面的内容中，我将为你介绍有效的SPIN营销法。这种营销方法的有效之处在于，它不是通过大量有说服力的证明，而是通过提出正确的关键问题使客户产生信服力。可以说，在整个营销过程中是客户自己说服自己去购买该产品，销售者起到的作用只是"引导"客户认识他们的潜在需求。SPIN 营销法同时也避免了传统销售过程中常见的信息丢失问题。多方面的迹象表明，今天一名销售人员与一位客户之间展开的营销对话实际上进行的是 B2B 营销，而这种营销从对话到客户最终做出购买决定，还需要经过很多环节。常常通过一连串的比较下来，让客户做出最终决定。

其实，这样的情形在我们的个人生活中也是别无二致的。打一个比方，你希望通过跑步健身减肥，并且开始着手寻找你附近最好的健身中心。健身中心的教练向你详细介绍了他们所拥有的每一种器械的专业功能，还让你参观了健身中心新建的桑拿浴室，以及经过全国技术质量监督所检测过的、能最大程度减少紫外线伤害的沐浴设备。你回到家之后，健身中心教练介绍的内容你已经忘掉其中的 80%。不过当你把你的决定告诉妻子时，她问道："那么为了得到这些好处你到底要付多少钱呢？"想必，你们接下来的讨论只会围绕价格这件事展开，并考虑去健身中心锻炼这件事到底值不值得花钱。但是，如果健身中心的教练向你强调健身的重要性，询问你所穿衣服的尺码，并帮助你计算若你在接下来的 12 个月内不做任何改变，那么你将会穿多大尺码的衣服，我猜测这样的方式会给你留下更具冲击力的印象。同样，你也可以在家里向妻子有理有据地证明锻炼的重要性了。

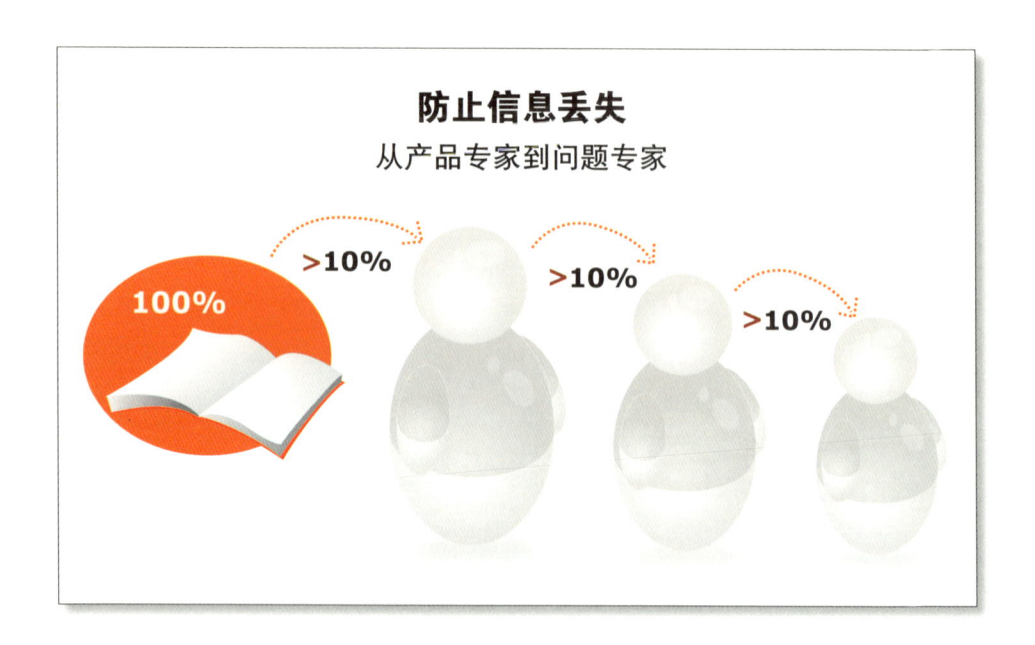

防止信息丢失
从产品专家到问题专家

100%　>10%　>10%　>10%

信息的丢失

你小时候也玩过"传话"这个游戏吧？游戏规则是这样的：第一个人在第二个人的耳边小声地说一句话，第二个人再将这句话按照同样的方法传递给第三个人，然后依次传递下去，而排在最后的一个游戏参与者必须大声说出他所听到的句子。大笑是一定的，因为最后被说出来的句子与第一个人所说的句子一定相差甚远。我们让营销人员在培训中重温这个游戏的目的是让他们明白，在营销过程中，你向客户传递的信息最终也会像这个游戏的结果一样传递到决策者的耳里。

而这样的事件几乎每天都在重复发生。绝大多数销售者都是出色的产品经理，不过你一定要记住的是，在销售对话的过程中，你的所有专业知识最多有 10% 被用在对话的内容中，而与你对话的客户也只能理解并且记住这 10% 中的部分内容。等到他与该项目的决策者沟通时，他从你那里得到的所有信息已经有 90% 丢失了。能传递到信息链末端的有用信息非常少，事实上只有价格始终是明确的。所以，许多购买决策最后只是依据价格这个最简单明了的因素做出的。

> 我们可以抵抗别人灌输给我们的东西。
> 我们对自己灌输给自己的东西却束手无策！

> **你如何确保在整个销售过程中，客户能在价格以外获得更多的产品信息呢？**

从产品专家到问题专家

一个客户想要购买的并不是一个钻孔机，而是一个可以在什么地方打孔的可能，以便他可以在墙上挂一幅画或者将柜子组装起来，这是我们反复强调的。可是在绝大多数销售过程中，销售者还是会依照老方法不断向客户强调他们钻孔机卓越的技术数据，而完全不理会客户到底为什么需要购买一个打孔机。简单来说，平庸的销售者介绍他们的产品，而卓越的销售者讲述如何解决客户的问题。

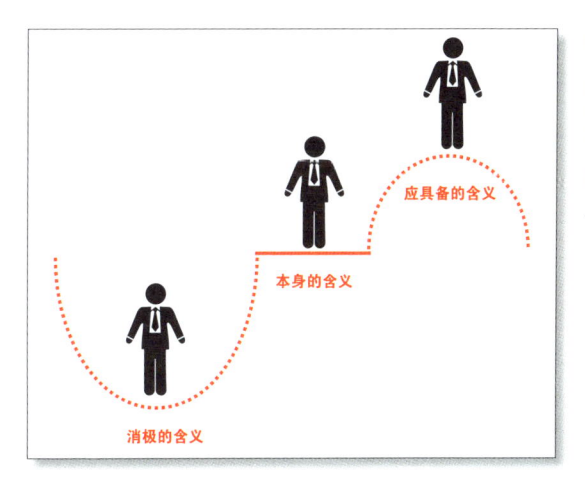

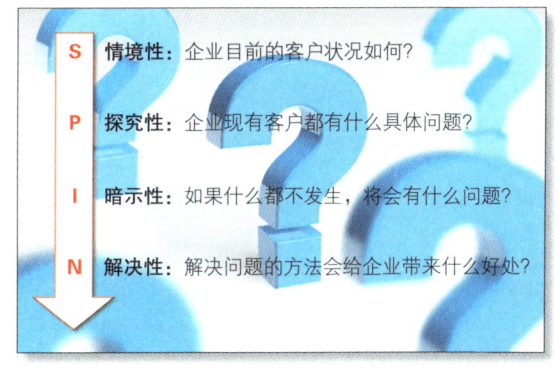

SPIN 销售法——让客户主动购买

"SPIN"是"情境性（Situation）""探究性（Problem）""暗示性（Implikation）"以及"解决性（Nutzen）"四个词英文首字母的缩写。这个被实践证明非常有效的销售战略是由位于美国德克萨斯州阿灵顿市的夯史维特研究所研发的。在统计中，有超过 35000 次运用该战略的销售对话获得了巨大的成功。尼尔·雷克汉姆对该组实验的结果感到震惊，顶尖的销售者与他的同行最大的区别是，他们会提出另外的问题。这里所说的另外的问题包含的意义要比你能想到的开放性问题或选择性问题多得多。

情境性 利用情境性问题了解客户的现状以建立背景资料库，销售者通过资料的搜集，能进一步导入正确的需求分析。此外，为避免客户产生厌烦情绪，情

S 情境性：企业目前的客户状况如何？
P 探究性：企业现有客户都有什么具体问题？
I 暗示性：如果什么都不发生，将会有什么问题？
N 解决性：解决问题的方法会给企业带来什么好处？

应具备的含义
本身的含义
消极的含义

> 认识问题的能力同时也表明了解决问题的能力。

境性问题必须适可而止。成功的销售者只问很少几个情境性的问题。

探究性 销售者会以探究性问题来探索客户的隐藏需求，使客户透露所面临的问题、困难与不满足，由技巧性的接触引起准客户的兴趣，进而使客户发现明确的需求。成功的销售者会有目的地多问几个探究性问题。

暗示性 销售者会转问隐喻性问题从而使客户感受到隐藏性需求的重要与急迫性，由从业人员列出各种线索以维持准客户的兴趣，并刺激其购买欲望。你认为没能解决的问题有可能通过什么方法来解决呢？只有顶尖销售者能够将这种方法灵活而不留痕迹地加以运用。

解决性 一旦客户认同需求的严重性与急迫性，且打算立即采取行动时，成功的从业者便会提出解决需求的方法，让客户产生认同感，引导客户将重点放在解决方案上，并明了解决问题的益处。顶尖销售者会把这类问题用不同的方式多次提出。

SPIN 销售法的核心在于，销售者不是以论据打动客户，激发他们的购买欲，而是由销售者引导客户，让他们自己为自己找到购买理由。换句话说就是，顶级销售者不推销商品，而让客户自己产生购买冲动。

一个运用 SPIN 销售法的对话案例

销售者：（询问问题所在）"你有很多输入错误？"

客户：（潜在需求）"有一些吧。不比其他人的多，但是我可以容忍。"

销售者："你刚才说，你可以容忍。这是不是就表示到今天为止，在你向客户所发的信函中，你所犯过某些输入错误引起了客户的误会或给你的产品造成了不好的影响？"

客户："我想这是有可能发生的，但是发生的可能性极其微小。你知道，所有发给客户的重要信件在被寄出之前我都要亲自检查的。"

销售者：（潜在需求问题）"我想这项工作一定会占用你很多时间吧？"

客户："当然，非常多的时间。但是这总要比给客户寄出一封含有错误的信件好得多。尤其是，当这封信的内容是关于产品数据的。"

销售者：（潜在需求问题）"这么说，在描述产品数据的信件中出现错误所导致的结果，要比普通信件中出现错误所导致的结果严重得多？"

客户："那是当然了。如果我们在给客户的报价上出现错误，那么这与实际价格之间的差价就要我们自己来承担了。不仅如此，还会给客户留下行为草率、办事不可靠的印象。人们评判我们依据的就是这些表面上能够看到的细节。所以，我认为每天抽出两个小时的时间检查我们即将发出的文件是值得的，即使我还有许多其他的事情需要办。"

销售者：（解决性问题）"假如你能在今后的

工作中将每天检查文件的两个小时节省出来，那么你准备如何利用呢？"

客户："那我可以用来培训公司的员工了。"

销售者：（解决性问题）"培训公司的员工会提高员工的工作积极性吗？"

客户："当然了。你看，目前，我的员工中还有根本不清楚我们是生产什么机器设备的，比如我们的最新绘图仪器产品。这些员工必须等待，直到我完成手头的任务，才能有时间培训他们。"

销售者：（潜在需求问题）"这也就是说，那些你用来检查公司信件书写正误的时间也间接妨碍了公司其他员工的工作。"

客户："是啊，可以这么说。而且我自己也被这项工作搞得筋疲力尽。"

销售者：（解决性问题）"但也可以说，你节省下来的检查文件书写错误的时间不仅能为你个人减轻压力，还会为你的员工增加生产创造的积极性。"

客户："是的。"

销售者：（解决性问题）"好的。我明白了，能为你节省检查文件书写错误时间的方法，就是目前能为你提高生产的方法。书写错误的减少将直接影响企业的其他方面。"

客户："没错。对于员工来说，反复检查书写错误也是十分费时费力的工作。从这方面来讲，如果能减少他们在这方面的工作量，那

么也应该是一个非常有效的激励方式。"

销售者："节省检查书写错误的时间也能帮你减少一些生产成本。"

客户："是的。这种时间上的浪费确实是我们部门眼下的问题所在。"

销售者：（总结）"好的。这就是说，现在这些输入错误不但给你的企业带来了巨大的成本，而且还会影响其他员工的工作积极性。如果错误的数据到达客户手中，就会给你的企业造成利润上的损失。所以，你每天至少要花两个小时来检查要发给客户的文件。而且这个行为从另一方面限制了你员工的生产积极性。从目前来看，你认为花时间在员工的培训与培养上是非常值得的。"

客户："这样来看，检查校对文件对于我们来说确实是一笔非常大的支出。我们不能再继续忽略这个问题了，现在是时候做些什么来改变这种现状了。"

销售者：（解决方法）"好的。那么请你允许我为你演示我们生产的文章监视软件是如何在输入的同时检查输入错误以及更正这些错误的吧……"

总结：通过有目的的启发，让客户自己产生了明确的需求。SPIN 销售法的中心思想是，客户会在销售过程中阐明解决问题的重要性与紧迫性。利益将客户的注意力引向这种解决方案的优势，而销售者则会向客户提供解决方案。

客户哪些潜在的问题是可以通过利用你的产品或享受你提供的服务而避免的呢？

所承受的压力同样也会起作用

研究证明消极的潜意识会影响我们的行为。

当人们想回避某些事情的时候,他们的反应是可靠的。

人们参加一个口头表达训练班,是为了让自己在会议中不会因为当众发言而出丑。

人们努力戒烟,是因为他们不想因此生病。

人们不断革新电子设备,是为了预防可能出现的技术困难。

人们购买你的产品,是为了什么呢?

产品与**解决方案**

一个提供解决方法而不是简单产品的销售者会花费更多的时间进行分析。他会与客户一起探讨客户遇到的问题。是什么让客户夜不能寐?是什么成为他鞋子中的石子?这样的问题短期、中期、长期将会给客户带来什么样的后果(负面影响)?解决问题有什么好处(用处)?客户收到得到了量身定制的解决方案。这保证了客户的高满意度,也降低了客户转向竞争对手的可能性。我们就以 IT 行业来举例,一个普通的产品销售者会说:"我们生产的这种新型服务器具有以下技术优势:1.……2.……3.……"而一个问题解决性销售者会说:"你有被病毒困扰的问题吗?"

总的来说,问题解决性销售者很少会受到竞争对手报价的干扰,他们总是能通过帮助客户分析自身潜在的问题来提高自己销售的机会。

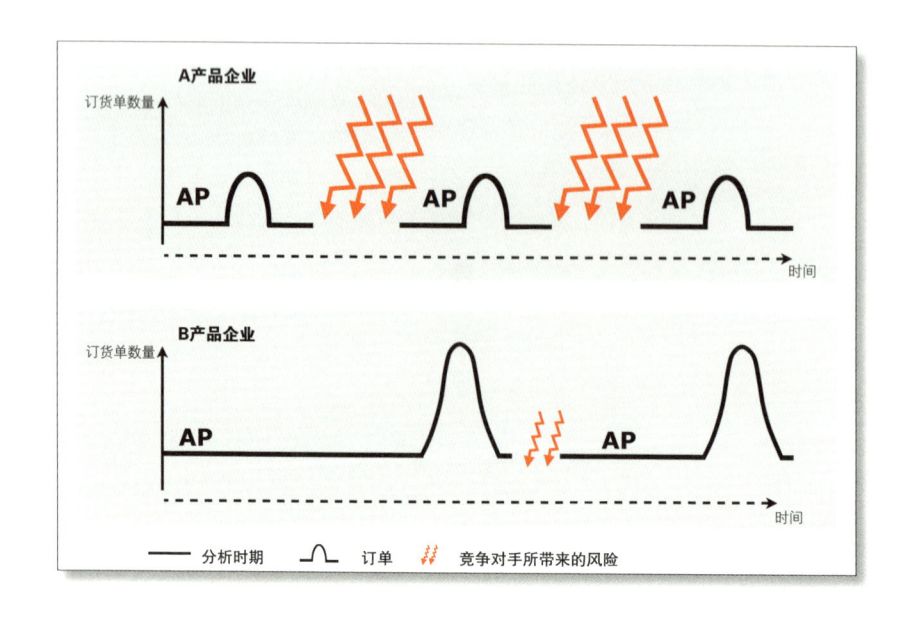

你的销售能为客户提供
什么样的可能性呢?

你应该在哪些方面做准
备才能做出令用户信服
的分析呢?

Kundennähe
erfordert Distanz
zu sich selber.

想要贴近用户，就必须远距离观察自己。

——经济学家、企业咨询师赫尔曼·西蒙

产品销售	解决办法销售
价格永远都是第一被考虑的因素	是否能解决问题是第一被考虑的因素
客户见到的是销售者	客户见到的是咨询师
销售者必须向客户"恳请"购买合同	必不可少的解决办法唤醒客户的需求
产品是第一位的	客户是第一位的
销售过程首先需要具备优秀的口才	销售过程首先需要优秀的分析能力
一次谈话销售	多次谈话销售
决策由在场的销售者来做	决策通常是由许多不在场的销售者共同制定
产品的"关键特性"在谈话之后通常已被客户忘得差不多了	客户会在相当长的时间内都明确自身的潜在需求
较低的出错率	较高的出错率
对客户产生很小的影响	对客户产生很大的影响
客户需求发展得快	客户需求发展得慢
理论上只与客户个人有关	会对同类的其他客户也产生影响
销售成功与否与当时双方的情绪有很大关系	情绪的影响因素很小
销售过程为产品介绍过程	销售过程是分析、咨询的过程
客户很容易转向其他供应商	客户基本不会换供应商
在介绍过程中产品、系统、配件以及服务都会被介绍到	在介绍过程中该解决办法取代眼下解决办法的优越性以及产品、系统、配件与服务都会被介绍到
在介绍过程中产品的功能、系统、配件以及服务都会被介绍到	在介绍过程中只有解决问题的过程会被介绍到
价格为最终决定因素	用途为最终决定因素
在销售过程中,产品生产企业也会被介绍到	在销售过程中,客户会表达他们对解决问题过程的理解
存在着客户虽有问题但并不向该销售者提出而是直接转向其他供应商的情况,而这种情况发生的可能性不在少数	如果客户存在问题,往往会直接向该销售者提出,突然改变主意转向其他供应商的可能性较小
销售成功的可能性不大	理论上,销售成功的可能性比较大

11

第11章 优化产品
ANGEBOTSOPTIMIERUNG

不 断 改 进 产 品 与 服 务
Sind Sie unwiderstehlich

"能向人们证明一件事是远远不够的。你也得把人们吸引到身边来。"

哲学家尼采这样强调。而这条黄金定律并没有在整个营销过程中得以贯彻。因为大多数企业都在市场推广上投入了太多,与此同时,营销人员还被公司不遗余力地花大价钱加以培养,最终他们所做的多是浪费大量的时间在单个客户问题咨询上。客户常常在面对面的咨询之后还会加上一句:"听起来真是不错,不过还是请你最好能给我一份书面的产品介绍吧!"如果这样的话,那么是不是可以开发一种计算机软件,其程序可以根据编码与缩写选择出正确的组合,然后直接把结果打印在纸上。整个过程就像一个惩罚性的任务一样,因为无论营销人员如何费尽口舌,那些抱着怀疑态度的客户还是会为决定购买思前想后好一阵子,琢磨现在花钱买这个东西到底值不值得。而代表企业来采购的客户只是交给最终决策者一大堆产品数据而已。

鉴于对产品详尽的细节数据描述会给企业的同类竞争者可乘之机,以及大多数客户在做决策时都是只看重产品价格这一事实,只要你的产品不是最便宜的那个,那么你就只能将销售的机会拱手让人了。虽然,你的价格只距离最便宜的价格一步之遥,可能还会被最便宜的价格打败。

谁要是想打败竞争对手,谁就不能把宝都押在一注上。花时间与精力为每位客户量身定制一份书面产品介绍是值得的,因为在这份介绍中,你可以有理有据地撰写客户使用该产品的理由。这样做可以使客户在阅读的同时坚定他们的购买决心。如果企业营销人员能够合理安排产品营销过程,那么你的产品完全可以比某些同类产品价格高一些,你甚至还能与客户签订产品的续约合同或者更多的购买合同。而便宜的价格只在那些除了价格对其他因素都不关心的客户眼里才是影响最终决定的选项。

四种客户类型一览

客户和客户都是一样的吗？人与人是完全不同的，这个道理我们都知道。从这里我们可以得知，客户也有各种各样的类型。他们也希望用他们习惯的方式与你交谈——当然也包括书面文件的风格。成功的营销者都不会忘记这一点，即从心理学的层面上学习了解这四类人是如何思考、行动的，这绝对会对你的营销计划起到极大的帮助，即使世界上没有人单纯属于这四类中的任何一类。

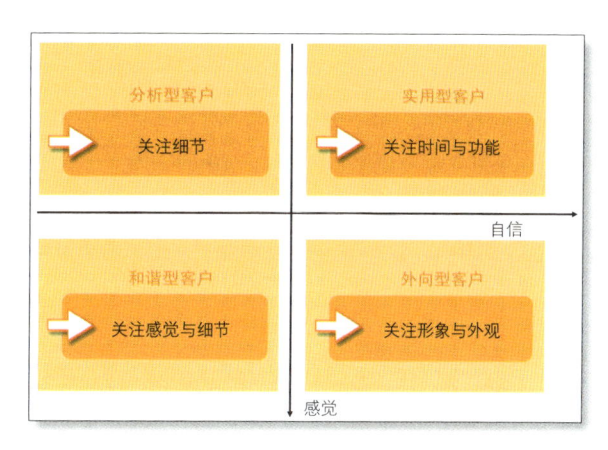

分析型客户 → 关注细节	实用型客户 → 关注时间与功能
和谐型客户 → 关注感觉与细节	外向型客户 → 关注形象与外观

（横轴：自信；纵轴：感觉）

分析型客户

你能提供你产品的每一项详细的技术参数吗？分析型客户是理性的、知识型的人。如果有足够的时间，他们会非常乐意研究所接触的任何一件事情的微小细节。

对于他们来说，最有说服力的莫过于事实上的论据，因为那些"看起来很美"的理由在他们面前都是不能成立的。

因此，在这类客户面前，你一定要用事实说话，并且耐心回答他们提出的任何一个有关细节的问题。最重要的是，你在向他们介绍细节的时候不仅要运用数据与图表，还要配以自信满满的微笑。

> 你所有的营销计划都应该按照与你洽谈的负责人的喜好和习惯设计，最好你也能将客户企业中所有对购买决策有影响的人（如决策者、产品使用者、采购者、咨询专员）考虑进你的营销计划中。

实际上，产品质量的优劣由客户说了算，你可以在产品说明书中非常专业地讲解你产品的每一个细节。你的产品当然也有可能在每一个细节上都做得非常出色，但是如果你的客户跳过说明书中的这部分，或者虽然没有跳过，但根本没有读懂其中的内容，那么，这些说明都是白费，即使你在细节方面做得非常"专业"。在这里我想说的是，摆事实、讲道理虽然可以唤醒人们的理智，但在实际营销中，主导客户做出最终决定的还是感情因素，这一论断是心理学与神经学专家共同认可的观点。换句话说，你应该在你的营销过程中令你的客户对你所提供的产品"痴狂"。让你的营销过程少一些冰冷的陈述，多一些能唤起对方情感的激情吧。具体案例如下。

实用型客户

实用型客户是有事业心的、重视结果的人。付出与回报必须满足某一既定范围内的比例。实用型客户更倾向于阅读结构清晰、论述明确、以描述产品功能为主的书面产品介绍。他们认可的产品专家是那些能够将所有最重要的事情在一页纸上阐述明白的人。

和谐型客户

和谐型客户最为重视的是人与人之间的关系。所有人都应该感觉愉快，没有人需要为了成全别人而委屈自己。让他们做出决定的最重要因素往往就是费用。他们不喜欢你给他们过大的压力或者过于灵活。与此类客户打交道，你只需在面谈的过程中逐一确认你交给他们的书面产品介绍，并给他们你的联系方式，请你选择温柔的语气——给他们建议，给他们时间，让他们在需要的时候随时可以找到你。

外向型客户

外向型的客户更喜欢那些视觉美观并且能满足增强他们自己个人存在价值的产品。一个惊艳的产品包装、一个美丽的图案、一个专业的设计，都能为你所销售的产品在外向型客户心中加分。

"纯粹"地吸引客户

高贵的手表经营商尤威里尔之家即使在互联网上也会为其客户铺一条红色地毯。他会邀请客户到卡地亚公司参加"发现之旅"，并向他们讲解人生最名贵的首饰莫过于眼前这个"珍贵的时刻"。当营销活动在一个古老宫殿般的大厅中举行，且受邀的客户都像古代的王公贵族般被接待时，产品的价格也就不再那么重要了。

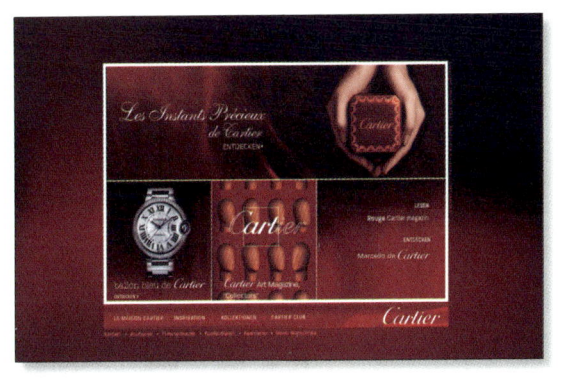

成功营销的反例

老实说，教给学员吸引客户的技能比在现实中让学员去销售一只昂贵的手表要困难许多。也许你会问，难道在营销中必须抓住客户的心吗？"……下列产品为我公司的最新产品，请你依照我公司的规章制度选择你所需要的产品。"我想问你，难道你真的不在乎即使会导致不良的结果也一定要把自己的公司放在这样一个主导地位上来表达吗？"倘若我们的产品在细节上不符合你的实际需求，我们可以为你量身定制，只不过具体的更改，如屈光度的设置，需要另外附加费用。"请你设想一下，如果客户读到这样的表述，他们还会相信你在信末所说的"衷心地期待与你合作"吗？

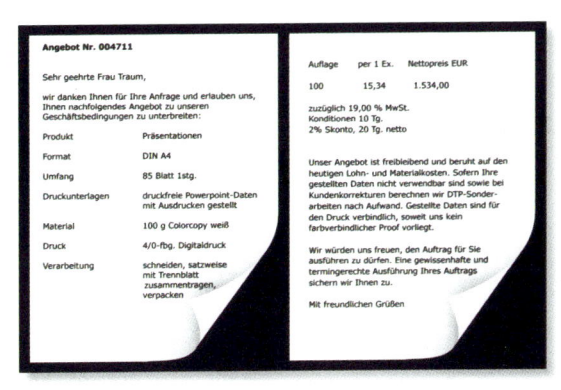

事实上，这种在营销中谁都看得出来的没有任何意义的话语根本不会起到任何作用。这也就不奇怪为什么客户会毫不犹豫地选择那些价格最便宜的商品了。当然，价格最便宜的商品很可能并不是同类产品中质量最好的，但是它们至少能满足客户的大部分需求。如果你能在新产品的介绍手册最后加上诸如"我们还将为所有购买该款新产品的客户提供免费的使用培训课程，在课程中你能亲身体验到该款新产品的卓越之处"的话，企业就能进一步赢得客户的信任。

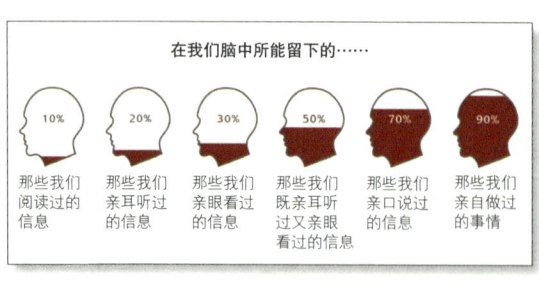

营销中信息传递的模型

左图所展示的是企业对企业营销时的典型信息传递模型：一个优秀的营销人员寄产品清单给客户、向客户致电介绍企业新产品、详细阐述新产品的性能、告诉客户企业负责人购买该产品的益处，并且在最后还留下自己的联系方式。

信息丢失

有句谚语叫作"百闻不如一见"。而现代人脑研究则证实了这个说法。我们越多地参与到一个事件中，该事件在我们脑海里留下的印象也就越深刻。那些我们只是通过阅读而获得的信息，只会有10%被保存在记忆中。那些被我们自己说出的信息，相对于前者则会被我们的记忆更多地保存下来。而那些我们亲耳听过且亲眼看过的信息通过双重感官的加工会有50%被大脑保存下来。乐观地估计，每一个前来咨询的客户在营销人员介绍之后，平均都会在头脑中记住30%~40%的产品信息。

心理学家赫尔曼·艾宾豪斯所画的记忆曲线为我们展示了我们的大脑会在多短的时间内忘记我们经历或者学到的事情。一周之后，在前一周内存入大脑的信息，则会再度减少20%。总而言之，营销人员在销售过程中所说的话，在很短的时间内客户就会忘掉其中的80%。

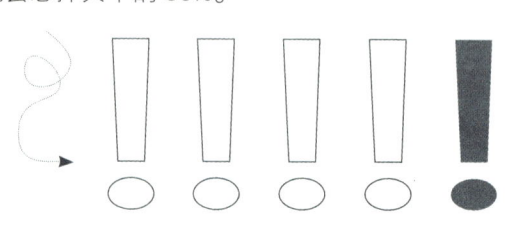

信息丢失：决策者最终得到的是什么

营销人员寄出一份产品介绍，最坏的情况是他的这份介绍是用无数的数据堆砌而成的。而这份介绍则被企业采购员转交给该企业的购买决策者。可是这位决策者每天要处理的事情如此之多，几乎不可能阅读与研究产品介绍中繁多的专业数据以及专业术语。所以，他做决策的依据则是那些简单易懂的部分，比如产品的价格。即使这位决策者还会亲自与企业采购员就这一问题交换意见，那也不过是他希望再次证实自己决定的正确性。如果你不想掉进价格的陷阱，那么你就必须撰写一份能深入浅出地表明购买理由的介绍，最好还能针对每一位客户的不同情况，以及每一位可能读到它的不同对象（如企业采购员、产品最终使用者、企业决策者、企业咨询师），使其能一下子找到他们所感兴趣的信息，并且能够读懂这些信息。

质量是客户头脑中对你所提供产品的评价

"QSK"的意思是质量、服务、能力。这三者是经典"三剑客"，每一家企业都会向他们的客户对其产品的这三点做出保证。一家培训机构曾在1998年~2000年针对领导能力这个主题做过调查问卷，并从问卷中得出相应结论。对于问题产品使用以及厂家服务，超过半数的人不约而同写上了这三点作为自己满意的答案。而对于到底什么是"QSK-Falle"，作者想说的是，你企业的产品所具有的特性并非你的产品的特性，你的产品的特性是客户头脑中所能记住的部分。

你的产品能为自己说话吗？它也能为你的企业说话吗？

创意

"全靠技术的革新"（阿迪超市），"飞得高远，价格低廉"（德国之翼），或是"好，更好，宝拉纳尔"（宝拉纳尔啤酒酿造厂）……这些优秀的广告策划者居然能抓住客户的需求，倾听他们的想法。

事实上，这些讨人喜欢的广告语的背后都是广告人辛勤工作的结晶。广告从业者都说，一般可以通过的创意平均出现在所有创意中的第 71 个前后，需要消耗掉无数杯咖啡与不计其数的失败的实验。因此，作者认为你不要期望你为客户所准备的超凡卓越的产品介绍能在弹指一挥间就平地起高楼。你需要修改、修改、再修改……

通过心智图判断什么是你应该为客户选择的使用理由

经一家杂志的要求，销售专家列出了一个为什么要"以客户为本"的理由清单。

- 50% 的客户"看不到产品的使用理由"并认为"不能给客户足够信服的购买理由"为销售者最大的错误；

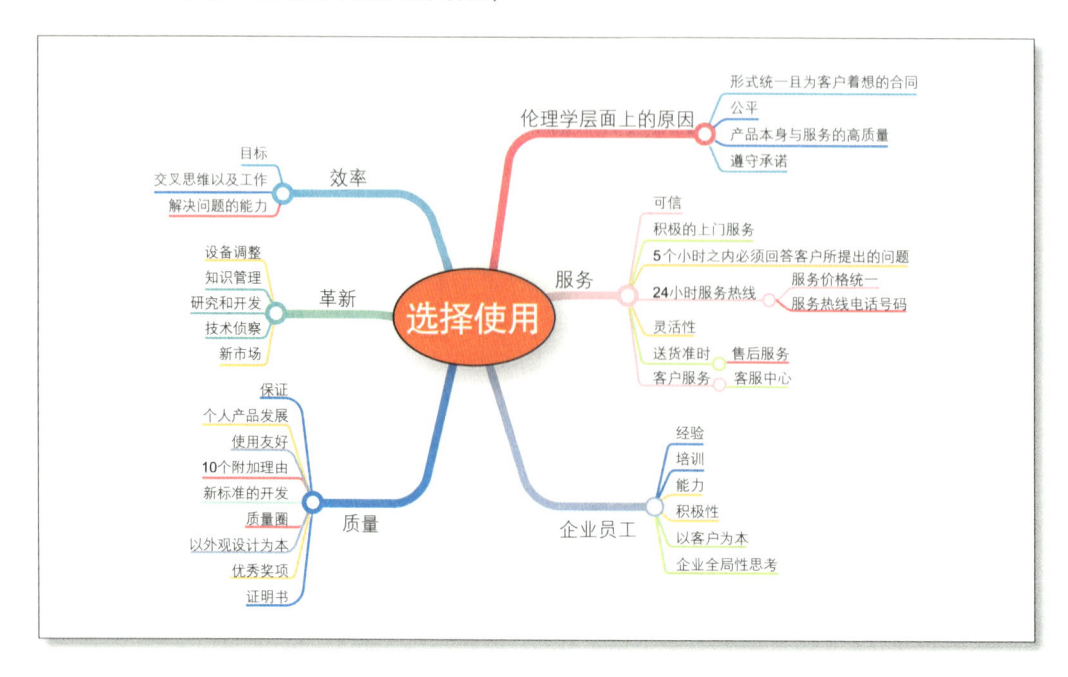

- 49% 的客户认为销售者总是说得太多，至少是他们过多描述他们个人以及他们所推销的产品，而太少关心产品是否能为客户带来效用。
- 82.8% 的企业并不清楚为什么客户不选择购买他们的产品。

作者建议，你可以通过心智图的辅助将上文提到的"质量""服务"具体地转化为为目标客户量身设置的使用理由。对于你来说，什么意味着"服务"？比如，特快的送货、现场安装等；而你的客户可以从中获得哪些好处？比如免费特快送货。如果你所列出的客户购买理由少于 80 条，那么你还得继续努力。你必须在面对客户之前准备好充分的具有说服力的购买理由。

记忆的艺术：助记符——记忆技术

如果决策者在做决定时，不记得你的企业产品了，那么你撰写再好的使用理由也起不到任何作用。请你选用顶尖的专业技术，以突出支持你的核心观点。为了保证销售人员在一天的工作中无论遇到什么情况都能够时刻保持随机应变，美国的公司培训其销售员掌握所有产品的细节以及数十个有趣的故事作为营销过程中可令客户信服的素材。作者自己曾经在一家美国企业工作过，从作者个人的经历来看，通常我们惯用的借口，比如"实在抱歉，我是新员工，对情况还不熟悉"是根本不会被任何人接受的。

同样，你还可以利用助记符帮助你的客户巩固你为其提供的使用理由。在与亚拉石油公司共同举办的一次研讨会上，我们一起探讨了通过什么方法才能使亚拉加油卡相较于埃索与壳牌两大石油公司对于潜在的客户更具诱惑力。最终我们还是想到了一个超级棒的点子，即我们提供的服务可以通过一辆玩具加油车来帮助客户巩固其大脑中的记忆。凭借这张亚拉卡，客户还可以在车轮的购买上获得优惠（玩具车的轮子）；该卡还可以保证客户专人专用，不会被他人盗用（玩具车的安全锁）；客户的所有历史消费记录都可以存储在这张卡片上（玩具车的后视镜）以及检测并防止公车私用的功能等。通过这个借助玩具展示企业产品的营销过程，该石油公司在市场上取得了巨大成功。

还有一些优秀的软技能训练师，他们也提供了一些强化记忆力的方法。

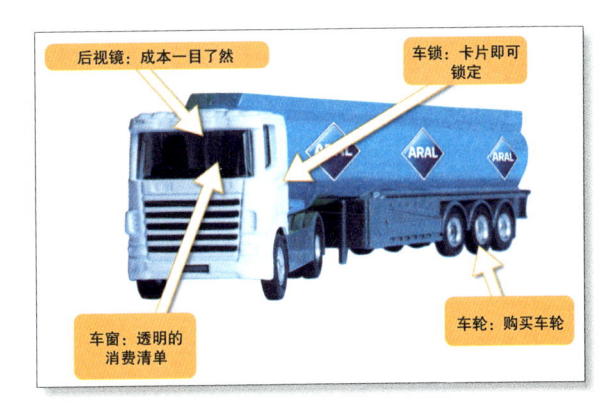

Der Kunde
hat immer
recht.

客户永远正确。

——美国推销员，赛费尔吉斯公司创始人戈登·赛费尔吉斯

第一印象非常重要

这个定律对你企业的产品同样适用。你带给客户的产品介绍是简单地印在一张皱巴巴的纸上，还是精心设计并印在一份精美的小册子上？印制产品说明到底应该花费多少钱？多大规模印制？

简单来说，一份内容翔实、印制精美的产品介绍可以为企业的产品增加正面的影响力。给客户留下第一印象的不仅仅是产品本身，还有你如何以及在哪里介绍你的产品的艺术。世界知名缆车生产商施莱鹏利夫特总会在上午邀请客户企业的决策者来公司观看一部产品介绍的影片，而在观看影片时每位观众还会得到一大包爆米花。

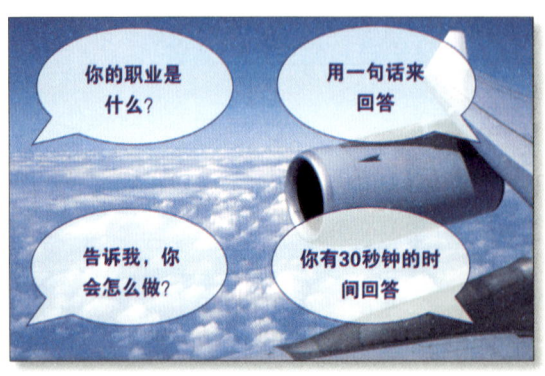

美化书面产品介绍

至于如何能既美观又廉价地制作产品介绍，有多种不同的方法。所需要的产品你可以在办公用品商店找到或直接在网上订购。

在今天，许多打印服务商除了提供传统形式的活页文件夹外，还愿意接受客户的个性定制。有鉴于此，你完全可以将企业产品介绍按照设想加入精巧的创意，以便给客户留下深刻的第一印象，最终达到销售的目的。

迷你广告短片

请你设想一下，你正坐在飞往美国的一架客机商务舱中，就快到达目的地时，通过乘客短暂的介绍，你发现原来邻座就是你梦寐以求的客户——某家公司的中高层决策者。现在他问你："你的职业是什么呢？"要想唤起对方的兴趣，这时就必须想出一句简短但是有力的概括性的话。作者个人比较偏好的说法是：

"我们所做的是增加你的利润,通常情况下在 20% 左右,如果你有意愿的话,我们可以订立书面协议。"

你又是如何准备你的介绍语的呢？如果你的那一句介绍语起作用的话,你邻座的乘客一定会再继续追问："那么你可以告诉我,你将如何实现这个目标呢？"这个时候,你要注意,你的回答既要能立即得到询问者的信任,又不能超过 30 秒钟。

只有语言

谁要是认为一只昂贵的西格皮包"太贵了",那么他一定会被生产商讨教一番。我想直到今天所有的营销人员大概都问过客户这样一句话："你想为此出多高的价格呢？"从今天开始,也许你可以换一种比较委婉的说法："你希望为此投资多少呢？"营销过程其实是一个展示人类语言魅力的时刻。它可以吸引对方,也可以吓退对方；它可以唤起对方的注意,也可以让对方感到无聊至极；它可以鼓动对方满怀期待,也可以令对方心生怀疑。

请你在对客户开口前反复掂量！

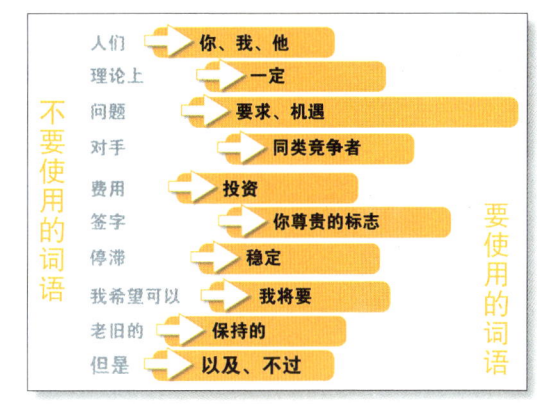

有力的表达方式

你能通过一些词语激发客户的积极性,与他们建立稳定的联系；然而也有另一些词语,会令你的客户远离你。右图所示为对比的一个小小的概览。

请你务必将"人们"这个词从你的字典中划去,因为它给人的感觉太过笼统,并且与营销心理学中所要遵守的规则背道而驰。

与之相反,有效的词语是对客户公司的代表以"你、我、他"相称,或者用名字称呼与你对话的客户代表。如果你（与那些营销专家一样）能够"多重个人化"地组织语言："通过这种设备,你能够打印你的文件,传真你的文件,当然还有扫描与复印你的文件",那么客户就会更强烈地感到这个过程其实是针对他的。

此外,"理论上"或者"通常情况下"这样的词语同样会弱化你的表达。因为当客户听到这样的词语时，他们的心里会想"原来还是有某些问题是他们处理不了的"。除此以外，你还需要避免使用负面意义的词语，比如"问题"或者"对手"等。对下面的句子做一下比较："这是一种老旧的系统，只需花费很少的一些费用"与"这是一种稳定的系统，就此来说，这是一种非常划算的投资"。

还有虚拟语气也不可以在营销过程中使用，如"可能、也许将会、相信应该"等，这样的表达只会弱化客户对产品质量的评判。"但是"是一个否定你之前所说的一切的词语。

同样的意思，不同的表达方式，所产生的效果也是完全不同的。所以，请你一定要检查你所写的产品介绍中所有的用词方式。

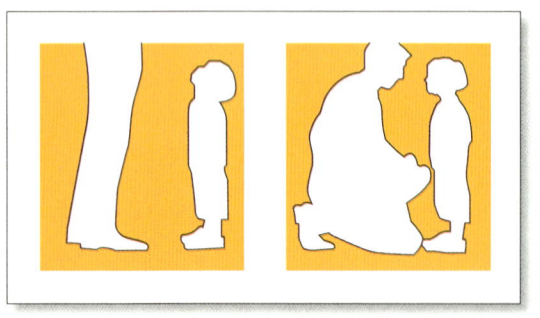

产品语言 = 客户语言

如果有一个以客户为本的成功营销模板，那么它应该包含以下内容：在与客户对话的时候要与对方的眼睛保持平视；应该使用客户可以理解的表达方式，并将客户感兴趣的方面作为介绍的重点。作为营销人员，你必须抛弃已经惯用的行业缩略语、让人不知所云的大量数据以及空泛无意义的客套话。每一份产品说明都应该能让完全与此无关的第三方人士（如咨询师、企业领导、律师等）毫无困难地理解。

让决策者后悔，还是开心

关键词销售

这也是一个十分简单却十分有效的战略：请你在向客户介绍产品时，有目的地重复那些关键词。如果某位客户在订购整体厨房时一直强调的是"有品位的设计"以及"气氛的营造"，那么他就应该能在你为他撰写的产品介绍上准确无误地多次看到这两个词语。当然，客户能得到这样一份产品说明的前提是，你确实用心倾听过他的需求，并且确实按照这位客户的需求为其撰写量身定制的产品介绍。这样的投入是值得的，因为收到该产品说明的客户会感到自己的预期被制造商最大限度地理解了，他所剩下的唯一反应便是——购买！在一些国家，法律甚至对于营销表达语更加宽容，例如，你在果汁瓶子上看到的不是"请于此日期前饮用"，而是"在此日期之前你都可以享受该果汁为你带来的乐趣"。

阅读尝试

在亲自尝试这个测试之前，读者并不会相信，他们到底是以怎样的速度以及多么依赖先前经验阅读每天放在他们眼前的文章。如果他们看到的信息并不能简单地一眼扫过，他们会将原因归咎到某些不常见的因素上。

> 请你快速地阅读下面的文章，不必在每个词上停留过多时间，之后你会感到非常惊讶。
>
> 一所英国大学曾过通验明证每个一单词中的字母序顺是否正确并不影响读者理解整篇文章的意思。每个单词只需要第个一与后最一母字是正确的，其余的字母在读者收接上并没有影响。这是因为我们在阅读时不并每是母个字都予给相同的注意，我们看到单个词首位的字母会时然想自联个整单词。
>
> 真是荒谬！不这过却真是的！

精巧的产品营销

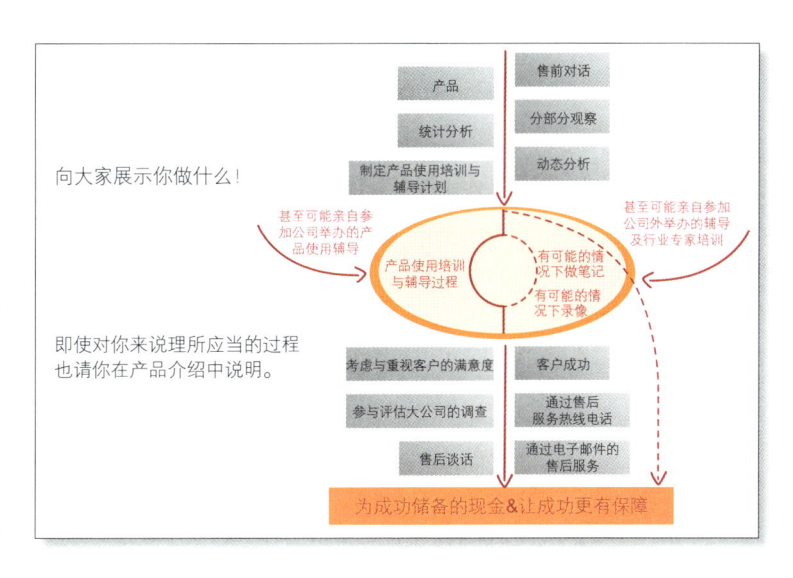

人类既是视觉动物，也是没有什么耐心的读者，这两种特性也许你在自己的生活中已经有所发现。那么就想方设法让你的产品在视觉上变得无可挑剔吧！右图所示的是一家培训公司制作的营销流程图。这样的流程图看起来大都带有规定之嫌，不过若是能按照其规定进行尝试，你会发现它会给你每天的营销带来"非常大的"改观。我们更倾向于为客户撰写一份形式统一的关于整个产品每一项费用的描述，当然，所有的描述都是以事实为依据的。这样一来，费用问题就很少再被客户提及了。这个结构清晰的流程图可以使企业个性化、高质量地运用，它不但能够规范营销过程，还能帮助营销人员找到更多的营销理由。

> 你的独特销售主张，你所拥有的专利，是你销售过程中不容忽视的一部分吗？

你准备如何展示你的推荐人呢？

推荐人——或者那些愿意相信我们的人

你也是在阅读公司网页时总是先查看该企业的"客户"或者"推荐人"这一项吗？绝大多数人都愿意听别人的推荐，而证明人就是推荐的一种。综上所述，为你的产品列一个推荐人清单。推荐人清单可以只包含客户企业的名称，可以是客户企业的 LOGO 标志，也可以是客户企业的图片，甚至是某些高层人物的名字、照片以及他们的职位，还可以是客户说过的话、采访的一段录像。

抓人眼球——小投入，大回报

有一位曾经参加过作者营销辅导课的药品推销员，自从他在自己的产品介绍说明上印了一个听诊器的图案后，他便开始获得越来越多的订单。事实上，仅仅一个小小的图标就可以将你与绝大多数同类竞争者区分开来，让你获得更多的关注。而在这个案例中，显然他是通过医疗行业典型器械的标志图案无声地强调了自己的专业性。

一目了然：让客户立即就能了解企业生产的产品

- 图案、照片
- 图标、流程图
- 图示、草图、计划
- 统计
- 企业组织图（负责人）
- 分公司一览表、维修以及服务网点
- 质量检验合格证书、检测结果
- 推荐客户名单、所获各种奖项清单、参与生产专家清单
- 媒体报道清单
- 客户感谢信
- 作为行业领头人的描述
- 展望、海报
- 现状与之前/之后的比较
- 优势与劣势的比较
- 盈利计算清单
- 样品、模型
- 试用
- 3D 立体模型
- DVD 短片、录像片段

即使你的客户只是随手翻翻，并不会认真阅读你的产品说明，也请你在产品说明中增加一些能给人留下深刻印象的材料，并在你的产品网页上添加一些与之相关的网络链接。

信任模型

你一定要相信你的客户在第一次见到你之前就已经对你的企业或服务抱有想法了。客户先入为主的观念是通过个人经历、媒体报道，以及熟人的讲述得来的。当作者说"建筑工人在房子中"的时候，你的脑海中想到的是什么呢？如果你的脑海中浮现的是灰土、噪音以及贵重物品受到损坏的话，那么我猜你是这个行业中的一员。

其他的信任模式：

- 财务服务行业的工作人员考察的首先是你是否只在乎个人的服务中介费；
- 企业咨询师考察的首先是你所提供的是否是适用性广泛的解决方法；
- 培训机构的教师考察的首先是你企业所提供的培训课程是否适合日后的实践。

倘若你能在产品营销过程中巧妙地避开这些偏见，那么你成功的可能性就会大幅提高。若是某个工程承包公司能向它的客户"承诺清洁少噪"，那么它一定能成为行业中的翘楚。为了赢得客户的信任，服务提供专家萨宾娜·胡伯纳尔建议，各大企业制作一张"客户思维图"并悬挂起来。在这张图上，企业工作人员可以随时添加那些能为客户带来好印象的方法，以及营销人员该如何赢得客户信任的实践经验。

价格起决定性作用吗？

在今天的招投标过程中，即使价格最便宜的投标人也不会自动获得合同了，尽管政府有义务节约财政资金，尽量选择便宜的为好。但是，如果对计算的合理性产生疑问，则会做出不同的选择，正如右图中新闻标题（报价最低的竞标者一无所获）所示。因为那些"便宜的"产品或者只是一个开始，在短时间内，使用者便会发现它们的缺陷，而在此之后的弥补式投入就会大幅度增加。"便宜"代表的意思并非"物美价廉"！无论是企业对企业的营销还是企业对个人的营销，折扣并非客户购买的理由，只有当营销人员为客户所提供的购买理由不能被注意到时，价格才会变成重要的决定因素。所以说，只有当价格与产品性能质量紧密相连时，它才会成为一个重要

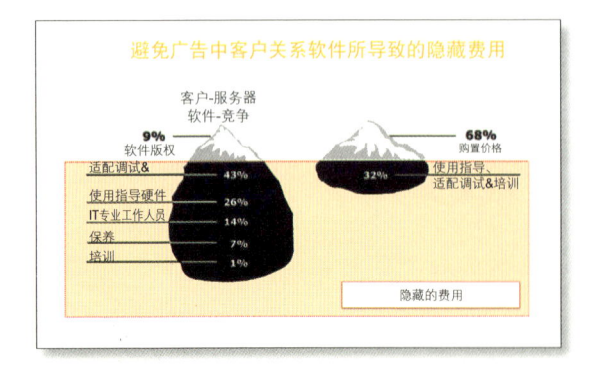

1. 购买面粉
2. 购买鸡蛋
3. 购买牛奶
4. 购买食用盐
5. 购买行为的辅助花销
6. 工作支出
7. 存储支出
8. 制作
9. 制作所需其他材料
10. 碗
11. 打蛋器
12. 清洁花费

对于精密电动裁缝螺旋纹部件的合理投入

避免广告中客户关系软件所导致的隐藏费用

的决定性因素。关于价格的格言有：价格不仅应该按实际的数字衡量（虽然这正是众多中小型企业不可避免的行为），并且应该将其价值显示在产品的品质中，让客户自己去判断。

价有所值？ 全部购买的费用

你是不是认为花2欧元买一瓶只含有一半容量的面粉、白糖、粉状鸡蛋以及葡萄糖浆太贵了？不是？这也正是这类产品多少年来一直强调的：人们只需要在这种混合粉末中加入牛奶，那么它就是铁锅蛋饼的生蛋面浆了。如果人们将传统制作生蛋面浆的所有步骤需要的花费相加，从原材料的采购到收拾厨房再到厨具清洁都一起计算，那么也许你会看到不一样的计算结果。为客户展示一次这种总花费计算比较（选择你企业所提供产品或者服务需要的花费与放弃这种选择另做他想的解决方法所需要的总花费）往往是十分具有说服力的。

总支出比较

在企业对企业的营销中，产品制造商或者用手工或者用机器制作产品，被节省下来的人工费用可以使机器制造的商品显得相对低廉。不过，我也请你在单纯比较两种产品的价格时将思维从分分厘厘的价格计算中暂时抽离出来，考虑一下外观、舒适度以及清洁程度等方面的问题。

费用比较——隐藏费用

请你一定要注意：你的客户在产品价格比较中是否在用苹果的价格与梨子

你的产品介绍是否精彩诱人？

的价格做比较。购买一种看起来"便宜"的商品，还是购买一种显得很贵的商品，需要客户能够看到不同商品后续费用的不同。上页图中的两个不同软件推销商在出售软件之后，千万不要以为你的客户能够"自己"做出这样的计算与比较。绝大多数客户根本没有想到购买一件商品之后还会有后续消费这件事。

- 不仅仅是信息的可能性
- 具体的购买可能性
  - 订购表格
  - 回复传真
  - 带有邮资的回信信封

采取行动

企业生产的每一件产品都应该被介绍给客户，除此之外，企业还必须为客户提供一个贴心的答疑解惑的渠道。我们还可以帮助客户预约一个电话答疑时间（"请你允许我们在下周三的时候继续就这个问题探讨，我很高兴能为你服务。"），友善、明确通常能赢得客户的心。接下来，你要做的就是书面确认你与客户所达成的口头协议，而一份小小的惊喜礼物也会让客户对你青睐有加。

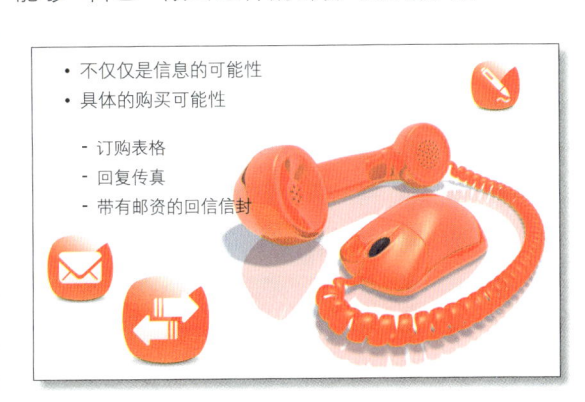

数量先于质量

没错，你读得十分正确。你也总是关注质量吗？对于客户来说一个非常大的诱惑是，将你产品的各种强项都在介绍中展示给客户。我的意思并不是你在产品介绍时将所有的使用特性、媒体报道、企业信息、案例、模型计算、现状与理想之比较以及背景资料逐一为客户宣读。也许你可以把这些重要的信息总结在产品介绍的首页。在此之后，那些"剩余的"项目自然会起到它们该起的作用。

> 你撰写的产品介绍足够精彩吗？视觉、形式上和内容上一样精彩吗？请你不要简单地相信自己的直觉，最好多问问其他人的意见。

产品介绍组成一览

你愿意尝试通过一个精美的包装以及一个条理清晰的产品介绍从众多竞争对手中脱颖而出，打动你的客户吗？那么你的产品介绍应该包含以下几个方面：

- 书面申请
- 为每个客户专门准备的宣传册封面
- 目录
- 前言
- 企业介绍
- 依照不同客户的不同需求而选择产品不同部分着重介绍
- 该产品特别与众不同的地方
- "视觉效果"，提供诸如照片、模型一类的图片
- 为客户的决策者提供总结语或者前面详细介绍的经典摘录
- 负责人的名片
- 提示购买方式和方便快捷的回复方式（比如，通过传真订购、订购表格或邮资已付的信封）
- 有价值的操作演示文档

　　这里请你一定要注意的是：你所撰写的产品介绍一定要与客户的需求相呼应，不论你经营的是绿色环保酒店还是银行，你撰写的介绍必须向客户展现你所提供产品的最优秀的一面。

增加客户决定购买你企业产品的可能性

　　客户对你的产品做出购买决定之前，都会寻找你提供的产品比其他产品更能吸引他们的地方。因为客户都是手中同时有几个候选的供应商作为比较的对象，所以一个优秀的产品并不只是被客户选择的保障，它也必须是你超过同行业竞争者的保障。特别是当你的产品 A 要比同行业某竞争者提供的相似产品 B 价格高的时候，这样的要求尤为重要。所以说，一旦出现这样的情况，你就必须与你的客户沟通，让他们在价格这个看得到的因素之外，还能了解那些看不到的，但同样支持他们为你的产品做出购买决定的因素。

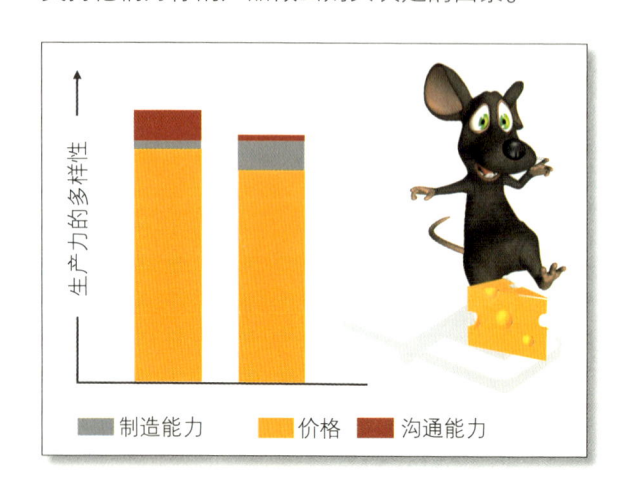

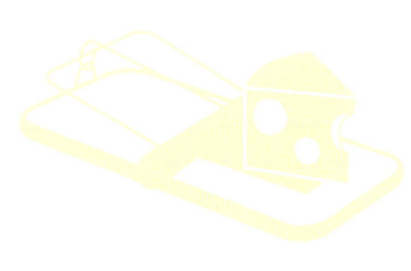

纺织品知识以及不满意退换的保证

Lands' End 服装公司对它的客户有一项特别保证：任何一件售出的衣服可以在任何时间毫无理由地被退回。你可别以为客户会利用这个承诺把他们穿旧的衣服再送回店里"换回"购买时所花的钱。恰恰相反，这么多年来，被退回的衣物占全部售出衣物的比例远低于1%。

> 规则一：我们全力保证产品质量。我们不仅能完善原材料并且注重那些常常被人忽略的传统细节。我们从不会为了提供价格更便宜的产品而忽略质量上的追求。
>
> 规则二：我们诚信计算产品价格。我们从不会受同行业中其他供应商价格的影响，为了利润而哄抬价格。
>
> 规则三：我们随时接受客户以任何理由给予我们的反馈意见以及建议。不贬低客户，不与客户争辩。我们所说的都是严肃认真、毫无虚假的成分。

要知道，这个退回保证使公司所承担的代价远低于它给公司带来的利润，因为它给了客户一个选择 Lands' End 品牌衣服的理由。

建造装修人工服务以及清洁施工地点的保证

图中所列的"清洁保证十做到"是一家烤箱生产商向它的客户做出的郑重承诺。这样就避免了客户被头脑中早已形成的对生产商或者服务提供商的意见而左右。

我们的十个加分点
- 我们会在地面上铺满防尘塑料布
- 我们进来的时候会穿上鞋套
- 我们总是穿干净的工作服
- 我们总是使用清洁干净的工具
- 我们会随身带着我们的清洁工具箱
- 我们乘坐干净的汽车
- 我们每一个工种的工作人员，随时准备为你服务
- 我们会为你把每一处地方打扫得一尘不染
- 我们会为你处理施工中产生的垃圾，确保你周围的环境不受污染
- 我们会为你清洁每一处你要求我们清洁的地方

你能对你的客户做出哪些承诺呢？

聪明选购你的厨房

仅仅是这样一枚金色的"基准—质量印章"以及与其相关的一系列保证，从"可选择的送货安装日期"承诺到"立即使用"承诺，所有这些都使该生产商的利润在不改变产品品质的基础上直线上涨。他们也可以用高昂的价格向客户证明自己产品与服务的卓越质量。这就是一个向你证明客户之所以选择你的产品，同时放弃其他同类产品的经典案例。

保证——加分项

下图中的例子向你展示了，你不必每次都研发最新型的产品才能保证你生产的产品在市场竞争中保有强大的竞争力，吸引众多客户的注意。你完全可以尝试从确保客户有权享受的最基本服务开始。比如"52×7×24"保证是向客户确保你随时都能为他们服务。当然，你的同行业竞争者也可以模仿你提供"24小时无休全方位服务"；但是如果他们没有把这项保证用黑体大字印刷在产品说明书上，那么这项保证在客户看来等同于没有。现在的问题是，你该在产品手册的哪个位置添加该加分项或者你企业所承诺的服务保证呢？

无论如何，选择最显眼的位置永远是一个直接有效的办法。具体来说，介绍手册的封面、特别为这两者所添加的附件、作为产品介绍的最后一部分，抑或价格总额的旁边。

如果你选择最后一种可行的位置，那么你就将你对客户所做的承诺作为产品加分项直接计算在客户能看到的价格中，同时你生产的产品的价格中也包括了你所承诺提供保证的价值。

时机都不够好吗？

无论如何，总有一些企业能够抵御经济萧条，实现逆势成长，而且它们并没有投入大量的人力、物力。它们投入的是优秀的服务，以及将该服务向客户清晰明确传达。那家中型烤箱生产商用它的"保证十做到"为我们做了一个非常好的榜样。

你（还）能如何向客户更好地展现你的附加价值？

我们承诺：

1. **"52×7×24"——加分项**：我们全天候为你服务：每年 52 周、每周 7 天、每天 24 小时。
   → 请将该内容改写成你个性化的表达方式。

2. **及时性——加分项**：我们向你承诺：在你给我们打电话后，最多 30 分钟，我们就在去往你处的路上。
   → 请你将自己与你的客户换位思考。

3. **质量——加分项**：根据我们的统计，当地超过 90% 的企业选择购买我们的产品。
   → 直接向客户指出你的推荐者。

4. **库存——加分项**：我们能够立即开始，在我们超过 500 平方米的大型仓库中，有超过 4000 种的商品任由你选购。
   → 你想要具体说明吗？那么请你用数字说话。

5. **连续性——加分项**：根据我们的经验，我们企业的工作人员平均年龄在 37 岁左右，在企业内工作的时间平均为 12 年。你将会享受一个整齐划一、忠诚可靠、效率至上并且卓尔不凡的团队的全方位服务。在这个团队中没有临时工，也没有初学者。
   → 谁是你企业的员工？这同样会影响到客户的决定。

6. **展示——加分项**：我们运用先进的技术，比如在一个由 30 辆机动车组成的车队中，包括高空作业平台、装配平台、大货车以及起重机。
   → 采用高精尖技术会使你的产品处于该行业的领先地位。

7. **守时——加分项**：我们不找任何借口，我们遵守每一个与客户的约定。
   → 请你消除人们头脑中长久以来的成见。

8. **授权证明——加分项**：我们接受任何人的检验，我们是整个德国西北部地区唯一一家获得西门子公司授权的 TSK- 交换机生产厂商。
   → 展示你的质量保证！

9. **记录——加分项**：我们会特别记录整个过程我们所做的每一个步骤，让每一件事都有据可循，从电线的布置图到工程最终检测，每个步骤我们都会 100% 详细记录在案。这样会大量地节省作业时间。后续添加的要求无须再花费大量时间准备，而故障也会在第一时间被排查，绝不会是大多数情况下的"只有去找，才能发现问题"。
   → 请你也动脑筋思考那些你的客户目前还没有想到的事情。

10. **承诺——加分项**：我们可以确保产品以及服务的质量，你购买的产品的每一个零部件均含有两年的产品质量保证，其他部分则有五年。
    → 请你不要忘记那些理所当然的部分（一定要避免这样的情况发生）。

第 11 章 优化产品

12

第12章
能力的展现
**KOMPETENZ-
DARSTELLUNG**

如果没有人知道，
优秀有什么用？
*was nützt es, gut zu sein,
und keiner weiß es?*

"为了给这个世界带来新鲜的东西，人们必须这样做，就好像他们真的给世界带来了新鲜的东西一样。"

这句话是 17 世纪法国作家弗朗索瓦·德·拉罗什富科对他的那个时代所做的评价，而这句名言也常常被今天的公共关系咨询师引用。如果企业或供应商能够将产品与服务在人们眼前重点展示的话，那么它们其实已经在营销上赢得了客户。

事实上，每一位客户都希望在咨询时销售人员能够全方位地讲解他们产品的特性，这样不但减轻了客户做购买决定时的困难，也能帮助他们在选择产品时为自己找到更多的理由。所以说，营销人员应该在营销过程中向客户传递这类话语。

谁要是不能让客户清楚地了解他们的产品，那么在客户改变主意选择其他供应商时，也就不要觉得奇怪了。

为了使产品在市场上长期保持优势，获得一个不可动摇的地位，产品本身必须具备优秀的质量。可是，产品仅凭质量好、实用性强便在市场上拔得头筹的时代毕竟已经过去了。现在重要的是商家必须在激烈的市场竞争中，在第一次与客户接触时就给客户留下良好的印象，令他们对商家产生坚定的信心；如果有可能的话，最好在客户与商家第一次见面之前就能产生这样的效果。良好的名声就像商家在客户头脑中植入了先入为主的加分项，而

这产生的直接结果就是大幅度提高销售的可能性。

事实上，与其守株待兔坐等产品在客户使用过程中发现其优秀的质量或卓越的功能，不如你在营销过程中应用适当的方式方法，让客户对你的产品从心里产生一种信任感。不过，通过许许多多短小、实用的方法，如他人推荐或褒奖也是同样行得通的。

很多年前，作者曾经与一位著名音乐人合作编写过一本书，就是在那次工作中，作者显示出在多领域的不同专长。有一次作者去见可能的未来合作伙伴，在与他见面之前，他的秘书递给我一杯饮料，又指了指旁边的电视机说："某某先生马上来，你可以先看一会儿电视节目"，然后就走开了。在接下来的十几分钟里，作者为合伙人量身定制了各种成功的可能，日后也都一一实现：某某先生曾经赢得大奖赛的奖牌；某某先生曾经担当过大型流行音乐会的制作人；某某先生经常被媒体报道，还曾被托马斯·戈特沙尔克主持的著名谈话节目邀请为座上宾；某某先生曾经作为导演指导在某大型足球场馆举办的大型文化活动。就是这样，在见面之前，作者已经将双方合作的可能性"谈了下来"。

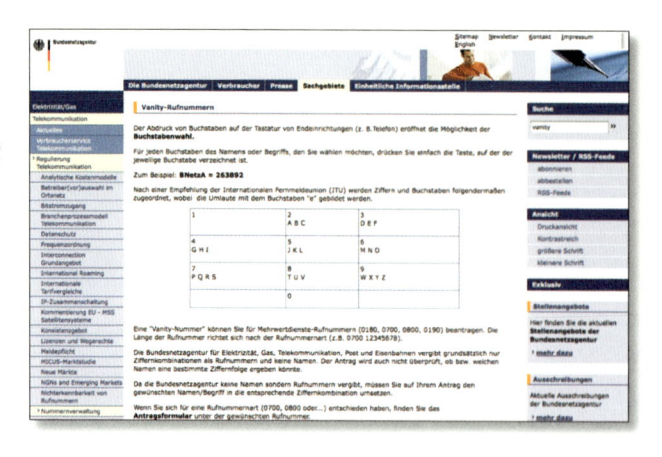

电话号码——多样性

你觉得这个办法怎么样，你的客户得到的不是一个任意的电话号码组合，而是数字与字符混搭的电话号码。在电话键盘上添加字母今天已经是可行的了，人们只要在德国联邦网络代理处加上62.5欧元就可以申请这项个性业务。即使"多样性"这个词给你的感觉更多的是多余，但你若是使用这样个性化的电话号码，那么客户就能更容易找到他们"真正"需要的服务人员。这样容易让人区分的标识性比你的名字还要强烈得多。

确认与客户约定的时间

请你一定要检查客户给的联系方式，以及你通过这些方式能否联系到他们。即使仅仅与客户确定一次约定的时间，你也需要这些联系方式。请你不要给任何一位客户寄一份冗长的说明。

右边的例子向你展示了一封内容具有说服力、承诺结果（"完全提升不同"）以及包括老客户的推荐的信件。事实上，这些联系方式很少会被用到，但是你一旦用了它们，就会给你的客户留下不可磨灭的良好印象！

请你自己反思每一次与客户接触的形式，我公司的形象是否能说明公司的实力？这个问题既包含经典的企业市场营销方式，从印刷品的统一格式到网页设计，又包含公司所处的地理位置与整体空间的利用，以及推荐人与信函的内文质量。

尊敬的客户：

我非常高兴能在8月14日与你在办公室见面。
我们将在会面中谈到以下问题：
产品功能的全方面介绍以及我们公司的重点生产项目；
我们产品的客户可能拥有的售后服务项目。
你在与我们第一次会谈中就能体会到我公司提供的产品以及我们为客户提供的服务是多种多样的。
为方便你在我们见面以前就能大概了解我们到底是如何工作的，在此向你提供三位公司的老客户，你可以向他们致电进行进一步的咨询与了解。
汉斯·胡伯，马克斯图尔股份有限公司，威登，089-3265663
约瑟夫·梅耶，工具租赁，汉堡，040-948493893
马尔塔·永德，特劳克公司，特劳姆奥尔特，089-5463985
我们的这三位老客户都事先同意我将他们的联系方式给你，他们非常高兴能为你解答疑问。
在我们30分钟的会面中，你不仅会听到相关公司产品的介绍，还会了解到公司为客户提供的其他一些产品与服务，以及我们将如何帮助你优化你的现状。

此致
敬礼

褒奖——来自客户的声音

如果你的客户能为你的产品说话，那么他们所说的话将产生不可估量的效果。一个客户给你的评价在其他人看来是具有权威性并且能产生比花大价钱做广告更有效的影响力。因此，如果客户对你的服务表示满意，那么你可以在此基础上向他们询问，比如他们是否能将自己口头上对你的褒奖变成书面的形式。或者，你可以在公司的接待室放置一本"意见簿"，请他们写下些什么。

卡片形式的推荐

谁要是能邀请客户对他们的产品与服务质量写上几条关键的评价，那么现在，他就会有一本非常可观的客户推荐册了。即使只是那些客户企业的 LOGO 标志，放在一起看的话，也是令人叹为观止的。

用客户推荐信代替名家画作

为什么公司的会议室、办公室或者大厅的接待处都要悬挂名家画作，如塞尚和米罗等充当装饰品呢？为什么不为自己举办一个客户推荐信以及表扬信的小型展览呢？

客户接待室则是举办这类展览最理想的场所，让客户在等待的时间阅读这些可比让他们随便翻一些个人并不感兴趣的杂志要有意义得多。

Wer da war,
entscheidet
darüber, wer
hingeht.

曾经到过那里的人决定将去到那里的人。

——某古老的营销真理

像展示照片一样展示你的客户推荐

我想你一定还记得这句话："一图胜过千言。"我建议让图片自己说话，你完全可以利用现代人的接受习惯，即"与阅读文字相比较更愿意看图"。请你记得，在每一次媒体见面会、演讲、公司开放日、研讨会、重大商务会议等活动时，一定会有专业人士为活动摄影。

经典的推荐

如何利用客户为你撰写的推荐，让其对你的企业产生更正面的效应呢？这里要讲的是一些最基本的方面。

重要的是，他们对你能力的"描述"应该是正确的，并且是令人信服的。在这方面照片比文字更有说服力。如果公司允许的话，你还可以做使用前后的对比记录。

同样，你也可以将自己的产品与同行业产品做比较，在客户使用你的产品后与使用别家的产品后的两张照片下面分别加上如下说明文字："这是使用传统产品后的结果，这是使用我们产品后的效果。"

除此之外，适当的自我描述也能起到非常显著的作用，谁要是为"市场上最有实力的十个纸张制造商"提供技术服务支持，或者谁要是有大量的上市企业客户，那么这样的事实完全可以打消任何一个人对你的企业产品或者服务的怀疑。

此外，虽然在普遍意义上推荐都会明确指出推荐人，但是实际情况也不尽然。一位参加过作者辅导课的学员写道："我非常愿意向别人推荐你的培训，不过前提是我们不是直接的竞争对手。"

因此，你看，有时候匿名的推荐并非不是一件好事情。

展示能力的方法：全方位介绍你的产品

作者曾经在一位房屋建造商那里见过一份可称得上设计完美的能力展示，有意向建造房子的客户都可以在其公司看到一系列关于他们建造各种房屋能力的细节展示。与大多数房屋建造商一样，他将所有由自己公司承担建筑的房子都拍了照片，当作记录。当然这还远远不够，接下来，他还会带领客户沿着一道长长的照片墙一边走一边介绍照片的来历："这里都是我们所建造房子的草图，这些都是我们的客户在房屋落成典礼上与他们新房子的合影。这里是我们收到的客户入住之后寄给我们的感谢信。还有这里，你看到了吗？他们都是我的客户搬进新房子以后生的孩子。我们总是能收到这些孩子成长过程中的各种

能力展示检验清单

- 你将自己的能力与经验向面前的客户展示得足够清晰吗？
- 在你展示能力的过程中，是否使用了足够的不同形式的辅助工具，即使那些并非常见的工具？
- 你是否注意到，每一名客户的联系方式都是一种能展现你不同方面能力的途径，即使一封"简单"的约会确认信。
- 你也运用照片吗？你在那些能够提升你个人声誉的由你举办的重要活动、出席的各种场合或者大大小小的会议上用照相机为你的经历做过记录吗？
- 你条理清晰地收集过那些客户对你的评价吗？

照片。而这里是在房屋建造过程中与我们合作的企业的 LOGO。"最后，还有一个时长为 90 秒钟的 PPT 展示，客户将在这个展示中了解到一幢梦想之屋具体是如何被建造的。

这样介绍的结果就是大多数只想来打听一番的客户已经在询问，他们是不是也"可以"将他们新房子的照片挂在那面照片墙上。倘若你也想为自己的产品或者你提供的服务设计一种完美的展示方法，请你务必考虑一下，你是否能将它们的整个生命周期都在介绍中展示出来。

以一个健身中心为例：

代金券的种类：
- 照看孩子
- 个人咨询
- 在紫外线室的日光浴
- 饮水瓶
- 衬衫
- 健美操训练一小时
- 沙滩排球派对入场券
- 吧台饮料一杯
- 带有陪练的训练时段
- 订制配件的订购券
- 会员卡

关于未来成绩的支票簿

这里还有一种方式可以帮助你向客户展示你的能力。通过这种方式你可以向你的客户展示，若是他们选择了你的产品或服务，那么他们还将获得什么样的附加服务。

这里我们以一家在这方面做得十分出色的健身中心为例。它通过赠品形式，让客户尝试各种服务，与此同时，使客户自主打消选择其他健身中心的念头。这家健身中心在第一次向对健身感兴趣的人介绍中心机构以及展示所有健身设备时，就送给那些潜在客户一本包含各种服务的代金券，从一个饮水瓶到训练咨询再到桑拿浴。当客户正式注册时，便可以用这个模板代金券册兑换一本"真正"的代金券册。这样的行为在心理学上的效应是：即使其他的健身中心也提供同样的服务，但是在这里，客户得到的不仅是承诺，还是一件实物，而且是以代金券的形式，而代金券总会让人感到使用起来简直物超所值。这家健身中心新会员的增长速度正与他们的期望相吻合。人们也可以在其他的行业模仿、学习这种方式。

> 一个不被介绍的服务项目等同于一个不存在的服务项目

让你的想象天马行空——更多的能力展示方式

除了传统的展示方式，比如表扬信、感谢信或者评价留言作为展示对象之外，还有很多其他的方式。只要能使你的客户满意，什么形式你都可以运用。以下是我的一些建议：

- 对你的产品以及服务满意的客户的照片。
- 专业的 PowerPoint 报告。比如一段时长 90 秒的纪录片，内容可以展示企业最成功的一次经历。在报告中，你表现得越幽默，越是容易获得客户的信任，产生的效果也会出乎意料。
- 专家的证明，如德国技术监督协会所提供的优秀质量证明、质量检测协会所颁发的勋章或者行业专家协会的评价，以及 ISO 证书。
- 真实产品的某一部分或者产品的模型，从被修复师修复一新的沙发到由网页设计师设计的企业网站。
- 对你提供的产品或服务满意的客户摄制的录像。
- 统计数据或者其他能够展示你企业实力的数据，如"满意"课程参加者与"非常满意"课程参加者数量的百分比、成功的比例、平均利润率、机器的使用寿命等。
- 各种奖项以及培训证书。
- 随同报告一起发放的内含能力证明的宣传册、客户评价、客户名单、媒体报道等。
- 个人发表的文章（书籍、报纸、杂志上的文章）。
- 媒体对你企业的报道、客户的评价以及赞美。
- 你在某些著名协会或者专业同行会的会员身份。

你如何更好地向客户介绍你所提供的产品功能以及你所提供的服务项目？

13

第13章 树立品牌
MARKE

商 标 + 协 作 = 品 牌
logo+Assoziation=Marke

为什么可口可乐比百事可乐好喝？

你完全不必费脑筋思考这两个品牌的饮料在口味配方上到底有什么不同，因为它们的根本区别不在配方上。若要真能单从口味定胜负的话，百事可乐公司也不会像现在这么着急又无奈了。在这两种饮料的比较调查中，在两者的商标不被告知的情况下，有 51% 的品尝者认为百事可乐更好喝一些；但是在两种饮料的品牌被明示的情况下，同一群测试者中却有 65% 的人转而认为可口可乐更加美味。不必多加探究也能明白，所谓的口味调查结果实际上是被调查者头脑中先入为主的观念左右了。市场营销专家早就知道消费者的购买行为更多是由他们的情感而非理智决定的。除了"我就喜欢"（麦当劳），以及"我们乐意为你提供娱乐"（德国电视七台）这些脍炙人口的广告语外，你还能想起什么？在过去的几十年里，市场营销决策者从人类神经学研究者的研究成果中得到越来越多的启发，比如，某一研究结果曾强调人类的大脑在无意识状态下每秒钟可以加工 1100 万个信息字节，但其中只有 40 个信息字节会被人意识到。获奖的人类大脑研究学者伍尔夫·吉格尔曾经对此事实做出结论：这些信息是意识存在自由的表现。而该事实所导致的直接结果就是我们所做的所有决定中有 70%~80% 是完全无意识的。你当然也可以说，我们只是听从自己内心的声音，并且遵循潜意识中"理智"的声音，以便做出对自己以及对他人都最适合的决定。

大型商品品牌的游戏规则都是相同的，他们控制同类产品的联合会，唤醒消费者的情感，再成功地让他们感受到自己的情感，并最终将这种情感转化为行动，也即购买决定。这也就是为什么女人不惜花费大量的金钱，只为了从地球另一端的国家购得某一种特定品牌的一小盒护肤品；研究者已经通过研究得出结论，那些大牌护肤品的效果与每一个街角的日常用品店出售的非品牌产品效果毫无二致，然而女人却依旧完全无视这种科学的研究结果。事实上，女人购买的并非一小盒护肤品，而是生产商在广告语中承诺的"保持年轻"，这个承诺才是产品的全部价值所

在。出于同样的原因，人们觉得驾驶一辆哈雷摩托车在本质上与驾驶其他交通工具是完全不同的事情，因为它代表了一种生活态度。

这也就不奇怪，为什么一个成功的品牌要比一块黄金本身更有价值。2007年，美国明略行市场调研公司调研表明，美国顶尖的十大品牌市场总价值为1.94万亿美元。从市场每年的表现、客户评价以及革新程度各方面综合来看，谷歌市值8610万美元，排在当年品牌榜第一的位置。那么请你想一下，当你听到"谷歌"这个名字时，你的脑海中想到的是什么？而当你听到"雅虎"这个名字时，你的脑海中想到的又是什么？现在你可以理解，为什么雅虎在同一排名榜上只位列100以内了吧。

品牌领导市场是一个非常复杂的问题，在这里我们只能简单地做一阐述。神经学家曾表示，在消费者的头脑里并没有一个"开关"，商家无法控制消费者让其乖乖地购买。事实上，所有生产商概莫能外，没有一家生产商能在忽略消费者的情感、不与他人建立协作关系的情况下，为自己树立品牌口碑。

商标 + 协作 = 品牌

在你看到快餐业巨头麦当劳与奢侈品大亨普拉达两家联合所生产的这款"混血"产品之后，两者各自的LOGO与品牌名称字体均保持原有的样子，以便客户能够一眼认出该产品的价值。不过这个例子的可笑之处并不在于它的包装设计，而在于联合在一起的两家生产商显得过于风马牛不相及了。

用摩托车代替摇椅

管理大师汤姆·皮特森在他的畅销书中说道："哈雷·戴维森卖的不是摩托车，星巴克卖的不是咖啡，Club Med 经营的也并非度假村。同样，健力士卖的也不是啤酒。"为什么会是这样呢？

品牌的享受特性

一辆哈雷摩托车为其驾驶者带来的绝对超过"驾驶的乐趣"，它们的广告语向消费者保证的是自由与冒险的心理感受。在哈雷摩托车的首席执行官的决策下，哈雷摩托车不但成功打入市场，还为公司带来了数十亿的利润。在 2007 年的世界百强公司排名中，哈雷摩托甚至排在了古驰、卡地亚以及摩托罗拉的前面。

> "我们售卖的是一种可能性。这种可能性可以使一位已经 43 岁的会计能再度拥有穿上紧身黑皮夹克、横穿某个小村庄，让所有看到他的人都心生敬畏的可能。"
>
> ——哈雷·戴维森公司主席

从原材料到产品体验

这里举一个咖啡销售的例子。随着咖啡本身享受特征的提高,其售价以及利润也会相应增加。当咖啡生产商能够通过咖啡原材料以及销售商能够通过其产品获得利润,那么光临咖啡店的消费者也可以从更多的方面享受它们提供的服务,比如优美的环境、麦森瓷器商生产的咖啡套杯。这就是我们所说的对于成品的多方面享受。

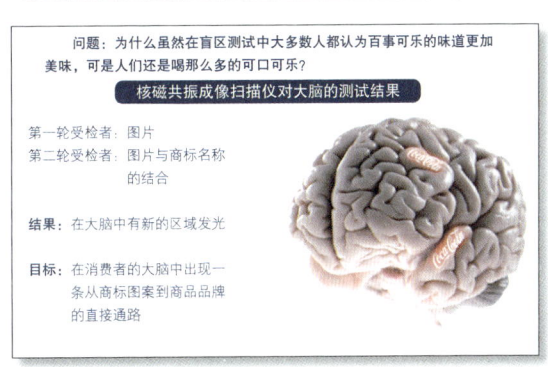

品牌与大脑

最新的市场营销趋势被称作"神经学市场营销""大脑—名牌"。科学技术的发展给我们提供了可以观察人类大脑活动的可能。德国慕尼黑路德维希·马克斯密里安大学的医学心理学研究所组织了一个跨领域的研究项目,该项目的参与者除了研究所的科学家外,还有市场营销专家。

研究结果表明,当有新的品牌在市场上出现时,人们的大脑会被全新的信息唤醒。而研究人员的中期目标是找到能够将信息送达消费者大脑中的路径。2002年,诺贝尔经济学奖获得者威尔·史密斯称:"神经学与经济学联合研究已经成为研究人类理解能力,人们是如何思考、观察以及如何形成决定并如何改变决定的划时代的两大新支柱。"

神经物理学家迈克尔·德普的研究进一步表明:"在名牌面前,人类的大脑处于瘫痪状态。"

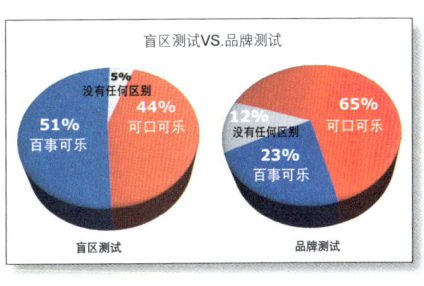

可口可乐 VS 百事可乐

在盲区测试时有51%的测试者认为百事可乐的味道更胜一筹。而当他们品尝带有商品标志的两种饮料时,竟然有65%的人突然认为可口可乐更好喝。

这样的测试结果动摇了人们对人类理智的信念。是的,市场营销专家早就知道,消费者的购买决定更多是由人类的情感而非理智支配。

In den Fabriken
stellen wir
Kosmetikartikel her,
über die Ladentheke
verkaufen wir
Hoffnung.

在工厂里我们生产化妆品，在商店里我们贩卖人生的希望。

——查尔斯·瑞沃伦

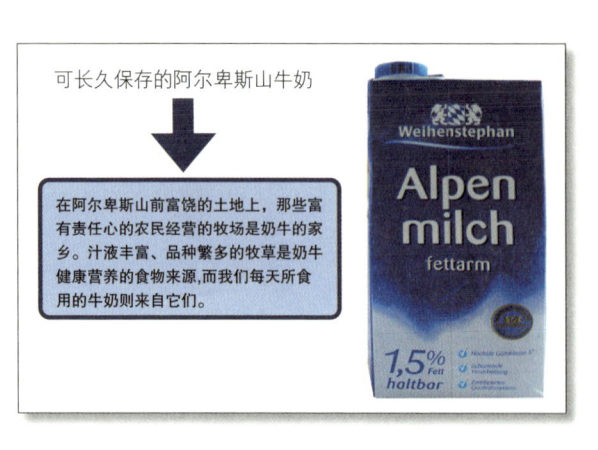

情感不会变

脱脂牛奶看起来并不是一种能够唤醒人类情感的产品。韦恩史代凡奶制品加工厂给我们上了非常生动的一课。它将其奶制品的包装设计得非常具有田园风情，而这样的设计正是为了打动消费者的心。面对这样的设计，谁不会想到一头阿尔卑斯山下自由自在的牛呢？

可长久保存的阿尔卑斯山牛奶

在阿尔卑斯山前富饶的土地上，那些富有责任心的农民经营的牧场是奶牛的家乡。汁液丰富、品种繁多的牧草是奶牛健康营养的食物来源，而我们每天所食用的牛奶则来自它们。

一家毛茸茸又温暖的企业

毛绒公仔玩具制造商不仅仅用它们的产品唤起消费者的情感，甚至还在自己的产品宣传册上制作同样毛茸茸的封面。一家曾是毛绒动物私人小作坊的礼琪在1986年从弗兰肯地区的米歇尔奥开始一步步变成全世界闻名的毛绒玩具制造商，市场营销的成功使该企业从阿尔滕昆斯塔特走了出来。这段话你可以在礼琪公司网站主页上找到。而在页面上方用更大的字体写出："礼琪让你充满幸福。"

或者："礼琪让企业变得毛茸茸又温暖"

不过人的感觉不可能永远一成不变，倘若一名汽车司机能在他拉风的雅科仕汽车中，即使在昏暗的高速路上发生了翻车事故，却还能被车中的安全设备保护得毫发无伤，那么他对这辆车的品牌所产生的强烈感情绝不亚于公路电影的必备道具哈雷·戴维森摩托车。

请你打破原有的规则，尤其是那些由其他人设定的规则。

潜意识——"水平面以下"

只有一部分品牌在我们做出购买决定时起引导作用。严格来说，只有两种品牌期望：一种是有意识的，另一种则是无意识的。麦当劳对消费者所做的公开承诺是，它们菜单上的产品永远保持价格低廉。然而，许多消费的产生并非由商家所提供的产品带来。比如，去一次麦当劳，家长可以从孩子们的吵闹中获得20分钟的安静。这种潜在期望值不仅适用于麦当劳这种快餐产品，同样也适用于保时捷这样的奢侈品。购买保时捷的消费者公开的产品期望有卓尔不凡的品位、对最新技术的追求、充满活力的运动状态以及对速度的享受。除此之外，购买保时捷的男人都希望吸引更多年轻女性的瞩目。

你的品牌是为了满足什么而存在？你的产品所包含的潜意识的期望值是什么？假如你将产品的LOGO当作你的护照照片应用的话，那么你的目的是什么呢？

你的品牌为满足什么而存在?
你能满足消费者的哪些显著期望？又能满足他们哪些潜在的期望呢？
每个品牌所保证的方面只要能消除消费者的后顾之忧，那么这个营销宣传就是成功的。

你的目标客户又有哪些"水平面以下"的期望呢？

Der essentielle
Unterschied zwischen
Emotion und Verstand
liegt darin, dass
Emotionen zum
Handeln führen
und Verstand zu
Beurteilungen.

理智与情感两者最重要的区别在于，情感驱使人们去行动，而理智则帮助人们去判断。

——神经学家唐纳德·凯讷

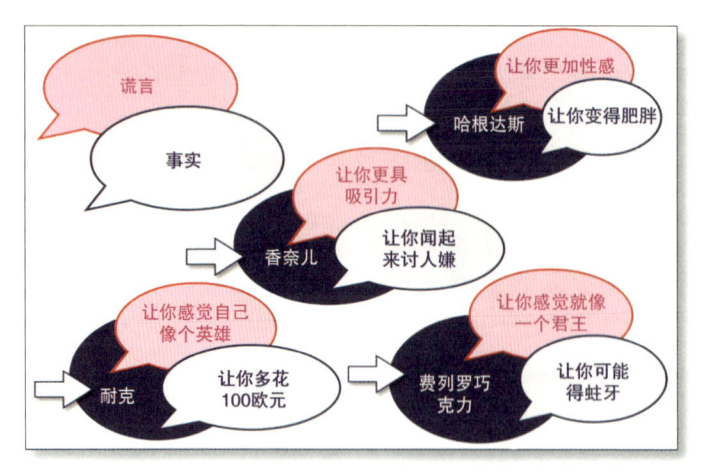

一个品牌所要传递的核心信息

一个明确的声明可以令一个品牌的承诺直击用户内心。无论是宝马的"享受在路上",还是奥迪的"科技带来改变",最重要的是,消费者能够从你的产品广告语中明白你要传达的意思。几年前,还流行面对大众消费者做问卷调查,从而获得不同消费者群体对产品的期望。

广告语需要通过不断重复才能对消费者产生影响,而且它还与企业所提供的产品与服务紧密相连。你应该将广告口号用在任何一个你可以用的地方,从宣传海报到发放的小册子再到网站主页,以便将这句话深深地烙在消费者的脑海里。

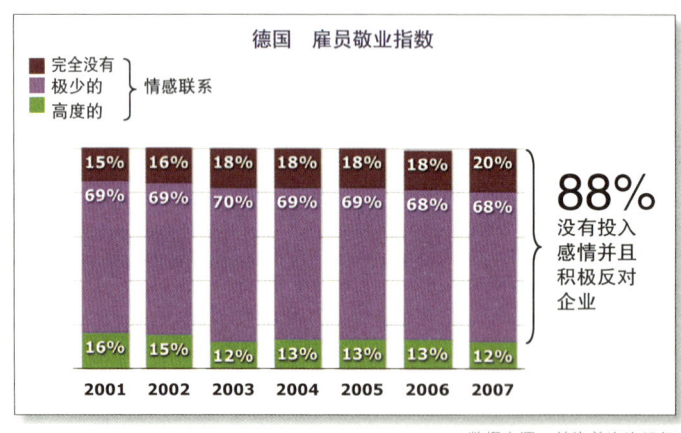

员工敬业指数

你能指望你的企业员工吗?盖洛普咨询组织每年公布一次企业员工投入状态一览图。德国的企业员工中甚至只有不到15%的人能够为企业尽心尽力;而奥地利与瑞士的状况也只是比德国的状况稍微好了一点点。

如果企业希望自己的品牌获得消费者的信任,那么没有企业员工的共同努力是不可能实现的。

"我们的品牌形象体现了我们企业所有员工的共同理想",沃芙德内衣公司主

**你的产品广告语是什么?
它能帮助你向消费者传达怎样的信息?**

席弗里茨·胡美尔这样骄傲地对外宣布。如果消费者不能在与企业员工的直接接触中体会到你的产品广告语中提到的价值，那么所有品牌的形象以及服务的宣传活动的影响力都将付诸东流。因为，品牌只有在企业员工身上才能具有生命力，而消费者则是从企业员工身上感受到品牌的生命力的。

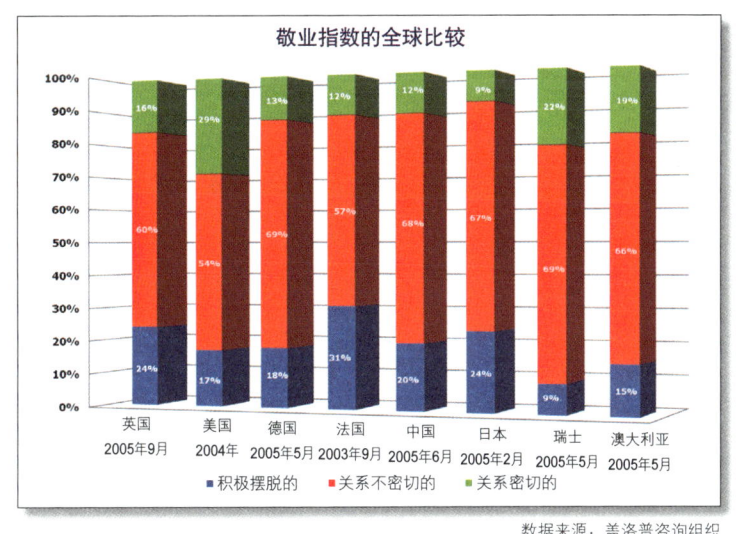

敬业指数的全球比较

国家	积极摆脱的	关系不密切的	关系密切的
英国 2005年9月	24%	60%	16%
美国 2004年	17%	54%	29%
德国 2005年5月	18%	69%	13%
法国 2003年9月	31%	57%	12%
中国 2005年6月	20%	68%	12%
日本 2005年2月	24%	67%	9%
瑞士 2005年5月	9%	69%	22%
澳大利亚 2005年5月	15%	66%	19%

数据来源：盖洛普咨询组织

小组／战略发展

当企业发展需要做出新的战略决策时，有多少企业员工能积极主动参与呢？若想在市场竞争中胜出，那么你的企业中不能有太多态度消极、持反对意见的员工。请你再仔细思考一次，你到底应该聘用什么样的人：他能够全身心地投入吗？能够全身心投入企业发展的员工要比一个有"真正的"高学历的员工有价值得多。美国企业界有一句著名的格言："聘用的是态度，训练的是技能。"

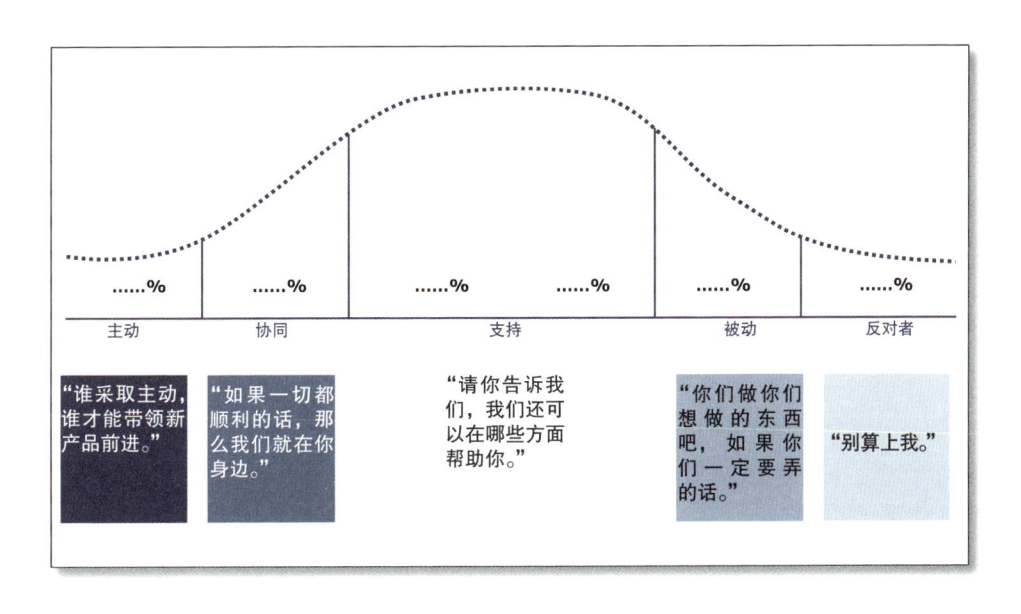

主动	协同	支持	被动	反对者
……%	……%	……%　……%	……%	……%
"谁采取主动，谁才能带领新产品前进。"	"如果一切都顺利的话，那么我们就在你身边。"	"请你告诉我们，我们还可以在哪些方面帮助你。"	"你们做你们想做的东西吧，如果你们一定要弄的话。"	"别算上我。"

14

第14章
游击营销法
GUERILLA-MARKETING

逆向思维与打破常规
Querdenken und Regelbruch

"我们平均每天都会接收到 3000 条广告信息，但是能被我们记住的大约只有 52 条。"

2005 年 10 月，革新报告的调查结果是：如果你觉得这样的统计数据有些言过其实，那么请你想一想你每天所收听的广播与收看的广告信息；在各处所看到的柱子以及墙壁上张贴的广告宣传；还有商家们四处悬挂的广告条幅；当然也少不了互联网各大主页的嵌入式广告与弹窗广告；出租车、公共汽车以及地铁车厢中的贴纸式广告；报纸与杂志加页中的广告；被投入信箱的广告以及电子邮件；无孔不入的被印刷在日历、宣传海报、门票、收据、发票上的广告；常常在我们购买的商品包装上各式各样的广告，从酸奶盒上的搭配食用方法到打印纸上的适用油墨；每天深夜下班经过时还在兀自闪烁的霓虹灯与招牌……谁要是没有像隐士一样隐居深山密林中，那么他一定不能回避每天"都必须"听到、看到广告。

许多大型企业都习惯每年为自己产品的广告宣传预留出上百万的资金，并在此基础上想尽办法将信息灌输进消费者的头脑中，它们的目标是到处都可以听到人们在谈论它们的产品。不过那些没有这么多闲钱的人也可以通过机智与敏捷实现同样的效果。"游击营销法"的核心就是"点子基金"。该营销法的核心思想就是，用出乎意料的行为令受众感到新奇，从而唤起他们的注意，继而达到口口相传的目的；最好还能利用互联网的巨大影响力，如在 YouTube 上的传播，在博客上被多人转载以及评论，在微信上被人点赞、转发，当然最终还要通过这些手段达到在传统印刷媒体上被多方报道的目的。

"游击营销法"指的是那些营销行为惊世骇俗，能给人们留下深刻的印象，成本小影响力却巨大的营销方法。倘若你所居住的街角某处，突然在一夜之间某个空闲已久的展示橱窗中冒出一排嫩粉色的用蜜糖雕刻而成的字——"爱情服务"，此时你会怎么想？而且在接下来的几周时间里，在同一扇橱窗中又不断增添新的闪闪发亮

即使以严谨著称的圣加仑大学也设置了游击营销专业研究方向，因为常规的营销方法并不能每次都达到引人瞩目的效果。

的装饰和一排大字"在情人节那天终结所有的等待"，这时你心里又有什么想法？我猜，你一定会跟你的邻居讨论这件奇怪的事情，或者晚上去小酒吧散心的时候跟酒友们提起这桩奇怪的趣闻。专业人士们则称这种营销方式为"病毒式营销"。还有那个将咖啡店与理发店混搭经营的理发师，仅仅用一大桶粉红色的颜料就为自己营造了巨大影响力，这比花费巨款所带来的效果还要好。很久以来，那些经营稳定的企业甚至广告公司也都为自己用"游击营销法"做宣传。2008年，在斯图加特飞机场，"游击营销法"广告人勇冯马特获得了大奖。当时，飞机场里不停地播放寻找两名"乘客"——"盖得尤尔·卡埃德塞克斯"先生与"格瑞德欧弗斯·埃德塞克斯"先生的广播。不过，倘若人们能够用慢一点的语速，清楚地读出这两个不断被重复的"人名"时，你就会发现，它们表示的意思是："Get your car at Sixt"以及"Great offers at Sixt"（Sixt 是一家著名的德国汽车租赁商的名字）。

必须打破陈规！

必须承认，说起来容易，做起来难。因为并不是每一次打破规则的行为都能引起目标群体的关注、兴趣以及共情。而"游击营销法"的核心在于，通过不寻常的行为以及方式使受众耳目一新，并以此达到传统营销方式要达到的同样目的。

你如何在你的谈话中引入黄瓜这一事物？

让我们从侧面思考这个话题。假设你想卖腌制黄瓜，但又不想与亨斯腾堡家出产的其他食品并排放在货架上。那么你准备如何做呢？停！别翻页！请你先来回答这个问题。

用代表生活态度的罐头代替防腐泡菜

斯普利瓦尔德酸黄瓜是一款传统的泡菜产品。早在1870年,德国批判现实主义小说家特奥多尔·冯塔纳就曾盛赞该产品实为地方特色,是走出吕本瑙"走向世界"的产品。这一品牌的泡菜几乎见证了整个德国的历史,甚至还被写进了世界电影史。然而斯普利瓦尔德酸黄瓜从一款日常生活中再普通不过的产品变成一种价格昂贵且代表生活态度的产品并不仅仅由于上述两个原因。事实上,其生产商将大众通常所见的玻璃罐头瓶装换成了易拉罐装,如此一来就方便了消费者携带,而且它们还在罐头上印上了自己的广告语——"来一个!"

"'游击营销法'能够成功的关键因素是其惊世骇俗的创意。最常见的创意类型是新鲜的、有趣的、具有挑战性的,'只不过'不属于任何一种传统的方式,对于那些有意思的或者不寻常的东西,消费者之间很愿意互相交流。当然,惊世骇俗的广告宣传也属于此类,请你一定不要忘记,这种交流在互联网上进行得尤为激烈。以目标受众群体为标准并有的放矢设计而成的信息会在非常短的时间内传遍全国,甚至走向世界。人们常常会将草根营销法或病毒营销法与其相提并论。当这些小成本的营销开始起作用时,那些有更大影响力的宣传往往会不请自来,为你继续拓展宣传工作。它们就是媒体宣传。"

与客户展开对话

"从过去走来的鞋子",这家鞋店寻找并请求客户将自己老旧的鞋子与故事带到鞋店来。最好的故事将获得店内设置的奖项,获得该奖项的客户将收到75欧元的现金奖励(从奖金的单位你也能看出,"游击营销法"可不是什么崭新的营销手段了)。最后,鞋店还会用这些客户带来的老旧鞋子装饰自己店内的橱窗,举办一个小型的"鞋子展览"。这是使用"游击营销法"的一个非常成功的案例:非常有趣的点子、相当有影响力的宣传效果。该鞋店此举不仅赢得了客户的认同,还引起了各媒体的共鸣。

让媒体为你所做的宣传被他人看到

一个个体经销商是支付不起影响效果巨大的媒体宣传费用的。最理想的状况是能通过营销宣传行为影响到预期客户:谁要是只在二手或者打折商店购买自己的鞋子,那么他们一定觉得充满情感的"有故事的鞋子"跟自己没什么关系。他们更喜欢那些性价比高的、可以询价的商店,并且在大多数情况下,每次只购买一双鞋子。

> 在本书接下来的内容中,你将能读到更多帮助你开拓思路的成功营销案例。

Kreativität ist die Währung der Zukunft. Keiner zählt die Zahl der Schaltung, man erinnert sich nur an die Emotionen, die bei der Werbung geweckt wurden.

创造力是属于未来的财富。没有人记得交换的次数，人们只记得那些被广告唤起的情感。

——Heye Group广告公司主席约根·克瑙斯

2008年在《明镜》周刊上做一整页的宣传广告，大概需要6万欧元，而在该刊物上刊登一整页的报道则无需花费一分一毫（而且报道的效果要比广告宣传的效果更加显著）。汉堡一家小话剧院曾经做出一个非常明智的举动，在一出由斯万·雷格纳尔的畅销小说《雷曼先生》改编的话剧上演之时发出邀请，所有姓"雷曼"的人都可以来汉堡免费观看此剧。该剧院向电话簿上的300名雷曼先生发出书面邀请，其中的30位不但给予剧院答复，还明确表示将会前来观看。假设每一张剧院入场券的价格为20欧元，那么该剧院仅仅花费了600欧元就获得了超过花费6万欧元做宣传的强烈效果。

做一些疯狂的事吧

如果市中心的一架吊车上悬挂着一辆保时捷汽车，那么一定会引来众多的人观看。如果这时候你还用微信向朋友们讲述这件事，那么无论那辆保时捷是被招领的失物还是被撞坏的报废品，我想你一定不会轻易忘记策划这次事件的公司的名称。这只是一次销售活动。不过你不得不承认，这样的行为的确唤起了消费者的注意。也许你会给朋友们讲述这次经历，地方媒体也会报道这场活动，也许当这辆保时捷被放下来时，还会有电视台跑来现场拍摄。也许还会有人拍下全过程，并将其上传到YouTube网站上。当然，这个人可以是销售商本人。即使一辆保时捷的价格不菲，那么多的微信群发消息也赚够本了。不能不说这是一次异常成功的营销推广活动。

做一些有趣的事

康采恩集团在很久以前就发现了游击营销方式。大众汽车公司请喜剧演员哈珀·可科林主演了一部《荷尔斯特·施莱马尔在驾驶学校》的系列喜剧短剧，每一集都被上传到YouTube网站上，其下载总量已经超过700万次。这个系列短片给大众汽车公司带来超过9万次的客户试车机会。"依照行业的估算，若是没有这部系列喜剧短片，要达到相同的效果，大众汽车则需要为宣传海报、平面广告以及电视广告支付超过650万欧元。"哈珀·可科林的片酬最多只占全部营销费用的1/4。

打破你所在行业的行规

我们已经有轻型喷气式飞机、简易软件和无线网络了，那么为什么还没有服务提供商遵循"美妙的时刻公平共享"这样的格言。消费者是否希望在线了解他们信用卡的状况？为了得出这个问题的答案，这位雇主让他的员工到市场上做实地调查。

给你的"客户"一个惊喜

即使教堂也在与时俱进，不断改善他们的服务。这样的话，谁还能批评他们做派陈旧、僵硬死板呢？谁要是能适当地改变自己的形象，谁就能够赢得机会，赢得他人的感情。

让你显得神秘

电脑游戏《侠盗猎车手4》的宣传活动也是一个"游击营销法"的案例：为了配合游戏上市，美国纽约全城贴满了捉拿一位虚拟盗窃犯"尼克·贝里克"的通缉令。有经验的玩家则感到自己是熟知内情的人，他们在其余玩家茫然的时候深感自己有必要向他们解释整个事件的来龙去脉。通过此通缉令，游戏公司就不必只为让大家知道新一代游戏即将上市而在全城贴满该游戏的宣传海报。而在德国的法兰克福，每位居民都收到了一张明信片，上面写着："额外的浮船你可以在法兰克福西海港浮船坞找到。"这一举动引起了全城居民的好奇。谁要是想知道什么是"浮船"的话，那么他就必须在互联网上自己查找答案。

> "游击营销法"的关键是："允许那些让人喜爱的事件发生。"这里的人指的是你的目标消费群！

带上你美丽的女朋友

谁要是在路边搭过便车，就会知道，只要有一个漂亮的姑娘跟你一同站在马路边拦车，那么二位能拦到车的概率要比你一个人拦到车的概率大得多。而电视直销商"源"知道：冰箱是最大的一种直销品，但是若能将其用可口可乐瓶子装满再拍成广告宣传片的话，那么这个型号的产品就会马上被抢购一空。

在你的形象上做文章

在美国，律师的形象都比较"惨淡"，这一点你可以从无数有关律师的笑话中得出。关于律师的品鉴规则是："人们从哪里才能看出一个律师是否在撒谎呢？看他们的嘴唇是否在动。"一个被称作"研磨法律"的职位，再加上所有菜单般明码标价的资讯服务价格，就是一个改变你已有形象的不错选择。

寻找新的目标消费群

你的经理是乐高狂热的迷恋者？绝非完全不可能。"严肃地对待乐高游戏"是一

研磨法律

个推动战略决策发展的革新方法。20世纪90年代末这个方法是洛桑企业管理发展国际研究所（IMD）的两位教授共同发明的。现在，"严肃地对待乐高游戏"已是乐高公司一句经典语了。大型企业会举办以"严肃地对待乐高游戏"为主题的研讨课程。在该课程中，参与者将在培训师的带领下一起用乐高积木组装拼接流程模型、问题模型以及新的解决可能模型，大家将在课程进行中亲身体会"可以触摸"这个词所包含的意义。德国传统老牌酒水"野格牌利口酒"也是通过这一方法赢得了新的目标客户群。通过每周在广告中加入年轻人的角色，以及在酒吧中年轻人共饮该酒水产品的镜头，野格牌利口酒打开了面向年轻群体的市场。2007年，野格牌利口酒获得了"最佳优秀品牌转型奖"，因为它不再只是退休人员的专属酒水。

请你将原有的事物重新组合

骑自行车，你希望在不下雨的日子，最好还温度适宜？那么，增加了保护外壳的自行车一定能满足你多方面的需求。有一个基本理念就是，向客户提供一种实用的、有趣的新功能组合产品，客户能得到的要比他们所期待的更多。这个理念可以应用在很多不同的领域，比如洗衣沙龙。科隆的"焕然一新"洗衣沙龙不仅提供豪华酒店般的内部氛围，还有各种各样的新衣服供客户购买；"天堂洗衣店"将自己的快餐部布置得好像20世纪50年代的汽车餐厅一样。

离作者居住地最近的火车站大概有20千米。每次作者乘坐夜车到达火车站，再从火车站回家时，都要花大概25欧元的出租车费。通常在这样的情况下，作者还会感到腹中空空，就会去出租车站对面的披萨饼店点一份披萨饼、一份沙拉，再加一份饮料。有一次，当披萨饼店的小伙子问作者："我们应当把这些送到哪里去呢？"作者突然灵机一动回答道："如果可以的话，我来给你指路吧。"就这样，我只花了19欧元就坐着"专车"到家了，还附赠一份披萨饼外卖套餐。

"环境媒体"是一种在不同寻常的地点做广告宣传的形式。为你找到的确能让广告宣传被注意的地点，而且不会被竞争对手干扰。广告策划公司"超级卡片"这样对其客户承诺。

让你的客户突然感到惊讶

"游击营销法"早已被传统的大型企业广泛应用,即如何让你的客户在一家已经信息遍布的大型市场中还能注意到你的宣传。

请你为客户制造乐趣

如果在地铁中安装这样一个有趣的扶手的话,那么会有多少人用手机给这个奇特的扶手拍照?他们会向多少亲朋好友转发这张照片?当然,每一张照片都是以"Firmen"公司的LOGO为背景的。

你如何才能通过人们的大脑与内心、计算机与手机、想法与描述获得目标客户呢?

15

第15章 领导
FÜHRUNG

大胆管理开拓未来市场
*Mutiges Management für
die Märkte der Zukunft*

一个老板说:"去干!"
一位领导说:"我们一起去干!"

这是一个著名的美式口头禅。一个成功的领导能够激励他的员工,使他们为企业满怀激情地做事。如果你必须将整支队伍带到猎物面前他们才会捕猎的话,那么只能说这个企业中处于领导位置的人太不合格了。只有作为产品声誉的商标是由企业员工共同创造的,客户才能有所感受。倘若员工对客户的服务总是差那么一点点,再优秀的市场营销也将付之东流。这就是老话所说的"行百里者半九十"。

关于领导的书籍的数量可谓汗牛充栋。如果你留心的话,差不多每个月都有新的关于领导策略的新书上市。这样的情形让人不能不想起几百年前人们满世界徒劳无功地寻找所谓的"智慧之石"。"最"完美的领导方法大概少得就像神话中的炼金石。著名的领导管理学图书《管理成就生活》的作者曾明确表明,在今天,领导具有多方面的综合能力。领导者需要有中世纪骑士的野心、诺贝尔物理学奖获得者的缜密思考与行动力,以及综艺节目主持人的表演天赋与号召力。这本书并没有像其他人一样提供给读者百试不爽的"灵药",而是仅仅告诉人们对管理者来说什么才是最重要的。

这本书的内容旨在向读者展示所有成功领导者的共有特性,而不受具体任职企业个体差异的影响。这些共有的特性包括,比如任用适合的人做他们擅长的事,也就是说,在任用员工时就要把他们当作独立的个体对待。领导者必须抛弃强制员工去做什么的想法,因为对于一个成年人来说,你既不能"教育"也不能"惩罚"。要知道,如果领导者能够正确激励员工发挥他们的长处,那么该方法能起到的作用远强于试图将他们的短处培养成长项。比如,你若是想强行将一位内向的会计培养成能说会道的推销员,绝对是件十分困难的事。

领导者个人正直的行事方式以及尊重他人的行为态度所带来

的直接结果是，员工每天起床后，都有发自内心去工作的动力，而非仅仅看在每月那一点点工资的分儿上，才咬紧牙关极不情愿地去公司上班。当员工、领导以及企业有共同的目标和愿景时，填鸭式的任务分派与人为施加的压力都将显得多余。当然，若是想将企业中早已成型的命令与遵从模式改变成激励模式，的确需要所有管理者下功夫，并且，这样的改变绝对不会在一朝一夕间实现。

今天我们能看到的绝大多数述职报告所陈述的员工任务与职责都过于复杂。每一项任务所涉及的员工必须获得他们灵活处理问题的自由度。员工评价制度必须定期执行，因为员工们既希望听到领导对他们不吝惜的肯定，也希望听到中恳的指正。

在某些企业，领导最喜欢做的事不是肯定每个人的工作成绩以及为下一步行动制定共同目标，而是让员工展开广泛的批评与自我批评。此举是为了找出事件中必须承担主要责任的人，所花费的时间以及精力与考虑如何能在下一次行动中做出改善是一样多的，有时甚至更多。而这个问题恰恰是那些企业，尤其是那些想成就卓越的企业最关心的问题。

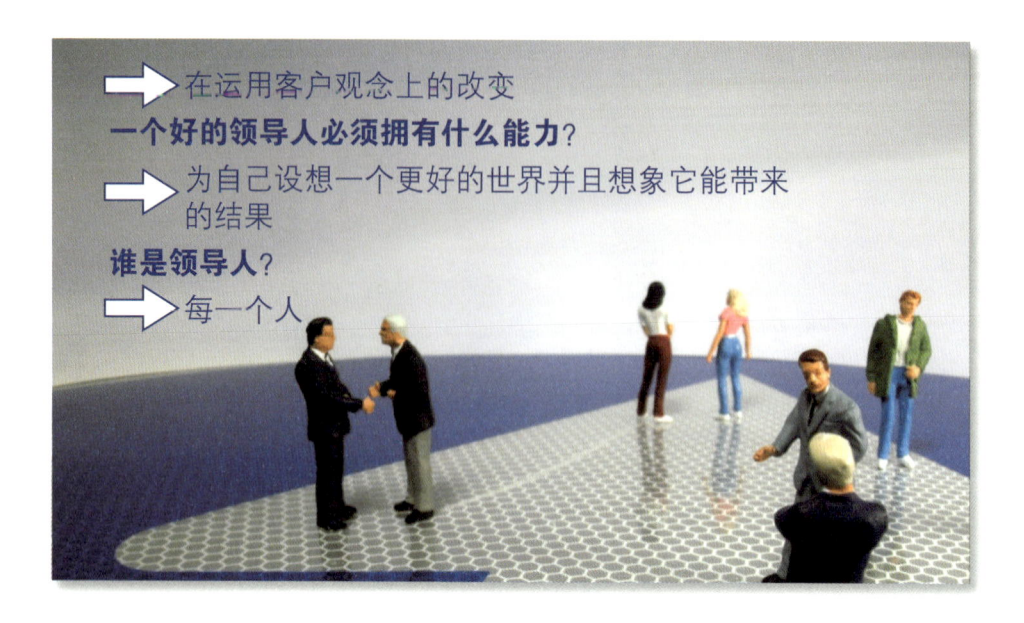

→ 在运用客户观念上的改变
一个好的领导人必须拥有什么能力？
→ 为自己设想一个更好的世界并且想象它能带来的结果
谁是领导人？
→ 每一个人

什么是领导

事必躬亲、每一个细节都亲自过问是不是一个领导应该做的事情？这个问题几乎在所有关于领导技能的书籍与课程上都讨论过，而衡量一个领导成功与否的标准更多的是结果而非过程。而这个作为衡量标准的结果就是，企业的成功。优秀领导者是各种可利用资源优势的传递纽带。

所有接受调查的员工都表示，一个优秀的领导是不会被眼前的困难所困扰的，因为他们会从更长远的角度来思考问题。

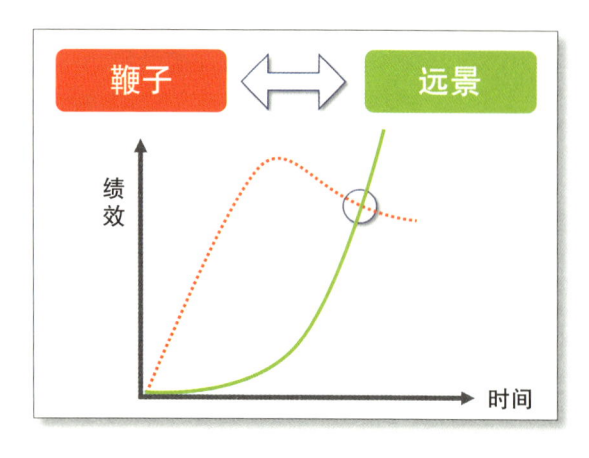

领导的方式

领导的绩效是要经历时间才得以显现的。领导的方式则要通过绩效才能得到实践的验证，人们才能知道该领导方式是否能对眼前的员工起到积极的激励作用。强制、压力以及权威式的命令通常可以在短时间内产生不错的效果。但长此以往，被强制、被压迫以及被命令状态下的员工会滋生愤怒、不满的情绪，这种情绪在某一天必然会爆发。

当领导与被领导双方得不到有效沟通时，绩效与时间比例图迟早会从上升趋势变成下降趋势，最终保持低水平状态。

与之相反，用远景目标激励员工的工作热情在初始是非常吃力的。不过随着时间推移，该领导方式却可以大大激发员工的主观能动性。一个远景目标是一个公司对未来充满雄心斗志的设想，它令人心驰神往、精神振奋。谁要是能借此赢得员工信任，谁便能赢得别人的尊敬。

有研究表明，远景目标与领导个人魅力两者之间的关系成正比。这就是为什么约翰·F.肯尼迪直到今天还是美国历史上最具个人魅力的总统之一。他曾经向他的国民做出一个异常大胆而又激动人心的承诺，即在几十年的时间内，美国人可以登上月球。果然，他的这个承诺实现了。

名牌都有其独特之处

在英国伦敦的温布尔登，每年都会举办世界上历史最悠久且最重要的网球比赛，简称"温网"比赛。在温网比赛中有很多规则，比如每一套比赛服必须有90%以上的面积是白色的。谁要是不遵守这个规则就无法参加比赛。要是在大赛中的哪个星期日（被称作"中间星期日"）天气不下雨的话，那么组委会就会安排一天没有赛事的休赛日。而如果下雨的话，那么温网大赛的赛程就会继续。

当名牌有什么特别之处时，特别是当其本身还有不尽完美之处时，它便更容易被人们记住。这个规则不仅对于世界著名赛事来说如此，对著名的产品、著名的企业，甚至著名的人来说也是如此。

企业文化与客户口碑能够把优秀的战略鲸吞蚕食

一个最优秀的管理者可以在他的企业中实行书本上学来的最优秀的管理方法，若是这个方法不适合他的企业或员工，那么即使再卓越

如何做才能使你的员工自愿与你同呼吸、共命运呢？

的方法也无济于事。当你所预订的座位在一列乘客拥挤不堪的车厢中，且因为某一不明技术故障被取消时，或者当你预订的座位不在车票所指示的位置而是在另一节车厢时，你是否依然愿意相信德国铁路总裁梅朵恩先生所宣称的，德国火车是一种非常现代的交通运输工具？还是你不得不在心里庆幸，至少你还能乘坐计划中的班次出行？

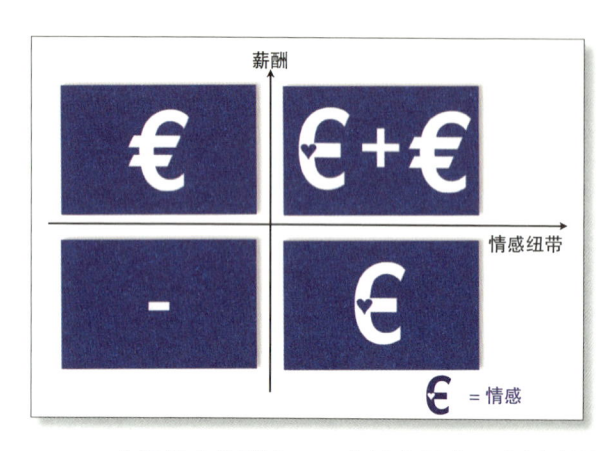

两份工作合同

对于人力资源专家来说，只有员工与雇主共同签署劳务合同之后，员工才算与雇主之间拥有了正式的工作关系。一份是书面形式（或者说是法律形式），另一份是心理形式或者说情感形式。法律形式的合同是保障员工每个月在工作之后都能获得相应的酬劳，而它并非是真正能够联结员工与企业的纽带。

员工与雇主之间的纽带是由多种元素共同组成的（比如，对员工个人价值的肯定，雇主对待员工公正，双方间的互相尊重）。一个在工作上得不到领导认可的员工是不会把企业装进心里的。这样的员工也不可能在工作上做出新的成绩，更不会在乎个人的付出能否带动企业发展。

付给员工高薪却完全无视员工情感需求的企业，必须做好心理准备，即一旦有人付给他们更高的薪水，他们就会毫不留恋地离开现在的企业。而那些只付给员工极少的薪水但是愿意投入大量情感来平衡的组织必须做好接受员工抱怨的心理准备。成功的企业是能够合理平衡薪酬与情感这两个要素的。就像有些人所说，它们是拥有灵魂的企业。

批评是每一个傻瓜都会做的

事实上，他们也是这样做的。因为事后诸葛亮谁都可以做到。只有当你解决的问题能够超出消极抵抗、失望以及愤怒，也就是说，你为解决问题提出了实质性的方法或者提供了关键性的帮助时，批评才会显现它的作用。因为这样，人们就不会自己作为批评者而被别人质疑了。

在这里，作者向你推荐完全相反的方法，即作为一名批评者，你完全可以如此反问："你需要我的帮助吗？"这样你马上就会发现到底谁在真正卖力工作，而谁在一味抱怨。

基本规则：加强你的强项

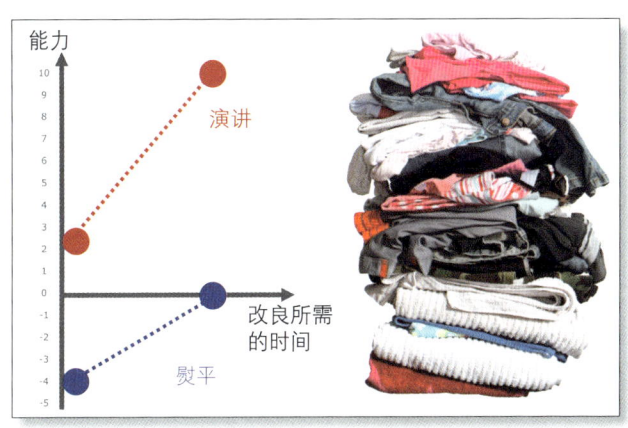

正像你在右图中看到的，作者在熨衣服这件事情上没有天赋，想通过参加一个叫作"涡轮式熨烫管理法"的课程，提升相应能力。你觉得作者在这上面花费时间值不值得？对于作者来说，如果将时间花费在如何从一个好的演说家变成一个更好的演说家上是更值得的。因此，对于管理员工来说也是同样的道理，请你不要浪费时间尝试将一匹农用耕马培养成一匹赛马。你更重要的职责是将你的员工安插在能令他们发挥自己能力的位置上，不断地加强培养他们所擅长的能力，而不是尝试让他们将自己的短处变成长项。

竞争是发生在企业之外的行为

激烈的竞争，即在一个企业内部因为竞争而发生欺压的状况。

高效率和高生产力只能由团结的团体来实现。作为领导者，你需要避免激起类似的员工间的竞争。还有一种可能，一旦在企业内部产生员工间的竞争，你可以通过建立一个外部的"目标"将矛盾转移。有一位英国爸爸，在儿子晚上拒绝上床睡觉时说："我们是一个团队！"这位父亲这样说只是为了向儿子表明，他提出的要求并非针对他，而是因为他们俩是属于一体的。

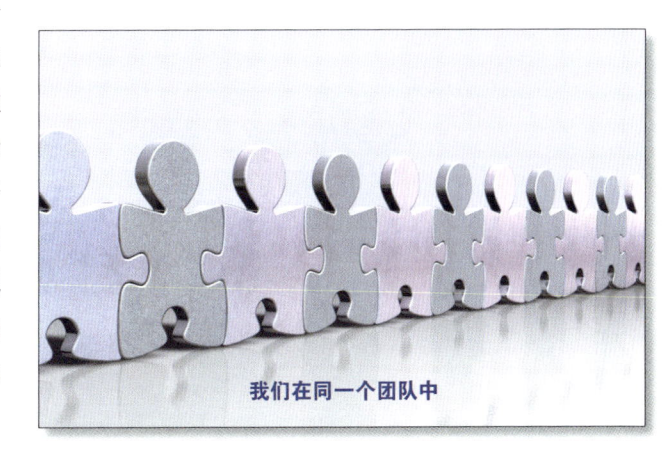

我们在同一个团队中

是我的过失

你真的想玩摸扑克牌游戏吗？

"这是谁的过失？"每当出现什么问题时，总有人会提出这样的问题。只是无论答案是什么，对于领导者来说都于事无补。更有意义的问题则是针对未来的："我们应该如何避免再发生类似的问题？"如果下一次出现问题时你再想从众多涉及的人中"摸扑克"，那么图中这个马克杯就是很好的提示。

每个人想要的都不一样……

美国的心理学家史蒂文·莱斯曾做过一次主题为"人们期待何种形式的生活"的调查，被调查的对象数量有7000人。这是他调查的结果：每一个人最想要的生活都与其他人不一样。这也就是说，某个人的生活动力的源泉在其他人看来可能是完全无趣的。

作为一个领导者，若是用满足职位升迁来激励一个将家庭与安逸放在首位的员工的话，其效果很可能并不尽如人意。

家庭　权力　安逸　食物　人际关系　节省　秩序　感官享受　认可　地位　体育活动　尊重　理想　新奇　独立

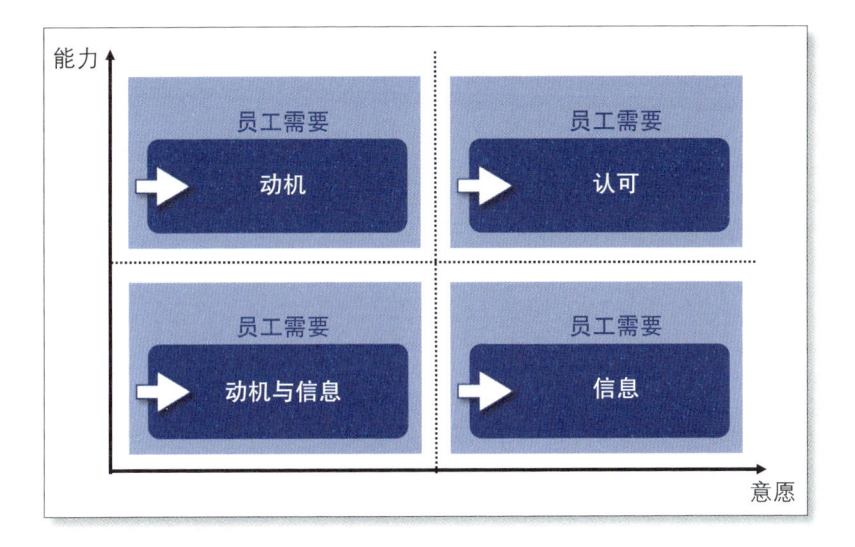

```
能力 ↑
┌─────────────────┬─────────────────┐
│  员工需要       │  员工需要       │
│  → 动机         │  → 认可         │
├─────────────────┼─────────────────┤
│  员工需要       │  员工需要       │
│  → 动机与信息   │  → 信息         │
└─────────────────┴─────────────────┘
                                    → 意愿
```

员工领导：技能还是意愿

人与人的不同不仅仅表现在他们的理想与动力，还表现在他们的知识层次、能力水平，以及他们工作的目的。

对于梦想型员工来说，他们个人本身就有能力、有动力。在这种情况下，作为领导，你就不必再过多鞭策、约束他们，而是给他们一片天地，让他们自由发挥。别忘了，事实上他们最需要的是领导的认可。

而对于那些有个人能力却缺乏工作动力的员工，领导去督促一下则是十分必要的。反之，对于那些有工作激情却缺少个人能力的员工来说，领导应该更多地为他们提供信息。同理，对于那些既没有个人能力又缺乏工作动力的员工来说，领导应该从考察他们的目标与提供更多的信息方面下手。

这种方式被称作"情境领导"。这种对症下药的模式如今已在众多的企业领导中广泛使用了。领导者要做的就是细致观察，准确筛选。

众所周知，那些缺乏工作激情的员工其实比缺乏个人能力的员工更难被领导。不过对于这个说法，作者个人还是持怀疑态度的。因为，相较于工作能力不足的员工，那些没有激情的员工至少不会为企业造成损失。

16

第16章
成为业内专家
EXPERTENSTATUS

提升你在客户心中的信任度
Bekanntheitsgrad hebt Nutzenvermutung

"一位专家是一个能在事后准确说明为什么他的预测不准确的人。"

这是温斯顿·丘吉尔说过的话。谁要记得他当年是如何守在电视机前收看股票专家讲解股市走向的话，那么他就能从心底赞同丘吉尔的这句话。不过话又说回来，直到今天，专家在我们心里还是不犯错与专业权威的形象。可这是真的吗？人们是如何变成专家的？是谁决定某人能够当专家的呢？

成为一位专家，除了需要具备专业知识外，还需要各种各样其他方面的技能。可是仅仅具有这些显然是不够的。因为世界上根本不存在一个类似奥林匹克运动会那样的专家大赛。各行业内顶尖人士不会像运动员一样通过竞技淘汰脱颖而出，获得金牌，得到全世界的公认。事实上，专家都是从业余选手演变而来的。在整个演变过程中，既没有严格的专业知识竞赛，也没有绝对的公平。比如，谁要是对汽车行业感兴趣，那么他就一定不会不知道费迪南·杜登霍尔夫教授。无论是汽油的价格上涨或暴跌，还是讨论混合动力技术，抑或是三升绿色环保汽车，甚至保时捷公司的股票上升而通用汽车公司的股票下降，杜登霍尔夫教授都会向我们解释所有现象背后隐藏的原因。如果这个名字对你来说还比较陌生，那么你可以在头脑中想象这样一幅画面：一个戴眼镜的50多岁中年人，留着深褐色的头发以及小胡子，有着深褐色的深邃眼睛。杜登霍尔夫教授真的能洞悉汽车行业的每一个变化吗？我可不知道。人们应该如何衡量其标准？谁又能客观地评价呢？不过汽车业界出现任何风吹草动，他就是各大媒体编辑和记者首先会采访的对象。因为杜登霍尔夫教授是"汽车界的专家"。如果你还是心存疑惑，那么你尽可以在互联网上搜索，从结果中你就可以知道作者是不是在夸大事实了。事实上，其他行业也有类似的情况。无论是股票大咖还是星级厨师，无论是健身教练还是顶级律师。他们在各自的领域非常有名，因此他们所说的话也会在各自领域被奉为圭臬。

无论在大学还是企业中，无论在各个部委还是某个研究中心，都有一些令人敬佩的业内高手。他们能够回答几乎所有的问题，事实上，他们中却甚少有人被大家尊为各自行业的专家。只有少数这样的人能够达到一流的专业水平，同时将大多数中等水平的人远远甩在身后。今天，这样的定位的确是在残酷的竞争中取得成功的关键一步。

你在哪个领域是不可取代的"专家"？

到处都是专家

作为一位专家，你大可不必经常在全国性的电视节目上抛头露脸。关键是你面向的群体能够承认你的专业性，在他们有问题的时候能够第一时间想到你。从一切"运筹帷幄之中，决胜于千里之外"的公关咨询师到孩子的母亲、在关键时刻第一时间想起来的牙医，他们都是各自领域的专家，因此，你完全可以成为你所在行业的行家。

积极地判断

我们假设一位金融咨询师做过一次错误的投资判断。如果这件事情被他的潜在客户得知，他还有多大的可能性赢得一位新客户？很可能这位金融咨询师此后很难再得到客户咨询了。即使潜在客户对他们将会选择的咨询师持完全中立的态度，那些咨询师获得新客户的可能性也只有一半的概率。

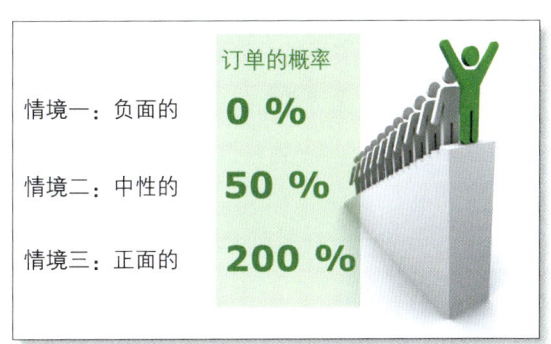

如果是一位拥有专家口碑的咨询师，那么他的专家头衔就是他咨询质量的保障，其结果就是在他门口排队等待的客户估计会数不胜数。在这样的情况下，从第一次咨询到最终双方结成长久的合作关系，其概率也会从0%直线上升到200%。

专家头衔意味着更多的收入。这种先入为主的正面影响你可以通过很多种不同的渠道获得，如媒体报道、一目了然的个人简历、推荐信、个人发表的文章等，不一而足。

增加决策的安全性

汉斯－威廉·穆勒－沃尔法特博士是德国国家足球队的御用医师。无论什么时候，当足球英雄满脸痛苦地倒在绿茵场上时，都是穆勒－沃尔法特博士第一时间拎着急救箱冲上去救助他们。2007年底，德国NDR电台曾经这样评价穆

勒－沃尔法特博士："这位国家足球队的御用医生，简直就像一家完整的'运动医疗诊所'，无所不知，无所不能。"这也就不奇怪，当他在成立"MW组织"时获得了几乎能够成立一家大型企业的资金。汉斯－威廉·穆勒－沃尔法特博士到底是不是最好的运动医生？谁能够正确回答这个问题呢？试图回答这个问题的人有没有用"最好的"这个头衔呢？

汉斯－威廉·穆勒－沃尔法特博士

专家的称号："博士"

专家的称号："顶尖律师"

鲁尔夫·波兹拥有很多知名人士客户，比如，英格丽德·冯·贝尔根、罗密·施耐德、昆特·拉姆普莱希特，于此成了律师界的明星。自20世纪70年代起，通过所著的一系列图书，他就将大家的眼光吸引到自己的身上。所有这一切的结果就是：在维基百科上，他被评价为"全德国最有名的刑事诉讼律师之一"。名气越大，其所获得的合约数量也就越多。

专家的称号："明星理发师"

沃尔夫冈·李博特在慕尼黑有一家自己的理发店以及一个由25名员工组成的队伍。难道说他剪头发的技术真的比所有慕尼黑的理发师都精湛吗？作者只能说，这是媒体的影响力。酒香也怕巷子深，媒体能够把一个人捧到专家的宝座上去。不必惊讶，"李博特理发店"网站的主页内容也不是他们的服务介绍，而是媒体对他的专题报道。专家知道怎样展示自己才能更有影响力。

你能通过什么方法成就自己的专家头衔呢？

通过知名度提升你在客户心中的信任度以通向专家之路：

> 1. 专家就是熟人——熟人就是专家
> 2. 有专家头衔的人与那些业余的是完全不同的
> 3. 建立自信
> 4. 你的焦点：需求替代技术
> 5. 先设定目标，再达成目标
> 6. 谁认识谁
> 7. 比基尼——定律
> 8. 权威是属于制定规则的人

1. 专家是熟人 → 你不要一味在你的专业知识以及获取证书上下功夫，你还要尝试认识那些能够成为你潜在客户的人。
2. 专家头衔 → 请你尽量不要在事前影响你专业领域的同行，他们的想法会在你的权威头衔下不知不觉地改变。要知道，在同业竞争者这个小圈子中，他们是无法压过你所拥有的"专家"这个名头的。
3. 自信 → 你不要再要求自己事事完美。在能够达到真正的完美之前，你还需要知道更多的事情，学习更多的知识，拥有更强的能力。
4. 你的焦点 → 你到底属于哪个领域的专家？将你的精力集中放在客户的需求上要比将精力放在某一技术或者整个生产过程上有用得多。
5. 先设定目标 → 先为你自己设定一个"我要成为某某行业的专家"的目标，然后花时间和精力让你周围的人也以同样的方式描述你、定位你。不用多长时间，你的专家名声就会实现。
6. 谁认识谁？ → 你能够被众人看到吗？你是否站在了舞台中央？在一个研讨课上，我曾让被选出参加测试的客户听不同企业组织的报告，从德国工商大会到商业社交谈话俱乐部。试试看，你怎样才能最有效地赢得你的目标客户群？
7. 掌握定律 → 热心地向大家传播你所掌握的专业知识，但是一定要留最关键的内容给自己。通过这种方法，你不但能为自己建立良好的专家名誉的基础，而且对于那些想知道"更多"的客户，你也可以给他们传达信息。
8. 权威 → 你可以写一本关于你自己专业的书籍。谁能做到第一个在该领域发表，谁就是这个领域的专家。如此一来，你的客户便可以通过两种不同的渠道认识你，直接阅读你的著作或者通过媒体报道了解你，因为记者已经在争先恐后将你当作专家联系与报道了。

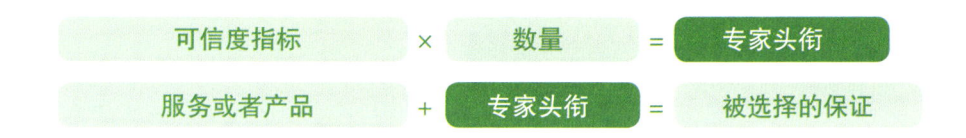

可信度指标 × 数量 = 专家头衔

服务或者产品 + 专家头衔 = 被选择的保证

可信度指标

当我们判断某个人是否是他所在领域的专家时，我们首先会选取外在的因素作为评判标准。我们不可能在第一时间对我们的产品或服务供应商做测试，所以，我们只能选择相信我们能够看到的东西。而这些外在的东西恰恰也是成就专家头衔的关键所在。你拥有越多这样的可信度指标，你就能越快地获得专家称号。你越是以专家的身份被大家知晓，你就越能使你的客户在最终选择你时感觉自己的选择是正确的。

可能的可信度指标有：
- 学历文凭、学术头衔（博士、教授）
- 发表的作品（书籍、文章）
- 媒体对你的报道（采访、专题报道）
- 某一个团体组织的成员（协会、社团、俱乐部以及地区性联合组织）
- 客户（明星或者有社会地位的客户）
- 质量的证明（提名、奖项、证书）

成为专家以及保持专家称号的过程

请你务必在获得专家称号之后仍然不间断地维护你的荣誉。在这过程中，你需要一些相辅相成的衡量标准。

通过专业联合会中的工作，你可以被大家"看到"。你既能被同行圈子中的同事认识，又能被与你所在行业有交叉的其他行业的潜在客户以及合作伙伴认识。

你一定要了解本专业的最新动态，更重要的是发表自己的文章，出版自己的书籍。通常情况下，人们会把专业书籍的作者自动理解为该行业的专家。

请将你的思考在研讨课、培训课、进修班及客户聚会中与大家分享。谁要是能在这样的"舞台"上展示自己，就无异于在自己的专家头衔上做了明亮的标记。请你去结交"目标群体的主宰者"，并与他们合作。你在哪里与你的目标群体见面？在哪些俱乐部？你可以为他们提供哪种培训进修课程？你可以在哪些聚会或会议上见到他们？

注意在网络上把自己作为专家进行介绍。请你为自己组建专业的网页设计制作团队（文章作者、页面设计、网页编程）。你一定要保证当人们在网络上查找与你提供的服务或者产品相关的词条时，你的名字会出现在搜索结果的最顶端。你所接受的采访、媒体对你的报道以及你做过的演讲都应该放在你的个人网页上（而且通过这样的自我描述，你也可以获得新的被采访、被报道以及主讲课程的机会）。

你应该提供给记者适当的话题，尝试着倾听他们的想法，满足他们的兴趣。不要过于直白地特意为个人做广告，你只需要以专家的身份对所有问题做解答即可。在网络上开设一个专题博客，即使没有做广告的意思，人们也会把你当成这方面问题的专家来看待。为什么一位太阳能设备制造师不能开设一个日常生活节约能源的博客呢？

在个人主页上添加与你专业相关的主题讨论。假如你手中关于自己专业的专题内容并不充裕，你可以在你的网页上添加相关专业专家的采访。

书籍成就专家

"谁写作，谁流芳"，这是一条古老的格言。在今天的社会中，一本自己所著的书便是一个最有效的自我宣传方式，拥有至高的荣誉、最持久的影响力和最佳效果。谁要是能够被大量的知名媒体采访并且擅长引导潜在客户，那么他就能将此作为最有效、最直接的建立关系网的战略。如果你实在抽不出时间进行写作，那么请你寻找一位专业伙伴与你一起工作，来共同完成这件作品。

你应当从一份出版物中获得什么？
- 通过它，向众人展示你所擅长的专业
- 你能够从优秀书籍中得到很大收获
- 它能够帮助你成为某个领域的专家
- 它能够让你获得媒体的关注
- 它能够提升你的品牌价值

总结：通过合适的选题，你能够一举跻身一流专家行列。

让你的客户关注你

我们只需从那些读者反响平常的书中随便挑出几本，就可以知道，它们共同的弱点在于没有一个明确的主题，全书内容显得零散无神。

倘若你想出版一本传统形式的书籍，那么你一定要选择一家声誉良好的出版社合作，因为它能够行之有效地在行销以及宣传上帮助你。

在过去的两年中，你都做了哪些能够帮助你获得专家头衔的事情？

成功不会眷顾那些跟随者，只会青睐一往无前的开拓者。

Die Fibel/das
Unternehmensbuch:
zum Nachschlagen
statt zum Wegwerfen.

企业宣传手册：
是用来查阅的，
不是用来丢弃的。

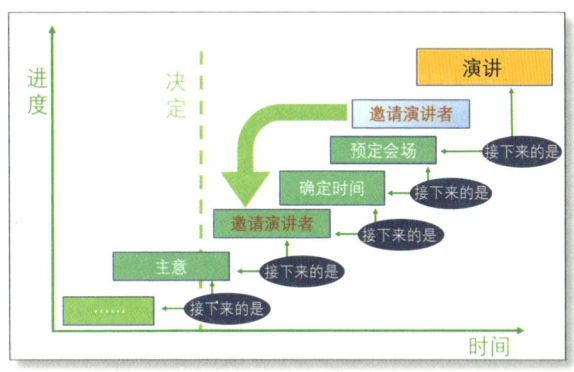

你被大家当成专家了吗？

你的市场价值随着专家头衔的可信度而涨落。也正是这个原因，你在宣传中的形象必须明确地表达这一点，而且还要能准确地定位你的个人能力。试问你的个人网站能向大众展示你的专业特质吗？请你一定注意在个人网站上实时更新你在最近时间里所做的重要资讯指导、所获的重大奖项以及各种成功的案例。

问题的时间线：问题和解决方案的因果链

最理想的状况是在你的客户决定跟谁签订他们的购买合同或者合作时，你已经把自己打造成专家了。如何才能做到这一点呢？除了通过优秀的宣传工作之外，你还可以通过有目标的计划，尽早出现在客户的决策过程中。简单地说，你应该出现在整个决策的准备过程中或者决策初具雏形的时刻。倘若你错过了这两个占尽先机的时间点，那么你再获得客户注意的机会就很渺茫了。因为当客户的决策变得详细具体时，与你竞争的对手将会多得如过江之鲫。若是时间再晚的话，那么你获得潜在客户的可能性基本上就不存在了，因为在这种情况下，你的潜在客户通常已经有他们属意的对象了。仔细回想一下，你的公司是如何做出每一项商业决定的呢？通过这种方法你可以更直观地设计你如何尽早被潜在客户感知到。上面所示是一个简单且常见的企业做出商业决定的流程。

> 在你的目标客户群发现他们的需求之前攻下他们。

你在宣传手册中写了些什么内容呢？

在你的客户发现他们的需求之前展示自己

作者想在别人有目的地寻找一个人做报告之前就被大家当作演讲者与专家而接受。为此，作者制作了一个关于"如何成功地举办一次演讲活动"主题的手册，并且将其上传到自己的网页，供潜在客户免费下载。假如人们在网页输入"演讲活动的经验建议"并进行搜索的话，那么在互联网上，他们能够找到这个电子版的手册以及它的作者可能性非常大。他们会在网页上填写自己的电子邮件地址以获得下载权限，而且将来他们还会定期收到赫尔曼·谢勒的最新动向。倘若这些阅读过作者所著手册的客户有朝一日需要一位演讲者的话，那么凭借作者给他们留下的深刻印象，他们在第一时间决定选择作者的可能性也会非常高。这个"宣传手册—市场营销"法在其他领域也十分奏效。

焊接技术的宣传手册——市场营销案例

"焊接技术行业的佼佼者"——罗尔赫公司这样宣传自己。技术专家将通过这本宣传手册获得潜在客户的注意，加之互联网上为企业以及其他组织量身设计的订货表格，使罗尔赫公司拥有了广大的客户关系网。除此以外，人们还可以从这本宣传手册中获知，罗尔赫公司到底能多么优质高效地提高他们的焊接技术服务。

旅游行业的宣传手册——市场营销案例

弗兰肯地区旅游业联合会在市场竞争中打出的是感受地区性文化的王牌。谁要是在看到宣传手册封面上弗兰肯地区的经典小吃烤香肠咽口水的话，那么他在参加这次北巴伐利亚州的旅游时就会有更多的动力，也会获得更多的乐趣。如果小册子上展示的美食能够获得巨大的市场效应，那么你的产品也能通过此方法获得同样的成功。

通向小册子之路

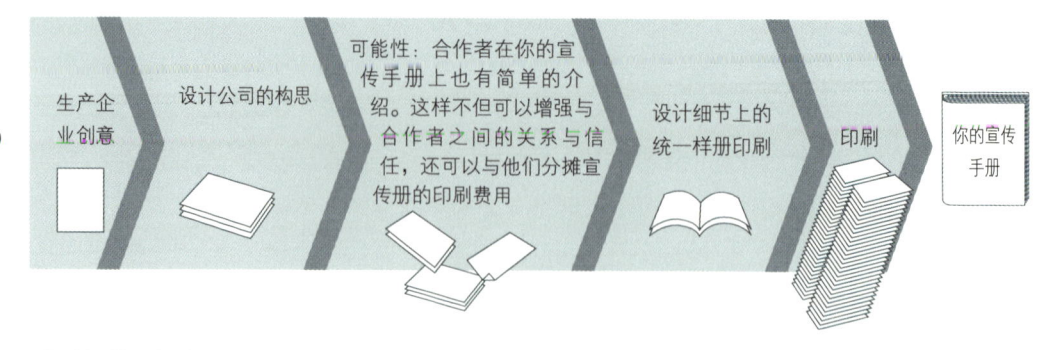

生产企业创意 → 设计公司的构思 → 可能性：合作者在你的宣传手册上也有简单的介绍。这样不但可以增强与合作者之间的关系与信任，还可以与他们分摊宣传册的印刷费用 → 设计细节上的统一样册印刷 → 印刷 → 你的宣传手册

宣传手册——市场营销一览
你的宣传手册中应该尽量包含的内容

- 一般性的信息
  （你的客户应该对你的公司了解的部分……）
- 最新信息
  （你的公司所在行业中的最新动向、最新发展、改革目标）
- 检查列表
  （"公司的产品能够达到××目的"；当然，你的产品能够以卓越的品质帮助客户实现该目的）
- 现状—理想—比较
  （阿里—效应：你的产品比其他同类产品优质得多）
- "副"作用
  （你的产品也能够解决后续问题以及其他相关的问题。比如，你不仅提供壁炉，还提供使用壁炉所需的木材）

- 行业中的灾难性历史
  （当然还要附加上如果你遇到这样的问题，你将采取的解决方法）
- 对偏见的回应
  （对常见的偏见以及问题进行有理有据、可信度高的辩答）
- 图片、图示、表格
- 其他方面
  （能够抵达你公司的交通描述、你所生产的产品不同规格一览表、宣传广告页、最新动向订阅表格、面谈时间建议等）
- 广告插页（为自己公司的以及为其他公司的）是收费性质的（请你想一想那些也在争取你的公司做他们客户的公司该如何将自己的公司呈现于插页上）

你宣传手册中应添加的可信度指示标记

- 推荐信
- 专家证书、考核通过证明
- 加分项或者保证
- 与重要合作伙伴的谈话以及关于他们的广告
- 产权保护性费用

用来收藏 | 真实可信 | 信息丰富 | 风格突出 | 历久弥新 | 具有高度的价值 | 具有高度的趣味性 | 专业分明 | 真凭实据 | 持久有效

宣传手册的目的

- 唤醒潜在客户对产品的兴趣
- 回应客户的需求/问题
- 消除固有偏见/刻板印象
- 发送信息
  （如何运用产品、所提供服务的长处）
- 通过宣传手册的问题获得潜在客户的联系方式

（通过小提示或者互联网上的订阅）
- 赢得合作伙伴并巩固合作关系
  （通过添加对合作伙伴或者潜在合作伙伴的采访、产品订购表格以及广告）
- 通过采访获得联络方式的战略
- 树立自己的专家形象

制作一份有分量的个人简历

事实上，你手中已经掌握了很多有价值的数据，在制作公司手册或介绍性书籍时，只需将它们用具有说服力的方式组合在一起即可。最好请这方面的专业设计人士利用手中的原始信息制作公司简刊。比如我们在设计、排版、图片以及印刷方面的合作伙伴。他们不仅已经设计制作过大量图书、演讲演示稿与宣传手册，还获得过多项设计大奖。最重要的是，还是所有获得过"红点设计大奖"的设计师中价格最合理的。

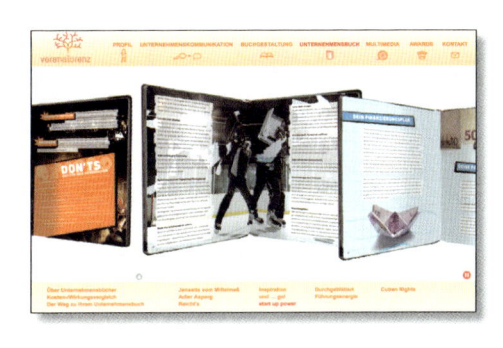

宣传单/宣传册价格

		宣传单	宣传册
印刷费用	酌情而定		
排版费用	平均市场价格	只比平均市场价格高一点儿	
合作伙伴添加广告插页的费用	无	平均市场价格	
总报价	市场平均价格至高价	可能（=对你来说相当于减少个人费用）	市场平均价格之免费

宣传单/宣传册的影响力

	宣传单	宣传册
被阅读的可能性	低	高
价值	低	高
信息保存价值	低	高
被保存的可能性	低	高
信息	中等	高
专业程度	低	高
与众不同程度	低	高
总体影响力	低	高

> 让合作伙伴在你的宣传手册中添加广告插页或者关于他们的访谈内容，既能分摊你公司独立制作公司宣传册的费用，更能使之成为最有效、性价比最高的宣传手段。

第16章 成为业内专家

17

第17章
聪明的公关
INTELLIGENTE PR

人们是如此谈论你的，
即使面对媒体也一样
*So spricht man über
sieauch in der Presse*

"如果一个小伙子认识一个年轻的姑娘并且对她讲,他是一个如何出色的人,那么这样的行为就叫作展示宣传。"

    如果他对她说,他认为她是一个如何魅力四射的人,那么这样的行为就叫作有目的的宣传。但倘若她从其他人口中听说过这个小伙子是如何优秀,因而选择了他,那么这就叫作公关。许多在 20 世纪影响力不如阿尔文的银行家与企业家都未能将公共关系做到痛点上。公共关系这项工作除了为企业树立正面的形象以外,还能引起潜在客户的兴趣。这也就是说,公共关系是一系列包括从设计制作企业的宣传册直到组织公开参观活动的工作组合。事实上,我们经常要面对的问题诸如宣传资金不足、公关专职人员短缺等,解决这样问题的办法便是借助媒体的正面报道,使我们的企业获得客户的关注。在企业与企业之间建立关系网的方法,其实和人与人之间建立关系网的方法是一样的。假如能够通过他人之口来赞扬自己,其效果要比自卖自夸(如广告或者宣传手册)的效果可信度高得多。

    媒体宣传的成功之处在于,你能够了解记者们的需求与思维方式。当然,没有媒体编辑会"平白无故"地把你捧得天花乱坠。不过他们的确是每一天、每一

周、每个月都是要完成规定的报道数量的，因此，他们也的确在四处寻找值得报道的内容。如此一来，你应当采取的策略是给他们有报道价值的故事。你的故事可以从企业的周年庆典开始，直到个人参加纽约马拉松长跑比赛结束。除此之外，媒体的编辑会用记者的职业精神要求他们的记者，不得在报道中为你公司做广告式的宣传——话说回来，媒体的编辑不是你的公关部主任，他没有为你做正面宣传的义务，反而更多会从负面消息做文章。因此，当你面对媒体时，千万不要大张旗鼓地为自己做广告，而是实事求是地摆事实、讲道理，以显示你的专家品质。例如，作为房地产中介商，你可以对当前土耳其人的房屋购买能力做出评判；作为办公室家具生产商，你可以给大家从人体工程学的角度解释家具的设计理念，并且明确地表示，大众常见的后背疼痛已经在你的产品设计中被全面考虑到了。如果你能将这些一般性的建议以及你与该专业相关的个人经历添加在宣传中，那么你个人的价值就会显出更大的影响力，也更具信服力。不过在当今社会，这样的宣传已经简化到你只需将个人网页地址添加到你的个人信息之中即可。

倘若你能够在个人宣传中选择适当的主题，也能将你要讲述的内容简明扼要地表达出来，那么你被媒体报道而广为人知的可能性就会大大提升。市面上充斥着各种各样、数量繁多的报纸杂志，你的客户肯定也会购买其中的一些阅读——无论对于B2C，还是对B2B的经营形式。因此，你必须积极主动，因为，"如果你希望人们传颂你的长处，那么你就得先告诉其他人"，这个道理是著名数学家与哲学家布莱兹·帕斯卡在350年前就告诉我们的。

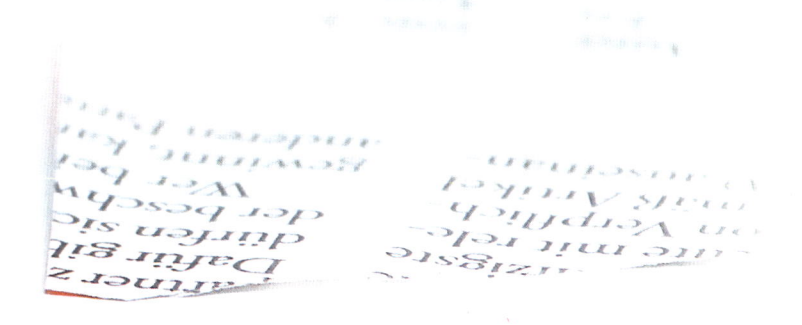

为了在市场上获得成功

与他人明确的区别是必不可少的

每年一到樱桃成熟的季节，没有一家报社会认为报道樱桃成熟会有什么新闻价值。但是当果农舒尔茨经过多年的实验与精心培育，成功地种植出绿色与蓝色樱桃时，这个消息不仅被他所在地区的媒体争相报道，全国性的媒体也在自己版面上为这个消息预留一席之地，甚至晚间新闻也会对其进行播报。无论什么时候，记者总是在寻找"故事"。谁要是想得到媒体的关注，那么他就必须为媒体提供一些与众不同的可以报道的事件。如果你在某一地区属于15家产品经营者之一，那么人们对你就不会产生太大的兴趣。但如果你是其中唯一提供该产品的经营商，你可以在你公司30周年庆典上，给大家讲述公司的发展历程。而这样的事情通常能吸引媒体的注意力。

制造新奇：你的广告宣传

媒体记者每天都在为有没有激动人心的选题可以报道、有没有有趣的建议等类似问题伤脑筋。在这种情况下，他们练就了在短时间内就能看出一个选题是舍弃还是执行的本领。你必须充分准备你的素材，并且必须切中要害，越引人注目越好。对于聆听隔靴搔痒的解释，媒体既没有时间也没有耐心。

企业的成功与个人的成功是对等的

赫尔曼·谢勒认为企业的成功与个人的成功，两者所遵循的道理是一样的。"谁要是能积极地将自己与所处的环境融为一体，谁就能获得成功；反之，则必然会在激烈的市场竞争中惨败出局。"这位来自弗莱兴的演讲者这样告诉大家。简短地说：以性感明星的形象代替局外人的位置才是最终解决方法。

如果一家企业从来只提供其他企业也提供的产品，那么这家企业充其量只能得到别的企业都会得到的东西。而大家都会得到的东西便是：平庸的利润、平庸的认可度、平庸的关注度。若要想成为市场上顶尖的企业，那就必须立即改变现有的经营方式。

相同性导致替代性

相同性导致替代性，这位多种营销管理书籍的作者这样认为。在激烈的市场竞争中，对产品制造商与服务提供商是一样的道理……

三点式沟通战略：与你的读者联盟

从癌症研究以及医疗伦理学研究的结果来看，在对于坏消息的发布方式这个问题上，两点式战略与三点式战略的沟通效果是完全不同的。我们假设你是一名医生，你的一位患者在进行身体检查后发现患有恶性肿瘤，那么接下来就会发生传统（两点式）的沟通，即在信息发送者与信息接收者之间的沟通，也即医生与患者进行沟通。医生手拿患者的检查报告，告诉他这个消息之后，再向患者提出治疗的方法。要是在中世纪，一个如此传递噩耗的医生是会被砍头的。虽然随着时间的发展，传递噩耗的医生不再有生命之忧，但是对于患者来说，一边必须接受这样残酷的现实，一边还得积极配合治疗，对其来说实在是严酷的考验。而三点式沟通则将问题与信息发送者分成两个独立的部分。这也就是说，这位医生可以将患者诊断报告中的X光片挂在墙上，然后自己与患者并排坐在对面，并说："在墙上挂着的X光片中，显示出一个恶性肿瘤，现在让我们一起来看看，我们能有什么办法共同消灭它。"三点式沟通战略的精髓是信息发送者将自己与信息接收者联系在一起，形成统一战线，一起应对难题。当然，疾病还是同一种疾病，但是患者获知的方式却发生了改变。在公关宣传中，这个就叫作将自己与读者联系在一起，建立共同解决问题的统一战线。

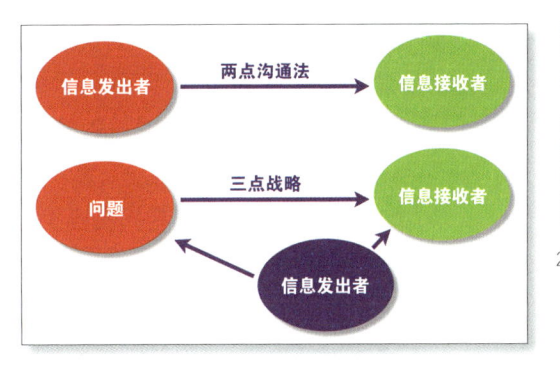

谴责来了

右边图中的《图片日报》先是通过谴责一个既成事实，来巩固它与读者之间的关系，即用超大字号的标题引起读者的注意，"燃料最昂贵的冬天来临了"，然后才向读者指出一个解决这个问题的方法，"《图片日报》告诉你如何从现在开始节省燃料。"这种沟通方式是通过获得信息接收者的注意以及表达感同身受的方式抢占先机并赢得潜在客户的。事实上，你通常会在报纸的第三页看到"赤裸裸"的真相。

植入广告式、公共关系式、起诉式战略

植入广告通常会比普通的付费广告更容易遭到消费者心理上的排斥。值得信赖的宣传是那些被媒体宣传的产品或

服务，因为媒体上的宣传通常是中性公允的，相对于直接生产者与消费者来说是利益相关性较小的第三方。相较于前两者最有效的宣传则是在媒体的文章报道或采访中提出信息接收者普遍遇到的问题，再由被宣传者在提出问题之后阐释解决问题的方法。

谴责战略：交通事故

下面举一个成功宣传自己的例子。事实上，绝大多数交通事故都能通过坚持不酒驾、小心谨慎以及遵守交通规则而得以避免。若是绝大多数必须戴眼镜才能看清事物的人在驾驶汽车时也能够佩戴上他们的眼镜，那么又会有很多交通事故可以避免。人们很难相信，眼镜制造商费尔曼与他的合作伙伴全德汽车俱乐部共同举办了一个可视性检验的公益实验项目。他们在旅游旺季派专人在各大高速公路沿途的休息区做这项调查。这项调查的成功不仅仅在人们的生命安全保护上做出了贡献，还获得了电视节目对其长达 8 分钟的专题报道。

运用谴责战略宣传前的准备事项

倘若你能够按照本文所述的基本规则准备，那么你通过该战略被媒体报道的可能性就会大大提高。假设你的专业是设计生产节油系统，你交给报社一篇题为"通过这样的方法你可以节省汽油"的文章，那么作者相信，没有哪位主编会对这样的报道感兴趣，当然也不会在报纸上发表这篇文章，从而无法帮你提升知名度。能够吸引读者注意力的标题可以是"平均每位汽车驾驶者都要浪费12832 欧元！"——这个统计数字是在每人驾车 40 年，每年行驶 40000 千米的基础上计算出来的。这样一来，你所批判的是一个常见的既成事实，最好这个既成事实还是你通过调查研究得出的。如果可以的话，最好加上图片辅助说明。你首先提出问题，以便与所有面临这个问题的读者建立统一战线，然后再给出解决问题的方法。其中最值得推荐的"五个节省汽油的方法"有：马达优化配置、轮胎气压充足、长时间停车等待时关掉马达、行驶过程中不要强行换挡以及尽量不要采用"豪放式"启动方式，还有一定不能忘记的是——"使用卓越的技术系统（节油系统）！"在你选择网站网址时，也要注意尽量选择能够直接表达普遍需求的方式。通过这样的方法你同样可以为你的产品创造吸引大众注意力的机会，而不必一味依靠传统的媒体宣传方式。

通过事实唤起人们对问题的认识

科学研究显示，基于事实的调查与统计结果更能赢得受众的信任，因此，不要一味地发布宣传性文章，还要同时附加具有说服力的数据图表作为事实依据。

你不必总是选择最知名的《焦点》周刊

许多企业都低估了（地区性）日报中的报道所产生的巨大影响。事实上，在日报上曝光你的事迹（当然大多数情况下还会配上个人照片）的可能性是非常高的。除此之外，对于相对不太大的报社来说，如果你还能提供行文成熟的报道，那么他们是十分愿意直接采用这些由你提供的材料的。当然，人们也非常愿意再次观看你的广告宣传。毫无疑问，你也可以将报纸对你的报道中褒奖的部分摘录出来，添加到你网站的个人主页或者宣传材料中。

为自己创造机遇

类似企业人事部门举办的"优秀贡献奖"颁奖仪式这样的活动是绝对值得被报道的。不过，报社派记者参加该活动的前提是你能够及时通知报社该活动的时间与地点等信息。倘若你想以自己的名义创建一个有影响力的奖项也没什么问题，对此你完全不必有任何顾虑。

① 举办大型活动
② 广告宣传正面
③ （报纸报道）制作报道
④ 从最近的报道中选择适合的部分优化广告宣传

举办大型活动 → 正面报道 → 从最近的报道中选择适合的部分优化广告宣传 → 广告宣传（报纸报道）制作 → 广告宣传

在每一个领域都有目标群体的占有者

在德国任何一个城市的火车站都有其专属的书报销售店，而在每一家这样或大或小的销售店中都有上百种报纸以及无数种专业期刊。不过，它们中的绝大多数都是通过客户点名订购的，每一期以邮寄的方式寄送给客户。事实上，对于你的目标群体来说，也有某一种"刚好适合"的平面媒体，而这也正是你应该主动联络、进行个人宣传的媒介。因为在通常情况下，重点培养要比广泛撒网更有成效。

集中精力心无旁骛

从"发型设计"到"最新瑜伽"，几乎每一个行业都有一种专属的优秀期刊。互联网上的媒体目录中就显示，目前市场上有将近3万种不同领域的期刊。在这个网站上，你可以有目的地查找哪些期刊是与你的目标群体兴趣相符的。一旦发现适合的期刊，你就可以主动向该期刊主编发送一篇能够引起他们兴趣的宣传文章。这里必须说明的是，请你不必因某一期刊的发行量相对偏少而犹豫不决，因为通过这样的期刊，你的宣传文章在目标群体中的命中率反而更高。

你希望媒体如何报道关于你的消息？

> ## "与传闻恰恰相反——
> ## 我们不会被坎普斯面包店收购！"
>
> 在这个标题下，一家普通的小区面包商并不借助于大张旗鼓的宣传，反而利用知名面包生产商坎普斯的名字吸引地域性媒体的注意。在他们打出自己宣传的同时，坎普斯面包店正在大肆收购多家因为经营不善而亏损的地域性小型面包店。而这家面包店正是利用了这个机会，成功地吸引了媒体的注意。
>
> 最后，由于这家面包店是一家传统手工作坊式的面包生产商，他们通过这条广告语招集到许多专业的面包生产技师，并且在大家共同努力下，计划将一家地域性面包店扩展成在全国大多数城市设立分店的大型面包生产商。
>
> 所有的地区性报纸及广播电台都播报了该面包商的计划，即他们不会被强大的竞争对手收购。

聪明公关知道如何取之于谴责战略而胜之于其本身

上述给出的面包商的宣传方式是一则非常典型的"放肆言行战略"宣传案例。实际上，坎普斯面包店也从没想过收购这家面包店。

使用同样宣传方法的还有一家家具商，它在自己的宣传语中嘲笑自己的同行宜家："你已经开始享受生活了，还是依旧在组装你的家具呢？"这样的宣传一下子就吸引了大批媒体的报道。这样的新闻报道会带来什么样的价值？这个答案你将在后面的内容中找到。

> ### 你想被媒体报道吗？
> 传统新闻报道必备的因素！
>
> 一篇宣传文章所包含的新闻报道必备因素越多，它被发表的可能性就越高。鲍里斯·贝克尔与他订婚仅仅三个月的18岁未婚妻分手的消息之所以会被全世界的媒体争相报道，是因为它满足了一则新闻所需的所有因素，即时效性、真实性以及能够满足人们猎奇的心理。

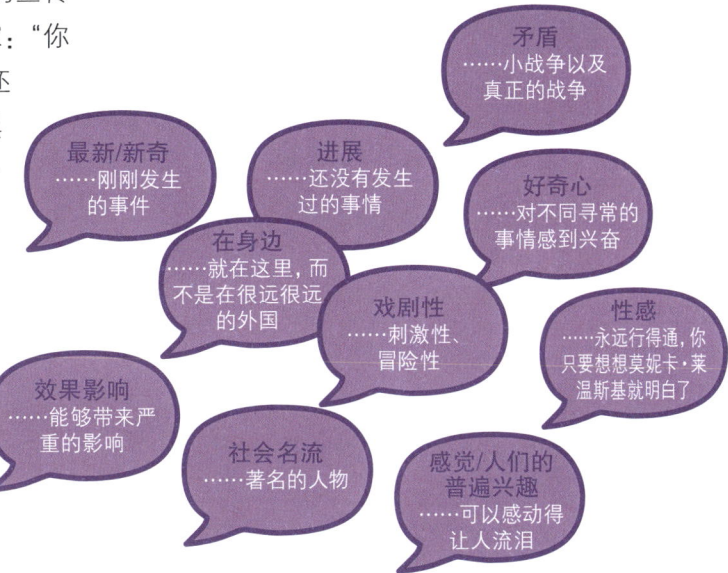

- **矛盾** ……小战争以及真正的战争
- **最新/新奇** ……刚刚发生的事件
- **进展** ……还没有发生过的事情
- **好奇心** ……对不同寻常的事情感到兴奋
- **在身边** ……就在这里，而不是在很远很远的外国
- **戏剧性** ……刺激性、冒险性
- **性感** ……永远行得通，你只要想想莫妮卡·莱温斯基就明白了
- **效果影响** ……能够带来严重的影响
- **社会名流** ……著名的人物
- **感觉/人们的普遍兴趣** ……可以感动得让人流泪

Die Frage dabei ist nicht, was Sie gerne über Ihr Unternehmen senden wollen, sondern was der Redakteur lesen will, weil es die Leser gerne lesen.

问题的关键不是你想发布什么公司信息,而是媒体编辑想要什么内容,因为那是读者喜欢读的。

当然，为你的企业赢得大众正面的注意，你的宣传并非必须满足所有新闻必备的特征。

下面有几点建议可供参考：

社会层面：
- 通过资金、物质、经验以及人力等不同形式资助一些诸如救助组织、非营利性组织或者救济活动
- 在企业内部筹划为离退休人员提供的各种保障
- 为员工提供低息贷款项目
- 在企业内部设置幼儿托管福利
- 为女性提供更多的就业机会
- 愿意雇用年纪比较"大"的员工（50岁及以上）
- 为所有员工提供火车年票
- 定期组织与退休员工的叙旧碰面茶话会
- 为参加工作实践培训的学生以及刚毕业的大学生提供资助奖励
- 在企业内部为无工作经验者、残疾人以及长期失业者提供工作机会

卓越的绩效
- 具有：几百台生产机器、几千种软件
- 10000千米长的香肠销售量
- 曾经获得过奖项／被提名过／被公开表彰过／成功地通过某种测试
- 你的产品尤其适合现在这个时期（春天、圣诞节、烤肉季、感冒多发季）使用，因为它健康、性价比高、新鲜……
- 你的产品现在出口海外

目前所处的位置
- 发展／更新生产设备
- 在现有基础上增加新的工作岗位数量
- 免费咨询、提供进修课程、为广大市民提供答疑解惑的可能性
- 为复杂的软性项目提供报表或者阐释说明过于廉价或者过于昂贵的休假福利、匮乏的文化项目（更加理想的情况是能够辅以目前企业正着力投入的项目）

能力
- 你曾经被授予某种头衔
- 你曾经做过的报告
- 你曾经在大学教过专业课
- 你曾经在哪些领域担当过专家
- 你曾经在夜大、手工业者联合会或者其他地方教授过课程
- 你曾经写过专业书籍、专业文章，以及类似的著作

个人特长荣誉
- 你曾经做过哪些组织团体的主席、陪审员
- 你曾经在社会夏季或者冬季的民间活动中承担某些任务
- 你曾经参加纽约马拉松长跑（并且在那里通过当地的报纸向你的读者问好）
- 你曾经徒步走过圣雅各布之路抵达圣地亚哥·德·孔波斯特拉
- 你曾经独自骑自行车前往摩洛哥

爱神助理

你还记得那个花店经营商吗？那个把客户的周年纪念日与生日用手机短信发送给客户提醒的人。传统的媒体报道会这样写："注意了，最新消息！花店经营商提供提醒服务！"这样的表达方式完全是平淡无奇的，而且显得相当无聊。倘若你希望交给报社的宣传文章能够一下子吸引大众的注意，那么你就必须想出一些新创意来。上图所示的文章满足了新闻报道的基本要求，不过最为亮眼的还是它的标题"爱神助理"，这样的表达方式略显戏剧性。

除此之外，你在上文的例子中还能找到报社编辑期望的形式上的因素。

• 鲜明的标题	间距	**可选择部分**
• 配有插图，并且插图下面配有说明文字	• 另附"免费申请提醒订单"	• 图片
• 页面右 1/3 处保持空白	• 地址	• 专家建议
• 全篇文章使用 1.5 倍行		• 得到的学习经验
		• 互联网链接

报道中的信息
爱神助理
安德力亚斯·布洛克贝尔格帮助健忘的男士们"照顾"他们的爱妻
当爱情出现问题，常常是因为女人们认为她们的男朋友或者是丈夫不再总是将她们放在心上了。在埃姆尼德想法研究中心做过调查之后发现：近50%的女性认为她们的生活伴侣会"规律性"地忘记他们的某些私人的纪念日。这样的情况往往会大大地激怒女人们，并且将直接导致激烈的争吵或者使两个人之间的关系陷入紧张的境地。言出必行！事实上，布洛克贝尔格通过他建立的网站发送给男人们他们所订定制的纪念日提醒。
埃姆尼德想法研究中心的调查结果显示，几乎每两个女人中就有一个表示，她们的生活伴侣会"规律性"地忘记他们的结婚纪念日或者相爱纪念日。
免费申请提醒订单
姓名
街道名称
邮编、城市名称
电话号码
电子邮件

如何联系公众社会

你当然可以将自己撰写的宣传文稿寄给各大网站的编辑。不过更加专业的方式是由一个中间人来为你操作这件事。至于这个中间人是真正的职业介绍人还是某位熟人，都没有太大的关系。最理想的状况是你能够与媒体建立稳定的合作关系，比如，能够被媒体专栏定期报道。请你观察一下其他媒体，并仔细思考，你应该用什么样的主题与表现形式打动你所选择的主编。作为一名专家，你也可以运用"集体广告宣传"，你所在的行业会用报纸的整个版面来宣传自己，当然，其中也会有对个人的专门报道。例如，各大汽车销售商一般会在冬天来临之前在报纸上联合刊登带有专家解说的关于"让你的汽车安稳过冬"的宣传文章，而这些专家解说会被作为免费的汽车销售商广告。在这种情况下，你平时与报社主编建立起的良好关系就会显示其作用了。

假如你决定采用游击式的市场营销法，那么你可以通过一个研究所或者一个协会的建立来吸引客户的注意。一个参加过作者辅导课的女士通过此法从一个自由经济咨询师变成一个拥有 15 名员工的管理者。她成立了一个保护客户不受经济诈骗的协会，获得了巨大的媒体效应，当地报纸和电视台的谈话节目都采访过她。当然，这个协会能够引起那些曾经上当受骗的人的兴趣，并且这些人们希望加入该协会，以便得到经济行为上的保护。

通过参加谈话节目巩固你的专业形象

尤其是当你成为消费者律师或者生产出非常新颖的产品时，你就应该选择谈话节目来宣传自己，谁要是还没有在下午看过电视节目，那么他一定会对《通过电视与收音机出名》这样的电视节目，或者他们在网站上放置的节目节选视频留下深刻印象。这些制作人每天都在为新节目寻找新的谈话对象。

北欧式徒步行走：在夏季使用滑雪杖

当你第一次在天气晴好的日子看到有人双手紧握滑雪杖向你走来，并且视线所及没有一点儿雪的痕迹，你是不是会为他的行为感到惊讶？而今天，我们也许还能在地下室找到北欧式徒步行走的手杖呢。这又是什么原因？

《明镜周刊》
一个倚靠手杖行走的民族
前不久还被大多数人所嘲笑的运动——北欧式徒步行走，在今天已经成为了一项大众化的运动。通过一则出色的宣传广告，一家芬兰公司激励了300万德国民众的热情……

巧妙的公关宣传能够带来什么样的结果

由于其"巧妙出色的公关宣传"，北欧式徒步行走的故事被德国《明镜周刊》报道。在这个越来越流行的运动背后其实就是一家芬兰滑雪杖生产商必须解决的盈利问题。"20世纪90年代中期，我们面临一个必须做出的决策。雪地行走所必备的手杖供大于求，形成积压态势，我们寻找一种能够同样使用这种手杖的运动形式"，该公司的经理在面对《明镜周刊》采访时说。第一次听到这家滑雪杖生产商点子的经销商简直笑破了肚皮，而直到今天，还有很多体育学家认为这种运动器械是对消费者的"哄骗"。不过在体育协会的训练下，以及该公司所做的大量宣传的推动下，他们还是赢得了相当数量的客户。此外，这家芬兰公司甚至出资在德国成立德国北欧式徒步行走协会。今天，有无数德国人采用北欧式徒步行走来锻炼身体。仅仅在2005年，就有300万个手杖被销售一空。当然了，人们还"需要"与之相配的运动鞋、手套以及专用运动服。

被采访前的检查清单

如果你已经成功地以专家身份得到大家的关注，那么不用等多长时间就会有广播电台或电视台来采访你，可以对你做一期专门的采访了。这可是一个绝佳的机会，通过这个机会你可以将产品或者服务向更广泛的受众介绍。因此，一定要在被采访前做好充分的准备，以便在采访后能有潜在的客户找上门来。

- 请你只讲述那些可以印在客户信函或者企业宣传册上的内容。
- 请你不要忘记，采访内容的轻重选取是遵循记者的意见的。
- 请你别忘记在采访之前向采访你的记者询问其将会提出的问题。因为，只有在知道问题的情况下，你才可以为此次采访做更充分的准备。
- 请你在被采访之前询问本次采访的收听者、收看者或阅读者都是哪些群体。在拥有了这个信息之后，你不仅可以有目的地发挥你的遣词造句水平，还可以有的放矢地准备发言的内容。
- 倘若你将接受一次电话采访，你应该事先搞清楚你需要腾出的到底是几小时的时间，还是当天一整天的时间。
- 请在采访前认真考虑，哪些问题是肯定会被问到的。你应该针对这些问题，准备从形式到内容都完美无缺并且条理清晰的回答。
- 不要讲那些偏离主题的内容。否则你的观众与听众不仅会被你的逻辑搞糊涂，而且也会将采访的主题忘得一干二净。
- 请你对背景资料做好充分的准备。
- 在被采访前找人"一对一"地演练采访的内容。并提醒与你彩排的伙伴一定要提出一些令人感到棘手或者尴尬的问题，然后一起考虑应该如何得体地应答。
- 准备一些能在采访中引用的有趣故事。有了故事的点缀，你的采访将生动有趣，避免观众、听众以及采访你的记者在采访中跑神。

媒体宣传文章的检查清单

专业的媒体宣传文章对宣传企业来说功效十分显著，尤其是对规模不大且占据市场中间位置的企业。以下是一些注意事项。

- 为自己建立一个联络人数据库。寻找一个能够定期撰写宣传文章的专职作者。当然你也需要将你的宣传文章寄给平面媒体或网上发表的新闻平台。
- 请你一定要检查所发布的宣传文章是否具有新闻报道的特性；此外，还要具有逻辑清晰的特点，你还可以使用谴责式战略。
- 不要只是想着在受众面大的媒体发表你的宣传文章，那些在专业报刊上发表的文章同样具有重要的效果。
- 倘若你想赢得某些企业客户，那么你一定要在B2B层面上分析你所选择的媒体的需求结构。
- 为你的读者设置一条答疑热线，作为专家为他们解答疑惑。如果人们不主动给你打电话，那么你就主动宣传这项服务。
- 如果你能获得一次采访机会，那么必须做好充分准备，以便在被采访时能将你想表达的信息清晰、明确地表达出来。
- 你可以录制一个包含所有关于你产品重要信息的"宣传短片"。这部短片必须简短、精巧、明了，并且能够向观众展示所有你希望向他们讲述的内容。
- 你一定要保持善于抓住人心的特点，当你某一次做到用你的宣传文章抓住主编的心，在下一次一定要用新颖的东西再一次抓住他的心。
- 你也可以为报纸撰写专栏文章。借此，你能有规律地以专业身份发表你的观点和建议。
- 请你撰写一部专业书籍。没有比这种方式更能有效吸引媒体了。

18

第18章
善用互联网
WEB 3.0

让网络助你利润翻倍
*Das internet als
Umsatzmultiplikator*

"在今天的市场营销活动中，互联网并非一切。但倘若没有互联网，那么一切努力都将白费。"

倘若你想在互联网上具有影响力，首先要确保你的网站能够被人们搜索到。在网站的首页，你该用什么样的词语才能使搜索引擎找得到你的网站呢？通常，在所有的搜索结果中，人们基本上不会点击排在第二页或者第三页的结果，这里想提醒你的是，人们是如何对待搜索引擎提供的搜索结果的。通过一些小技巧你可以在搜索结果中排在靠前的位置。你应该如何引导你的客户浏览网站？你如何通过不可思议的效果在网站上展示你生产的产品以及提供的服务？

在本章，作者将向你介绍一个通过网站使利润增长 10 倍的生产商。你该如何利用互联网的高效与便捷将你提供的信息以营销为目的向用户传递呢？在本章，你还可以看到一个十分有趣的咨询案例，咨询师通过几张幻灯片便将一个对待顾客不热情的旅馆从惨淡经营中解救出来。通过这短短几分钟的演讲实例，你也可以了解到如何利用简单有效的方式介绍你的产品、企业以及发布邀请。人们该如何在互联网上宣传自己呢？倘若你知道能够以多么简便有效的方法联系目标客户的话，一定会感到惊讶不已，更何况所需的花费还很少。人们应该怎样在客户看到他们的广告之前吸引客户的注意力？此外，向客户定期发送最新动态值得吗？市场调查结果将向你展示这个看起来没多大用处的宣传手法是多么卓有成效，值得你持之以恒地坚持下去。

"一个划时代的技术进步不应该被人们当作魔法对待。"英国科幻小说作家阿瑟·C. 克拉克说道。不过，你应该为此感到高兴，一个新时代开始了，因为某些网络宣传对产品起的作用的确如同魔法一样！

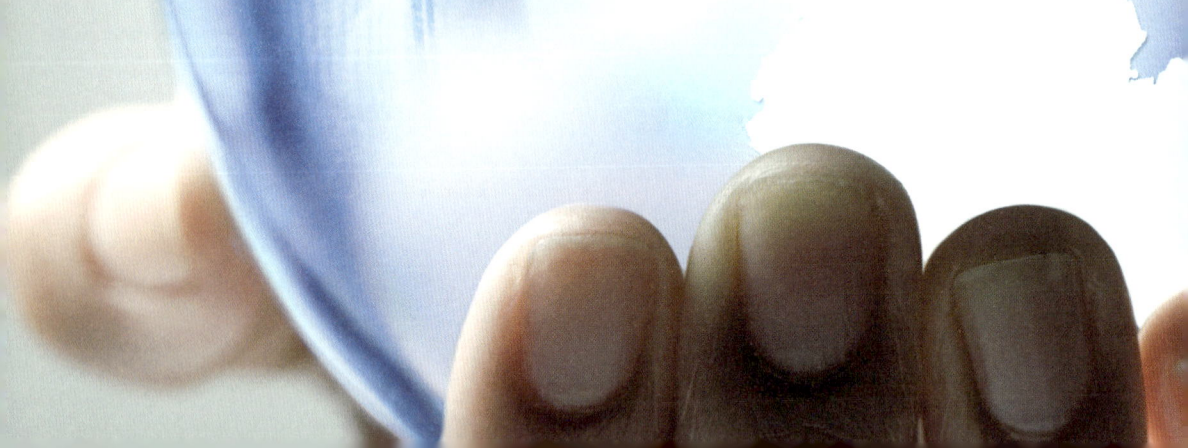

你的网站能给你带来更多的利润吗？

无论是个体经营者还是大型集团公司，没有属于自己的网站是不可思议的。网站发挥的作用无论如何要比一张大格式名片多得多，一个设计合理的网站应该能为你带来利润的增长。当然，我说的不是网上商店形式的网站。

支出这些费用值得吗？

衡量一个网站是否"有价值"，标准就是"点击—利润"，即你的网站每被点击一次能够为你带来多少利润的附加值。作者将向你介绍几种衡量你的网站能否创造价值的工具。

$$重要的数字 = \frac{总收入}{网页被点击的次数}$$

$$平均收入 = \frac{总收入}{购买者的数量}$$

$$每次点击所得收入 = \frac{总收入}{网页浏览人数}$$

在互联网上你能被找到吗？

你的网页与其他网页链接越多，对于谷歌搜索引擎来说你的网页获得曝光的机会也就越多。也就是说，要在你的网页上列出尽量多的企业合作者的网址。当然，你不希望你的客户登录你的网站结果却被其他网页吸引，那么你可以将这个列表放在某个网页的底部。总之，可以将它放到一个不太显眼的地方。除了网络链接，谷歌还会扫描你的网页寻找关键词。比如，通过关键词"报告"与"演说家"被搜索到，那就说明你网站上的标题与文章比较频繁地使用了这两个词。如何正确使用关键词，可参看接下来的内容。

💻 你网站上的内容是实时更新的吗？

哪些网页是"重要"的

谷歌搜索引擎是十分卓越的，比如，它可以根据网页上提供的外链数量排列其重要性。对于谷歌来说，比较重要的网页是那些出现在许多网页上并被其外链的网页。这也就是说，越多的网站与你的网站建立链接，你就越有利。最

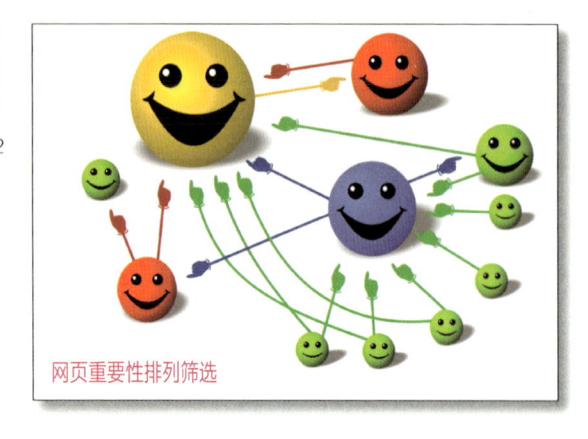

好的策略就是与多个网站建立互惠对等链接，互相建立与对方的外链接。这样你与对方都会在谷歌搜索引擎中提高自己网站的曝光度。

一个谷歌搜索最喜爱的网页

毋庸置疑，视频网站 YouTube 就是人们最喜爱的网页之一。如果你在 YouTube 网站上传一个视频文件，并将这个视频与你的网站建立外链接，那么你的网站的搜索结果排名就会大大靠前。那么应该在 YouTube 网站上传什么样的视频呢？答案是，标准就行。无论是搞笑的还是严厉的。最基本的内容是，你在视频中展示你的产品如何在夜晚使用，当然在那样的光线条件下，观众是什么也看不清楚的，而这也正是促使他们点击你附加的网络链接的目的所在。你不妨自己先去 YouTube 网站上浏览一番。

自我宣传：请你自己发明词汇

互联网百科全书"维基百科"在今天已经成为人们最喜爱的查询工具之一了。那么，谁能够在维基百科上被查找到呢？每个人都可以将自己添加到维基百科的词条中，只是太过明显的个人广告才会被网络编辑删去。因此，你只需要巧妙地设置，拓展一个与你生产的产品或提供的服务有关的新词汇，再经其添加到维基百科的词条中去，比如销售专家埃德加·杰弗瑞发明的词条"Clienting"。

让你的词汇受到保护

你可以为个人开发的新词汇向专利局申请知识产权保护。倘若那里的工作人员不能在互联网上查到你想申请专利的词汇，那么这个词汇的"所有权"就属于你了。你也可以在申请之前自己检验一下，倘若你不能在谷歌搜索网页找到你给出的词汇，那么你有可能获得一张该词汇拥有权的证书。

你的网站有多么普及

Alexa 是"互联网信息公司"。在该公司的网站上你不但可以按国家查找时下最流行的网站,还可以查看个人网站被访问的频率。当然,也可以查看与竞争对手网站访问量比较的结果。

互联网中的导航器——搜索引擎

为了使你的网站能在互联网上被查找到的可能性大大增加,你就必须保证你的网站能被各大搜索引擎收录。不同的搜索引擎经营商都在不断提高自己的技术、更新自己的设备,以实现大范围的快速搜索功能。

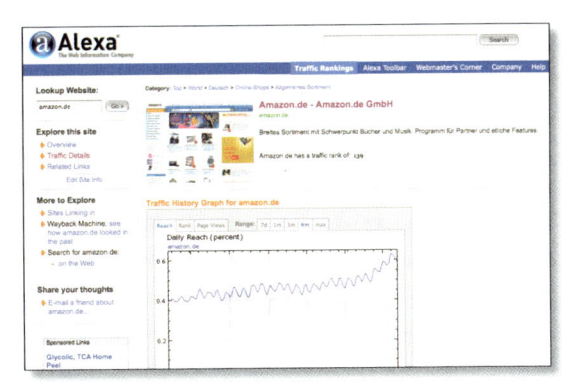

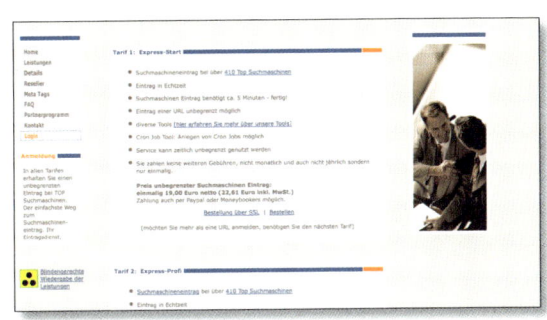

采用适当的联合供应

请你检查一下,哪些由搜索引擎为你查找的结果是你真正需要的。这里有 100 个在册的免费搜索网站,当然,它们的功能实现所依赖的统计方法也不尽相同。其对于搜索到的结果排名方式有些是按照网页访问量,有些是按照网站与其他网站之间的外链接数量,还有些是统计网站上包含的广告数量。

吸引新的客户:引领式网站

该如何定义属于你所提供的产品范围内的潜在客户?比如通过收集"相关产品客户"的资料。网站"XING"是一个"人际关系网络检测"的典型例子。人们可以在这个网站上通过自己的人际关系网将新的关系向外扩散,收集新客户的信息,发现具有发展潜力的新会员。

你该如何利用互联网建立更广泛的人际关系并为自己创造更多的利润?

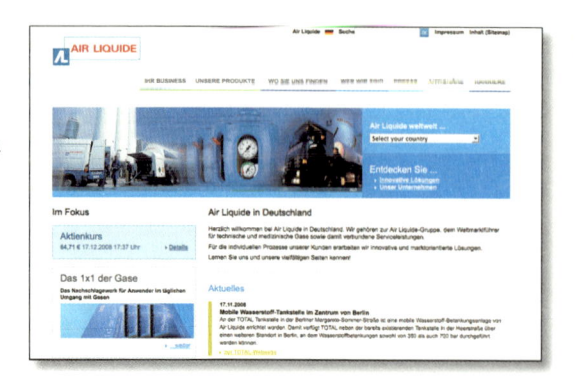

如何让利润像氢气球一样直线上升

法国液化气集团是"一家独立向全世界市场供应工业以及医用气体的公司,提供如氧气、氮气或者热气球所用气体(氦气)"。这家法国公司所销售的氦气在非常短的时间内增长了10倍以上,他们是通过 www.AirLiquide.de 做到的。

为了心中的理想开一家网店

无论是派对、周年庆典还是结婚典礼,这家气球商店为他们的客户提供全套的服务,并且负责按客户的要求制造浪漫气氛。要是有人在网上为婚礼庆典或孩子的生日聚会寻找助兴点,那么他一定会被这个网站提供的创意吸引,当然他也会为了实现他所选择的创意而在这家网店购买气球。

你在这里看到的都是特洛伊木马

作者认为最为巧妙的营销策略是那种声东击西战术,能令客户在不知不觉中就选择购买你所提供的产品,就像当年战争中希腊军队攻陷特洛伊城的木马,"醉翁之意不在酒",攻城的战士全都藏在巨型木马的肚子里。浪漫的婚礼或者有趣的庆典就像被送进特洛伊城的木马,而出售销售庆典上气球所用的氢气才是他们的真正目的。

你的旅店是一家非常差的旅店

有趣的消息与具有娱乐性的故事在网上的传播速度可以快到不可思议。一家休斯敦的旅店在短时间内以分崩离析的速度亏损，这个故事的传播速度也不会例外。请你阅读下面的文章，看看这两位企业咨询师在凌晨2点都做了什么。当你面对问题时，你的咨询顾问在做什么？

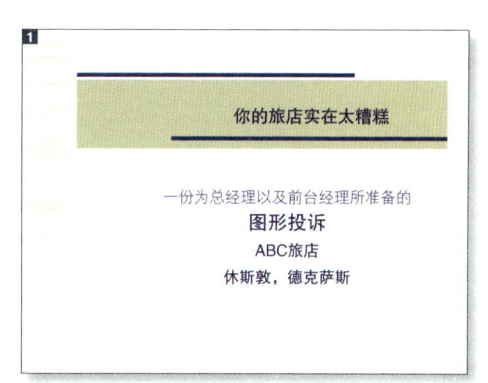

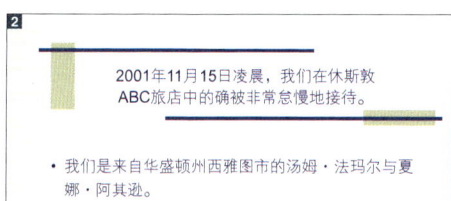

1

你的旅店实在太糟糕

一份为总经理以及前台经理所准备的
图形投诉
ABC旅店
休斯敦，德克萨斯

2

2001年11月15日凌晨，我们在休斯敦ABC旅店中的确被非常怠慢地接待。

- 我们是来自华盛顿州西雅图市的汤姆·法玛尔与夏娜·阿其逊。
- 我们持有11月14日至15日房间有效的预订凭证。
- 这两个房间承诺为使用信用卡的迟来的客人保留。
- 汤姆是经常投宿ABC旅店的老客户了，他有会员卡。
- 当我们在凌晨2点抵达该旅店时……我们被拒之门外。

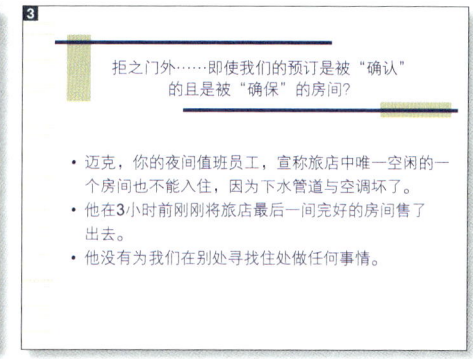

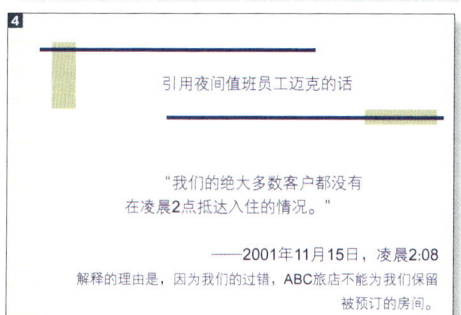

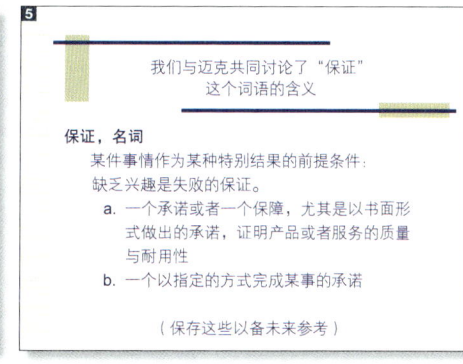

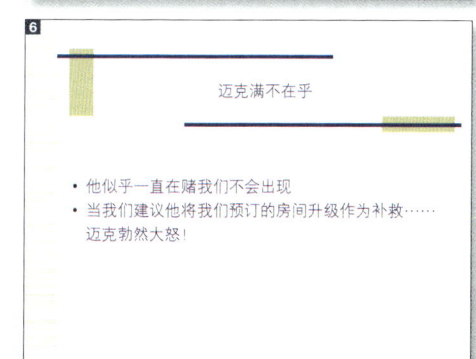

3

拒之门外……即使我们的预订是被"确认"的且是被"确保"的房间？

- 迈克，你的夜间值班员工，宣称旅店中唯一空闲的一个房间也不能入住，因为下水管道与空调坏了。
- 他在3小时前刚刚将旅店最后一间完好的房间售了出去。
- 他没有为我们在别处寻找住处做任何事情。

4

引用夜间值班员工迈克的话

"我们的绝大多数客户都没有
在凌晨2点抵达入住的情况。"

——2001年11月15日，凌晨2:08

解释的理由是，因为我们的过错，ABC旅店不能为我们保留被预订的房间。

5

我们与迈克共同讨论了"保证"
这个词语的含义

保证，名词
某件事情作为某种特别结果的前提条件：
缺乏兴趣是失败的保证。
　a. 一个承诺或者一个保障，尤其是以书面形式做出的承诺，证明产品或者服务的质量与耐用性
　b. 一个以指定的方式完成某事的承诺

（保存这些以备未来参考）

6

迈克满不在乎

- 他似乎一直在赌我们不会出现
- 当我们建议他将我们预订的房间升级作为补救……迈克勃然大怒！

7

引用夜间值班员工迈克的话

"我没有什么可向你们道歉的。"

——2011年11月15日，凌晨2:10

说明为什么我们对"承诺保留"的
房间没有被保留感到生气是
错误的。

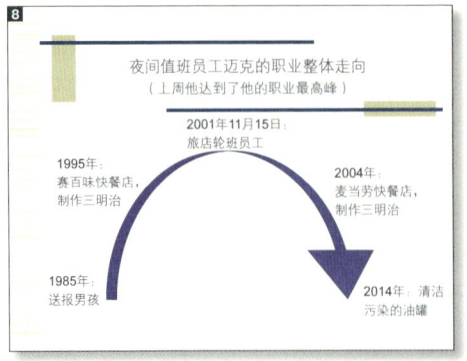

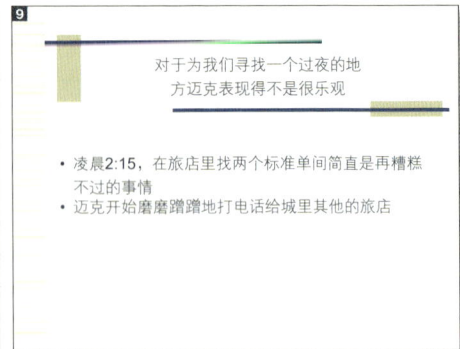

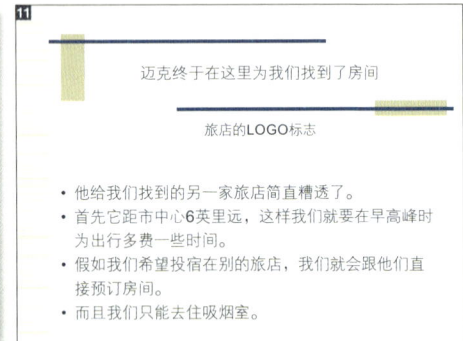

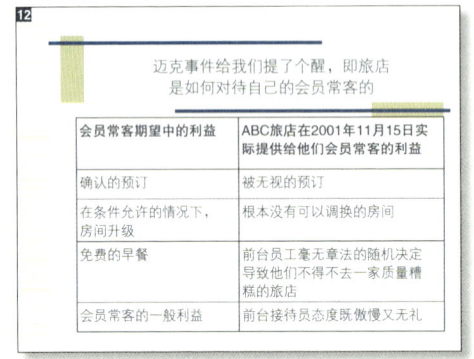

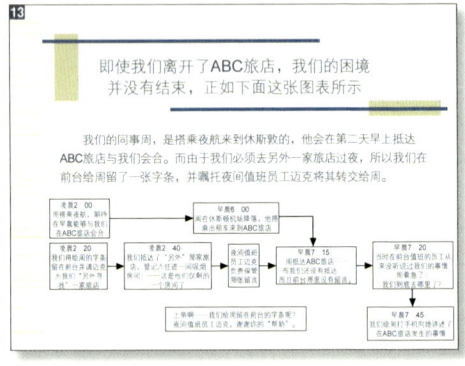

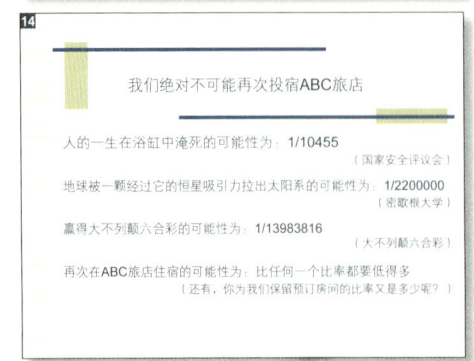

8 夜间值班员工迈克的职业整体走向
（上周他达到了他的职业最高峰）

- 1985年：送报男孩
- 1995年：赛百味快餐店，制作三明治
- 2001年11月15日：旅店轮班员工
- 2004年：麦当劳快餐店，制作三明治
- 2014年：清洁污染的油罐

9 对于为我们寻找一个过夜的地方迈克表现得不是很乐观

- 凌晨2:15，在旅店里找两个标准单间简直是再糟糕不过的事情
- 迈克开始磨磨蹭蹭地打电话给城里其他的旅店

10 引用夜间值班员工迈克的话

"我不清楚别的旅店有没有空房间……所有的旅店都住满了。"

——2001年11月15日，凌晨2：12

即使他所在的旅店截至晚上11点时已经没有空房间了，他那时开始为我们找其他住处也是可以的

11 迈克终于在这里为我们找到了房间

旅店的LOGO标志

- 他给我们找到的另一家旅店简直糟透了。
- 首先它距市中心6英里远，这样我们就要在早高峰时为出行多费一些时间。
- 假如我们希望投宿在别的旅店，我们就会跟他们直接预订房间。
- 而且我们只能去住吸烟室。

12 迈克事件给我们提了个醒，即旅店是如何对待自己的会员常客的

会员常客期望中的利益	ABC旅店在2001年11月15日实际提供给他们会员常客的利益
确认的预订	被无视的预订
在条件允许的情况下，房间升级	根本没有可以调换的房间
免费的早餐	前台员工毫无章法的随机决定导致他们不得不去一家质量糟糕的店
会员常客的一般利益	前台接待员态度既傲慢又无礼

13 即使我们离开了ABC旅店，我们的困境并没有结束，正如下面这张图表所示

我们的同事周，是搭乘夜航来到休斯敦的，他会在第二天早上抵达ABC旅店与我们会合。而由于我们必须去另一家旅店过夜，我们在前台给他留了一张字条，并嘱托夜间值班员工迈克将其转交给周。

- 凌晨2:00
- 凌晨2:20
- 凌晨2:40
- 早晨6:00
- 早晨7:15
- 早晨7:20
- 早晨7:45

14 我们绝对不可能再次投宿ABC旅店

- 人的一生在浴缸中淹死的可能性为：1/10455 （国家安全评议会）
- 地球被一颗经过它的恒星吸引力拉出太阳系的可能性为：1/2200000 （密歇根大学）
- 赢得大不列颠六合彩的可能性为：1/13983816 （大不列颠六合彩）
- 再次在ABC旅店住宿的可能性为：比任何一个比率都要低得多 （还有，你为我们保留预订房间的比率又是多少呢？）

我们绝对不可能再次投宿 ABC 旅店

　　左边幻灯片所示为汤姆与夏娜的总结。因为绝大多数咨询师都喜欢用数字来表达自己的观点。所以他们说，一个人在浴缸中淹死的可能性为万分之一；地球被一颗经过它的恒星吸引力拉出太阳系的可能性为 1/2200000。而我们再次投宿 ABC 旅店的可能性要比中六合彩的概率还要小得多。

几分钟的演讲：与客户的关系使一切成为可能

汤姆·法玛尔与夏娜·阿其逊将他们的经历向成千上万的旅行者以幻灯片的形式讲述。这个行为的确给休斯敦那家旅店（文章中简称"ABC"的旅店）带来了巨大的经营困境。旅店中仅存的几个客户实际上是好奇心旺盛的记者。而之后，迈克的身上发生了什么事情，我们不得而知。不过，作者猜很可能旅店在他试用期未满时就将他开除了，这当然是他事业上的巨大挫折。这份幻灯片现在依然能在网上找到，而它产生的影响还在不停地延续下去……

为什么作者要给你讲这个故事？因为这个故事向我们展示了网络的影响力是多么巨大。在互联网时代之前，汤姆与夏娜顶多能给旅店的经理写一封投诉信，并且告诫自己的亲朋好友不要再选择 ABC 酒店了。然而，此举能产生什么样的效果呢？估计也就是不了了之；经理很可能会给汤姆与夏娜寄一封致歉信，并解释雇佣迈克那样的员工是他们的疏忽。也许他们的亲朋好友也会将这个故事继续向其他人讲述，但是两天后也就忘记了其中的细节，到底是休斯敦还是凤凰城，到底是 ABC 旅店还是其他哪家旅店，不得而知。然而这两个人花费一点时间制作的幻灯片却产生了雪崩式的巨大效应。让我们来假设一下，假如他们将这个故事作为电子邮件的附件寄给他们的合作伙伴与客户，那么也许有 200 人听说了这个故事。如果这 200 个收到这个故事的人，每个人再向 5 人发送该附件，那么每一个新收到这个故事的人再各自向 5 人继续转发，依此类推，那么在短短几天内，收到这个故事的人的数量将如此递增：200→1000→5000→25000→125000→625000→3125000……数学家将其称为指数级增长。需要注意的是，在计算过程中，我们还没有考虑所有收到这个故事的人还可能将其转发给所有与其有联系的人，并非仅仅5 个。这个效果估计你亲眼见过，比如，在圣诞节时，当一个人用圣诞老人以及其他圣诞饰物装饰自己的房子时，那么所有看到的人也会跟着做。通过这个案例，我们现在要提出的问题是，为什么要用一些"负面的"切入点来宣传企业，而不恰好是那些光辉正面的形象？短短几分钟的演讲是一种理想且价格低廉的营销策略，具体的例子可参考阅读本章接下来的内容。

案例1　用几分钟演讲介绍产品（幻灯片节选）

幻灯片1：
"一千一百年默德林"产品献给格尔哈德·诺瓦克先生
新型打印艺术
ueber:reuter

一个不可抗拒的产品

请你将宇博劳伊特印刷公司提供给客户的一目了然的产品数据说明与客户通常能够得到的产品说明比较一下。这份几分钟演讲设计得简约清晰，并且能唤起客户的好奇心。选择用原创产品以及服务至上的策略吸引客户是一个非常有效的方法。

幻灯片2：
议程
产品
制造
你的使用
我们的承诺
价格与服务
我们的理念
我们的推荐信

关于什么

一场好的演讲具有结构合理、条理清晰的特点。请你告诉客户，什么是他们可以期待的。印刷公司用一个简明的议程列表向它的客户传递这些信息，人们能一眼看到，它所提供的要比通常情况下的更多，即承诺与推荐。其他的好处还有：这样一份演讲幻灯片会被企业用电子邮件抄送给更多人，并且附上这样的话："看看，他们都想到了什么。"

幻灯片3：
产品
产品名称：书籍 一千一百年默德林
大小：22.0 X 29.0 cm 剪裁摘编打印书
细节：320页正文，4页封面封底，8页插图1组，4页插图5组
印刷数：3000册

书中的世界是自然界中的人得不到却是由人类的思维所创造的最为丰富精彩的世界。
——赫尔曼·黑塞

你可以在演讲稿中做任何事，就是不能无聊

无论你想怎样进行你的演讲，你一定要注意时时保持对听众或者观众的"吸引力"，不断强调演讲主题。在这个案例中，他们就选择引用黑塞的名言来提醒客户他们所提供的服务是印刷书籍。网上有大量的网站数据库，供你查询有趣的或者令人深思的名人名言。

案例 2　将邀请做几分钟演讲（幻灯片节选）

你如何才能使所举办的活动参与者数十倍地增加

DHL 被邀请参加 IAA 商用汽车技术解决论坛。为了将印制在薄纸上的活动日程夹在其间，人们通常采用比较高档的纸张来印制此类邀请函。倘若人们改用幻灯片制作邀请函，那么前来参加的客户便能有期望中的 10 倍之多。我们在幻灯片中加入了一幅具象的图片，它刚好适合宣传语"我们将属于彼此的零件组装在一起"，可以充分表达行业的经营理念。

你尽情地玩吧，让你的客户充满好奇

在这里展示一辆甲壳虫汽车是如何一步步被组装在一起的就足以摆脱邀请函的老套了。你不要低估每天承受繁重工作压力的经理们是多么希望看到生活中的一抹亮色了。

要求客户做出反应

大会的整个议程被介绍完之后，在接下来的第八张幻灯片上，你可以添加一项便利的小功能，即客户可以通过点击获得一张报名表。只要你能够清晰明确、简明扼要地表达出来，我相信客户就会选择你。

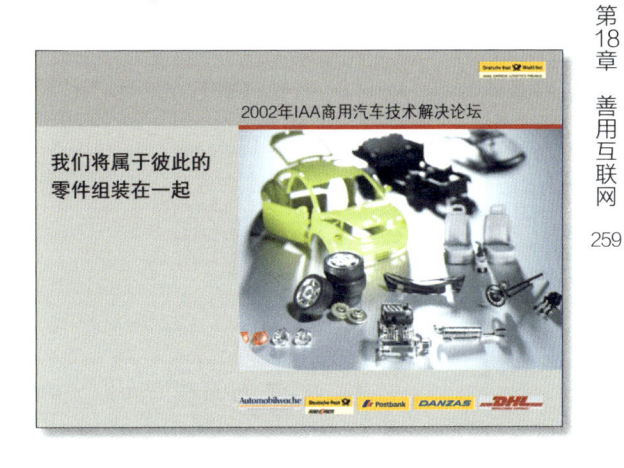

案例 3　将你企业的宣传性介绍做成几分钟演讲（幻灯片节选）

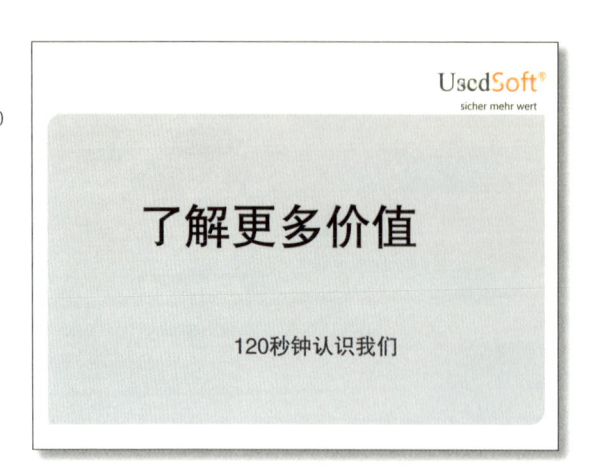

120 秒内认识我们

是的，UsedSoft 公司的幻灯片宣传稿就是这样说的。这家公司致力于销售"二手的"，也就是不再被需要的计算机软件版权——一种需要被解释的产品：这到底是怎么回事？这是一种什么样的情况？作为客户我能从中得到什么？一份短短几页的幻灯片就能回答你的所有疑问，并且他们还准备好用电子邮件向你提供后续的建议。

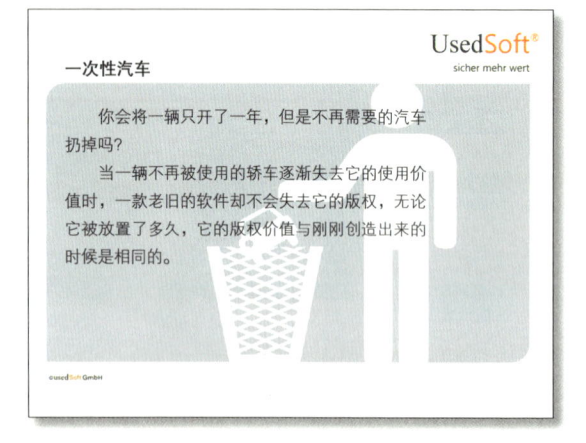

你会扔掉一辆新汽车吗？

UsedSoft 公司用一个疯狂且荒谬的比较作为其宣传语的开头：为什么"不再需要的"软件就该被随手扔掉呢？幻灯片上的图片辅助性地增强了人们的印象。这样就是一个近乎完美的戏剧化的组织结构。

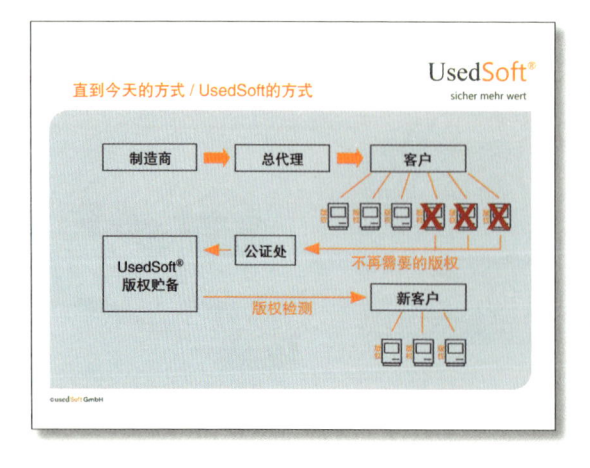

一幅图表所能表达的信息要比文字多得多

演讲稿可以提供各式各样的表达方式，比如，不同事物之间复杂的相互关联性可以用图示直观地表现出来。UsedSoft 公司就是用这种图示的方式，再辅以清晰简短的文字，迅速有效地解释了其经营模式。

最后关键一步

在这个幻灯片的最后,我还添加了我的演讲能够帮助客户实现的目标。除此之外还需要有你的联系方式,以便潜在客户能联系。这样能将宣传与行动联系起来的关键细节是你在宣传中一定不能忘记的。

关于制作幻灯片的建议:

- 关键在于短小精悍:这样的一份宣传幻灯片最多控制在 8~16 页,全部展示时间不得超过 150 秒。
- 注意全文的起承转合:以一个问题开始,再配几张适合的图片,引用一句恰到好处的名言,最后再设上一个悬念,以便你的听众有兴趣关注后续的进展。
- 言简意赅:请不要在幻灯片上密密麻麻地写满文字。重要的是用大字号写出标题、简短的句子、尽量少的文章以及"抓人眼球"的图片。
- 注意主题的切换:"一张幻灯片一个主题"这是一个非常实用的规则。
- 一定要在演讲中做到直接与观众对话。提出问题是一个非常好的方法。
- 用思维导图或流程图来展示复杂的关系与结构。
- 如果讲述到不同的问题,注意事先展示一个"预览"(内容提示或者层次结构一览表)。
- 可以(在幻灯片中)添加一些惊喜效果。事实上,很多人都希望在日常一成不变的工作中多一些色彩。
- 这个幻灯片中的原创内容越多,在演讲过程中你就越是灵活自如。
- 如果你想使用滚雪球效应,那么一定要注意行文的结构以及效果的累加。
- 可以将收到的推荐信以及客户的好评添加进去。最好再添加一些推荐语及客户手写的好评信的照片以提高宣传的可信度。
- 设计一个鼓励你的潜在客户行动的结尾,别忘记在最后给出能直接联系到你的方式。
- 注意整个文件的大小,以便这个宣传片能够完整地发送,且不会被退回。
- 如果你将宣传文件以".ppt"格式寄出,那么收到这个文件的人就可以在计算机上自动播放。
- 倘若直接寄出".ppt"格式的文件缺乏安全性,那么你大可以先将其转化成 PDF 格式,再将其发出。通过这个方法还可以压缩文件的大小,收到文件的人也可以通过滚动栏轻松翻页。
- 你还可以将 PPT 演讲稿保存成".mov"格式。

你为自己在网上做好宣传了吗?

谷歌是被大多数人应用的搜索引擎。谷歌还提供了一种可能性,即只需花费短短几分钟的时间,就可以在谷歌上为自己打一个小小的广告。与菜单栏给出的关键词符合程度越高的广告在搜索结果的排名越靠前。通过网上宣传来增加利润,只需花一点钱，并且不用缴税，仅仅是做一些文字上的工作，完全不必掌握高难度的技巧。你只需撰写一小段文章，确定你需要的关键词即可。一旦有人搜索你给出的关键词，那么你设置的广告就会排列在搜索结果靠前的位置。

你可以设置良好的形象

将网站设置得让人能够更容易找到你，事实、数据、图表能够专业地呈现你的价值；让人一见难忘的广告语也是你亲自设计的；经营理念也在其中得以展现；诸如此类。

最新趋势简报到底值不值

"最新趋势简报除了占用邮箱空间外根本一无是处！"事实上，最新趋势简报可以通过简单的方式发送给尽可能多的人，收到的人还可以再次将其转发。那些能引起我们兴趣的最新趋势的简报就是这样做的。当然，一旦我们的需求被满足，我们就会取消对该企业最新趋势简报的订阅。

不过，到那个时候，客户通过订阅最新简报的过程，已经将企业印在脑海中，他们的产品也已被客户熟知了。商家通过最新趋势简报问候客户，引发客户的潜在需求进行销售，向客户报告他们的市场调查结果，建立人际关系网络，通过广告销售广开财源。从中你会发现，最新趋势简报的确是一种不花钱却能收到良好效果的宣传方式。

在最新趋势简报中，你需要提供的有趣内容

- 选择一个充满悬念的开端。
- 文案风格必须清晰有逻辑。
- 讲述企业产品最新发展动态。
- 如果可能的话，尽量多地运用比较法。比如，与之前或之后的情况相比。
- 介绍你提供的产品或服务，注意重点从客户希望知道的角度进行介绍。
- 在提出问题的同时提供解决问题的方法。
- 你的（合作）伙伴能提供的解决方式。
- 列出你提供的客户会谈以及客户活动的时间。
- 不要忘记添加直接购买或团购的方式。
- 此外，还需提供能随时取阅的可能性，以便客户在需要时，能直接获得你的最新趋势简报。

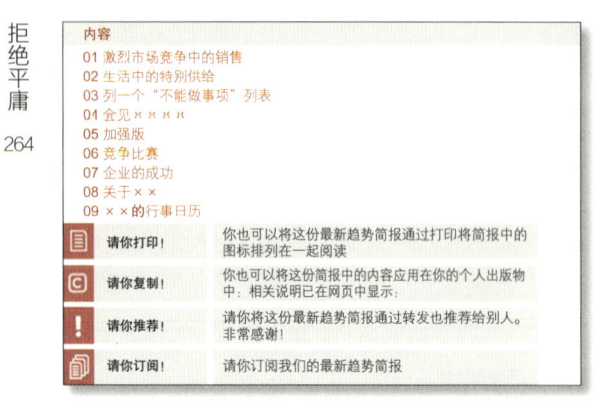

最新趋势简报作为市场调研工具

通过电子邮件，公司能获得大量的用户评价。谁阅读了该最新趋势简报，谁没有？有多少女性和男性分别阅读过？到底有哪些话题被点击展开阅读过，哪些没有？谁退订了最新趋势简报？通过这些信息公司不仅能够获知客户对什么主题感兴趣，还能做统计调查。所有的这一切只需每月支付约90欧元。

销售漏斗——销售的强心针

这个准则是我的日常工作的依据，在整个企业中占有最高优先权的是演讲销售。倘若客户对此没有兴趣，那么我们还可以提供培训课程或系列活动，以达到帮助企业成功的目的。除此之外，我们还可以给客户推荐书籍，面谈约见，发送一期最新趋势简报："我们可以定期向你发送我们的最新趋势简报，以便你能够更及时了解我们的最新信息并更方便地与我们约定面谈。"

如何引导客户订阅公司最新的趋势简报

通过你在所有可能的地方添加订

内容
01 激烈市场竞争中的销售
02 生活中的特别供给
03 列一个"不能做事项"列表
04 会见××××
05 加强版
06 竞争比赛
07 企业的成功
08 关于××
09 ××的行事日历

请你打印！	你也可以将这份最新趋势简报通过打印将简报中的图标排列在一起阅读
请你复制！	你也可以将这份简报中的内容应用在你的个人出版物中；相关说明也可中显示
请你推荐！	请你将这份最新趋势简报通过转发也推荐给别人。非常感谢！
请你订阅！	请你订阅我们的最新趋势简报

- 在每一份文件中注明
- 在每一份宣传单上注明
- 在每一封寄出的邮件中注明
- 添加在你电子邮件中的签名栏里
- 不要将电子邮件的主题设置成"最新趋势简报"
- 在法律允许的情况下，将最新趋势简报的地址添加在商业地址一栏

> 按照各种产品或服务的价值为你的企业制定一个有意义的产品服务优先级排序。谁要是什么产品也不买的话，那么至少他可以"购买"最新趋势简报。

阅最新趋势简报并鼓励客户订阅的方式。网站上的内容，一般包含免费的信息页、检查清单以及诸如此类的文档，所以当客户的需求不能够被完全满足时，他们自然会去阅读更多的信息。仅仅是在你邮件签名栏添加最新趋势简报的方式就能帮助你赢得相当数量的订阅。还要注意的重要一点是，千万不要将你群发最新趋势简报的邮件主题设置成"最新趋势简报"，因为那样的话，你的邮件很可能被系统当作"垃圾邮件"而屏蔽掉。

如何引导客户订阅公司的最新趋势简报

除了在邮件中添加订阅最新趋势简报的方式外，还可以在各种展会以及活动中分发订阅最新趋势简报的卡片。

有效的工具

利用专业的工具，你可以将你的网页制作得十分精美。比如，通过专业软件，你可以在互联网上简便快捷地撰写邮件，制作最新趋势简报，并实现一次性大量群发。通过一定的编辑器，添加图片、表格、外链接以及文档排版。

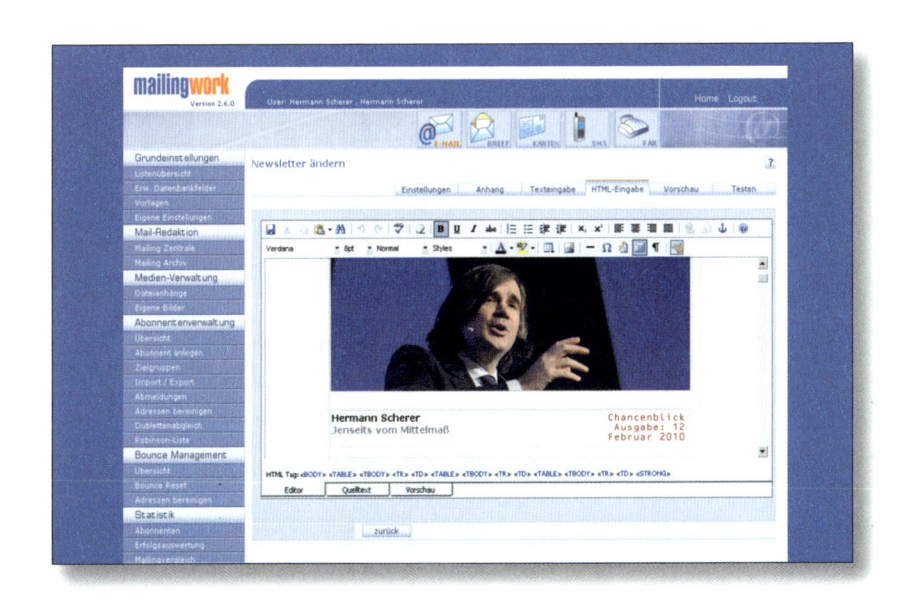

专业数据分析

人们还可以利用 Mailingwork 在邮件中添加自动打开式或点击打开式卡片。根据不同的需要，在不同的报告中筛选展示不同的数据，一个专业的演讲，可以请企业设计部门按照统一要求帮你制作，并将重要的数据逐一导出。

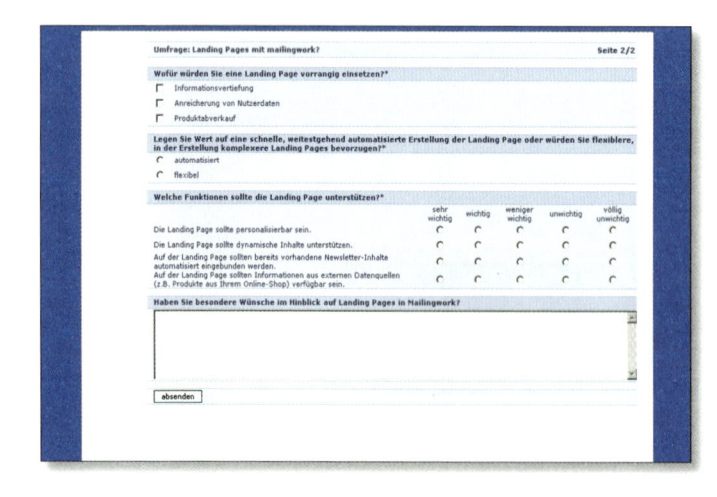

在线调查问卷

在线调查问卷是一个既能为你提供具有说服力的数据结果，又不大费力的工具。Mailingwork 也提供了一款功能齐全、形式多样的在线调查问卷工具。通过将你的电子邮箱与客户地址数据库相链接，可以将该调查问卷在线向重要的客户发送。这样寄送调查问卷也是一种电子邮件营销的手段。

19

第19章
以市场为导向
MARKTMACHT

新方式带你通向新客户
Neue Wege zu neuen Kunden

如果你只做那些别人都能做的事，那么，你也只能得到别人都能得到的东西。

　　为了成为顶尖企业，必须让客户明确地看到你的企业比竞争者优秀的地方。这个规则无论对从事自由职业的建筑设计师，还是对经济咨询师，无论对地方上的小型竞争市场，还是对国际的大型竞争市场，都同样适用。要想达到顶尖位置，并能够长期保持这样的优势，就不能只有几个固定的老客户，而必须不断地赢得新客户。然而，到底通过什么方法才能实现这个目标呢？这个问题的答案正是我要在本章讨论的内容。这些技巧包含与客户沟通时可采取的捷径，也包含突出自己与竞争者之间经营战略的细微差别。

　　其中广为人知的方法便是群发邮件或微信。如果选择这个方法，而且希望发出的邮件不会被收件者直接拖到回收站的话，那么邮件中包含的内容就必须能直接满足客户的需求。本章接下来的内容，你将读到一些具体案例。通过这些案例，你会明白通过寄送贺卡或小礼物的方式让客户开心一笑，并且同时记住你的企业。你越是了解你的客户，你就越能有的放矢地与他们进行交谈，无论是面对单个客户还是面对目标群体。当然也可以通过精心设计的战略。除此之外，我们还会向你展示不同的舞台。借助那些舞台你不仅可以认识大量的新客户，还可以避免花费天价广告费用与他们签订合约。你可以参加或者举办大型的企业活动，在这些活动中你与你的员工能够有效地与各种客户建立联系。当然，你也将认识到不同的建立联系的策略方法。通过这些方法，你不仅能与这些潜在客户约见，还能令这些心甘情愿与你建立联系的人成为你的固定客户。从这一章的内容中你将发现，可以帮助你取得效果的大多数方式并不需要花费太多的金钱，而其准备工作所需要的也不过是一些想象力、创意以及独一无二的特性。

　　本书将从新颖、独特的角度帮你实现企业成功。忘记那些程序优化或产品优化的陈旧方法吧，你急需优化的是你在竞争市场的位置。简单来说就是，加强你在市场中的力量，而不是在生产过程中！

加强市场中的力量

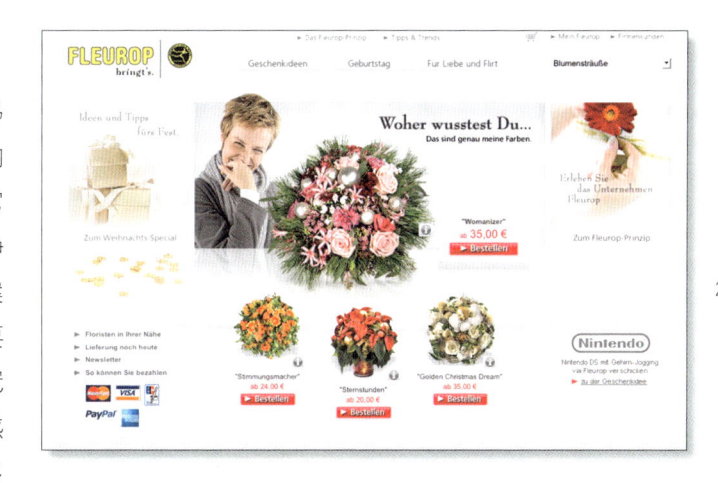

在德国，很多人知道弗洛伊若普花店。一个有趣的问题是：在弗洛伊若普与它的冠名花店经销商之间谁挣得的利润会更多一些？答案是弗洛伊若普。但是谁需要承担更多的工作？当然是冠名花店经销商。你是不是感觉非常惊讶？那些承担较多工作的人却得不到更多利润，而这却是十分常见的情况。导致这种现象的原因是：绝大多数人一直勤勤恳恳地在生产过程中努力，而从未想过在销售方面求发展。

生产过程中的力量指的是你在企业内部优化生产过程，以达到简洁高效地生产的目的。无可厚非，这种思维方式是完全正确的。可惜的是，如果明天哪个国家或地区有人模仿了你的生产过程，并且其商品价格比你的要低20%，你能够采取的唯一应对方法便是加强你的产品在市场中的力量。你的产品在市场中的力量依赖于你被客户熟识的程度、你的形象，这些才是不能被人轻易模仿的价值。绝大多数企业在改革时都致力于生产过程的优化，而非市场力量的增加，这种错误的认识是作者一直反对的。以下内容是帮助你优化市场力量的具体方法。

群发邮件及广告宣传邮件

假如使用群发邮件，那么你一定要注意，你所发出的邮件确实能够被收件人收到。对于并非主动搜索的信息，客户首先注意的是邮件的标题，信尾的附件、用加粗字体展示的信息以及那些被圈在方框中的文字。当然还有个性独特的邮票以及专门为客户粘贴的便利贴。最后还要注意的是，你既然已经在制作邮件上花费了如此大的精力，那么一定要让信件本身的内容看起来同样专业。

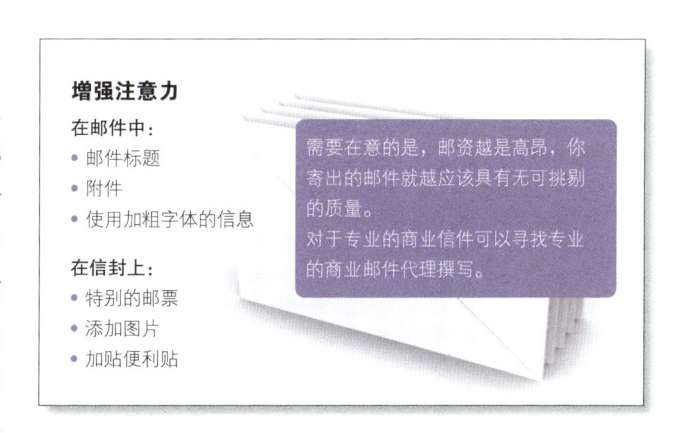

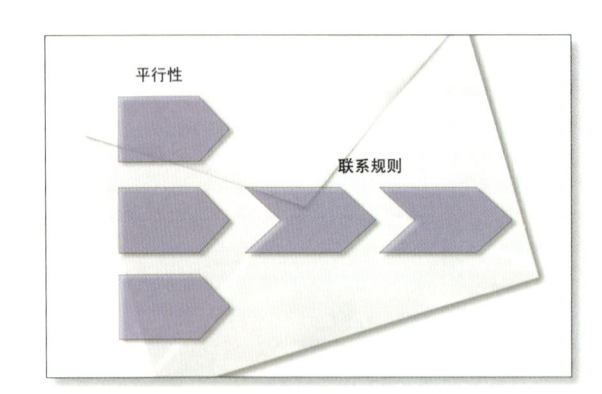

不漂亮，但是有效

不必仔细阅读内容，左图所示的两封信中，左边的那一封虽然是严格按照商业信函格式书写的，但却不能一下子抓住阅读者的注意力。具有超常说服力的文章在实际操作中是很难实现的。右边的那封信并不符合商业信函的"既定书写标准"，但显得更引人注意。

三方通信

许多发送群发邮件的企业把群发邮件的规则设定为"水滴石穿"。不过以个人的经验来看，作者却认为"三方通信战略"的效果要更有效些。一改将广告宣传信件只寄给客户企业内部的一位工作人员，如执行总监、销售总监或人力资源总监，作者倾向于将这封信同时寄给他们。同时，在信中还明确表示："我们并不清楚我们是否正确地选择了该项事务的直接负责人，所以我们将同样的内容也寄给了销售总监××先生以及人力资源总监××先生。"当然，在寄给另外两位负责人的信中要进行相应的修改。

即使群发邮件也是可以针对个人的

个性化明信片

通常情况下，不会花费你多少费用，却能为你带来非常高的关注度。

用少量费用获得大量关注

倘若你能借助一些随广告宣传信件寄出的小礼品令客户惊喜，那么广告宣传就一定会被深深地印在客户的脑海里。很多企业都采用将客户个人的名字写在礼品上的方式。这里，我们看到的是一个个人行事历的例子。

> 客户会被什么样的方式打动呢？与其苦苦思索，不如采取最简单、最直接的方法——亲自去问问他。通过这样的方式所获得的信息一定比诸如热爱旅行或者音乐爱好这样一概而论的表述多得多。通过这样的沟通，你能够理解客户目前急需什么样的产品以及做出何种改善，因为你清楚客户在日常商务活动中哪里存在实际困难。

礼轻情意重

即使给客户礼品的费用不超过5欧元，但还是有各种不同的原创可能性的。倘若企业以生产学生用品为主，那么送给客户最好的礼品莫过于装着几种产品样品的庆祝孩子们上学的礼品袋了。作者还曾经赠送过一位美国客户五期他最喜欢的杂志。你完全可以从网上获得具有创意的点子！最简单的方法莫过于在与客户的见面会上带一些可口的糕点与大家分享。

用在创意上的投入——代替金钱上的投入

为什么不能在冬天时寄给客户每人一份包含水桶、煤球、胡萝卜以及围巾的小包裹，然后举办一场堆雪人大奖赛呢？参与比赛的客户能够赢得你企业网站上公布的奖品。在炎热的夏天，为什么生产冰箱的公司不可以向客户赠送可口的冰激凌呢？与客户建立友好的关系需要更多想象力而不是花费更多的费用。

炎热夏日的清凉

你希望让潜在客户惊喜不断吗？在炎炎夏日，你可以将冰激凌以及一份小小的问候一并送到那位潜在客户的手中。他们可以立即享受这份美味的惊喜。假如客户在电话中问你，你是怎么想到这个主意的，你可以回答说："为了你在炎热的夏天也能保持清醒。"

你都了解目标客户的哪些方面？

雌性蓝脚鸟有的是耐心等待，直到雄性蓝脚鸟将"正确的""符合它心意"的东西放在它脚上，它才会与之交配。跟客户建立良好关系的方法与此并无二致，只有当你清楚什么对客户来说重要时，你才能投其所好向他们提供产品或服务。

那种"哇，太不可思议了"的效果

让我们来假设一下，你的客户在很早之前就向你讲述过他骑自行车环游托斯卡纳的梦想。若是你能够将一份地图、一份旅馆指南、一份媒体报道剪报，以及一份来自你本人的问候一并寄给这位客户，那么会产生什么样的效果呢？学习用贴心的小礼物来打动客户吧。这里所说的贴心小礼物可以是一张贺卡或一张音乐会的入场券不等。

一块聪明的敲门砖

攻占客户的心房、赢得他们的好感，不失为一个立竿见影的效果。这种方法在行业中被称作"冷酷寻求"，不过有不少人都认为这并不是长久之计。有些人甚至认为这种方式简直与强盗没什么区别。不过，借助一匹"特洛伊木马"，你便可以更优雅、更快捷地打开客户的心门——当然，你甚至会被他们热情地邀请进去。这里所说的这匹"特洛伊木马"指的是一种特别提供的产品、一种附加的服务或者一些信息。无论这匹"木马"具体以什么形式出现，它最终都是为了达成你的目的。也就是说，你的客户在购买你的产品之前注意到你提供的产品。它可以是完全"中性的"信息，比如书籍、企业宣传手册等。你也许还记得前文提到的那个焊接器械制造商以及它的《焊接之书》，或者房地产中介商的信息小册子，又或者网站上提供给客户下载的演讲准备的信息。

"特洛伊木马"

由电力节省设备免费提供的使用设备检查，填充气球的气体（氢气）供应商在自己的网站上提供派对以及婚礼的创意等，这些都是商业经营中的"特洛伊木马"。"特洛伊木马"做起来十分简单，比如，一个电器设备制造商请志愿者在马路上身着黄色椭圆形服装来回走动，引起路人对价格低廉电器维修服务的关注。从短期来看，这样的行为可算是赔本买卖，但从长远来看，员工的作用将会被最大限度地发挥出来，你申请的电话号码也将被有意义地利用起来，最终帮助你赢得新客户。

> **允许客户直接与你取得联系**
> - 作为不动产销售专家，你的产品是土地所有权而非仅限于房屋所有权
> - 作为氢气销售商，用提供派对以及庆典的方式来代替枯躁的宣传广告
> - 为使用设备做能源检查
> - 企业宣传小册子与相关书籍
> - 网上提供信息介绍和检查清单
> - 用具体数字证明你公司的实力

三种舞台

即使在公开的舞台上，你也可以不带功利心地吸引潜在客户的注意，最好的情况是，你还可以赢得他们的欢心。以下三种方式可以供你选择：参加他人举办的活动、组织自己的活动或被第三方邀请参加活动。最理想的状况下，你可以利用他人的舞台向前来参加的潜在客户展示你的专业能力。

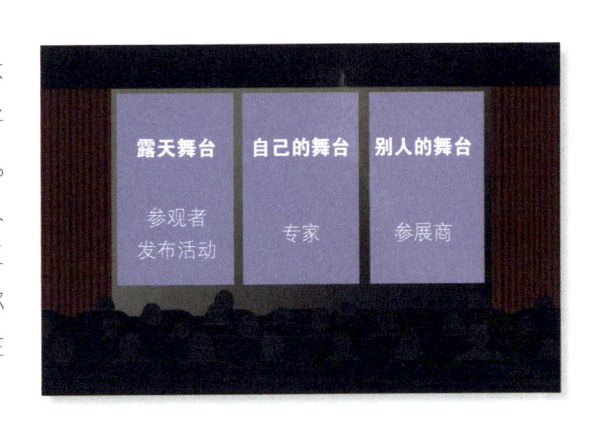

露天舞台	自己的舞台	别人的舞台
参观者 发布活动	专家	参展商

> "特洛伊木马"都可以做些什么呢？
> 在潜在客户购买你提供的产品或服务之前，
> 他们是如何完成每天的工作的呢？

你能在哪些舞台上展示你的公司呢？

露天舞台	自己的舞台	别人的舞台
大型活动	开放日演讲	展销会餐会

舞台的利用

假如你参加一个由罗泰瑞俱乐部出资举办的音乐会，那么一定会在观众中遇到许多该俱乐部的成员。这样一来，你可以将俱乐部会员列为潜在客户的联系对象。倘若你组织一个活动——企业开放日，就需要一个能够引起人们巨大兴趣的主题，吸引更多的人参与。时下最具争议的问题常常是能够引起人们巨大兴趣的主题，还要注意主题需要根据活动参与者的关注焦点有所改变，比如，一家化妆品生产商能提供的有意思的主题很可能是"这样修饰最能显示你的自然美"，或者你也可以邀请一位你的目标客户群体喜闻乐见的知名人物。比如，你的目标客户是报纸出版商，你一定要选择一位事业成功又饱受争议的媒体企业家。打个比方吧，他是来自某个行业的"金刚"，谁又不渴望能亲睹他的风采呢？能否赢得某一舞台的关键前提还是你能否赢得该舞台面向的目标群体。

目标群体的占有者——在圈子中能够以专家身份不断给你介绍客户的人

谁符合你对目标客户所规定的前提条件，并在一个圈子中作为专家身份来引导其他人？这里有一个能够为建筑人以及其他提供建筑行业产品与服务的人极好的舞台作为例子，一个为"成功"以及"关系"所准备的附加项目。基于此，提供商不仅能吸引其他人的注意，还能获得潜在客户的询问。

谁是目标群体领导者

比起亲自赢得每一个潜在客户，倘若能够赢得对潜在客户群体具有影响力的人的话，那么这个效果无异于你"赢得"了该群体中的每一个人。倘若你希望与银行建立业务往来，可以亲自拜访每一家分行以及支行，采取逐个击破的战略。

不过，你也可以参加银行协会组织的有几百位行长参加的企业大会。谁要是想寻找建筑公司的话，那么在建筑行业大会上他将在最短的时间内认识最多的目标个体；或者谁要是提供包装服务的话，那么他就应该参加全德国包装捆扎行业大会，因为那里蕴含着成功的最大可能性。对于每个行业、每个目标群体来说，都有一位目标群体领导者。通常情况下，它是一个行业协会，能够通过某一个市场营销行为与众多小客户取得联系。

媒体宣传带来翻倍的效应

参加上文提到的那些活动能为你带来两种不同的效果——一种是已经讲述过的直接效果，而另一种则是媒体宣传效果。《德国手工业者报》就曾大举报道过高密度建筑论坛。同样的道理，在德国花园日活动中被采访的活动组织者以及土地规划师一定会通过媒体对他们的报道获得自己的客户。

俱乐部谈话可以选择的话题

你可以参加哪些活动而向潜在客户介绍你的企业、产品或者服务项目呢？舞台的形式是多种多样的，但并非所有的舞台都能为你带来相同的影响效果。有一种"俱乐部谈话"能帮助你产生非常有效的影响。这些演讲者往往受到（俱乐部）内部组织的活动邀请，很可能是为了在餐会时给其他与会者简短地讲述一些重要的行业信息。这些餐会的不同之处在于，你希望影响到的目标客户是哪些？你踏上的是否是适合你的舞台？

谁是你的目标群体领导者？

银行	工业联合会	学校（职业学校）
职业联合会	创新者	进修课程
教育类	各种联合会	服务行业俱乐部
贸易联合会	教会组织	理财
顶尖企业社交圈	会议	捐款者联合会
消防队员	医院设施	运动俱乐部
新开业的公司	客户大会	企业的结构
企业活动	经理人俱乐部	小组会议
各种社交圈	市场营销俱乐部	大学
高尔夫俱乐部	展销会	联合会
手工业者联合会	企业员工活动	协会
建筑测量	国内演讲者组织	保险
潜力巨大的俱乐部	人际关系网络	管理
工商手工业者联合会	广播节目	夜间培训大学
工业协会		诸如此类

Es gibt die
Sonne, den
Mond, die Luft,
die du atmest-
und die Rolling
Stones.

这个世界上有太阳、有月亮，有你每天呼吸的空气，也有滚动的石块。

——滚石乐队吉他手凯斯·理查德斯

服务咨询矩阵：有效地管理人际关系网

在这里我给你一个小小建议，与其让客户被你企业的员工随机地服务咨询，不如事先做一个计划，指定哪位员工应该为哪位客户服务。这样的计划远比简单而模糊不清的指令要清晰有效得多。从左图所给的例子中可以看出，这十位客户在该次活动中都会得到三次与公司员工谈话的机会——第一次为欢迎客户的到访；第二次是在活动中的第一次休息时；第三次则是在晚间活动时。为了能更有效地引导这样的对话，可以事先与员工分别进行有针对性的演练，分析有可能出现的问题与困难，再进行逐个击破，通过寄送演讲的书面文稿或者与其他与会者建立联系的方式。

企业开放日？你可以试一试别的

你看到的"厨艺大赛"是原设计活动的升级版。比如，一位厨具生产商可以为了宣传自己而在当地举办厨艺大赛。

怎样让一位眼镜商上电视

一位眼镜商在电视节目中通过一种罕见的打折方式为自己做宣传：谁要是在购买太阳眼镜时自愿在眼镜店的橱窗中做模特，那么他就获得相应的价格折扣，其中最高额度为：30分钟模特为30%折扣。这一举动甚至引起了当地电视台的兴趣，该条消息在电视节目中滚动播出了70多次。眼镜商韦恩多夫对这一结果感到十分满意。

有魅力的合作伙伴让你更具吸引力

这里还有一个典型的合作案例，航空公司提供竞争大奖，同时培训组织提供获得该项大奖的专业培训，作家则撰写如何获得大奖的指导书籍。如何才能实现合作宣传？作者的答案是给你期望的合作伙伴打个电话。

联系战略：请你做我们的专家

请你自问：能够回忆起多少个令人激动的会议合议环节？一个都没有吗？也许你已经知道，古希腊餐会并不是用来培训的，而是一种传统庆典礼仪，在这样的庆典上，人们是要对着葡萄酒发表演说的。随着时间的推移，在今天，中期休整对话以及吧台对话已成为每个大型会议最重要的组成部分。既然有这么多方便的对话机会，我们为什么还要强调会议中的合议环节呢？因为这是一个对于活动组织者非常有利的沟通方式。谁要是不愿意参加整个会议，那么他便会作为专家级别的嘉宾被邀请参加合议环节。

联系战略：采访

采访某个行业的专家同样也是与行业中潜在客户以及有实力的合作者建立联系的有效机会。

采取这样迂回的方式，同样可以通过企业周年庆典报告或内部通讯报道来宣传自己。

联系战略：建造舞台

人们应该通过什么方式来认识排行前十的顶尖人力资源专家呢？比如，利用当地电视台，发起并组织一次大型电视节目讨论会等。为你想认识的人创造一个互相认识的机会。完全不必担心活动的场地不是巨型会议厅或参加者不是当地业界的顶尖专家。即使你组织的只是一个小范围的公开讨论会，你也一定会为参与者的积极性感到惊讶。因为无论活动规模的大小，对于组织者来说，它都是一个新的

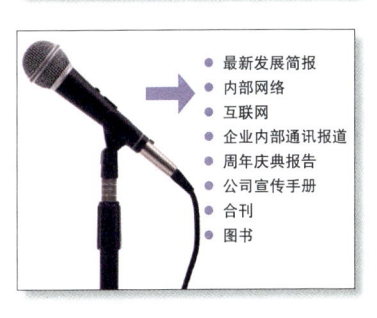

Gegen Angriffe kann man sich wehren, gegen Lob ist man machtlos.

面对攻击人们痛苦不堪，面对赞美人们失去抵抗的能力。

——西格蒙德·弗洛伊德

你可以为所在行业中极其优秀的个人以及企业颁发一个奖项。

宣传方式，而对于被邀请者来说，它则是一个向众人介绍自己的绝好机会。

你可以颁发一个奖项

培训者联合会每年都会为优秀的培训师颁发"××大奖"，从而增强这个会议的影响力；卑尔根·恩科海姆小城每年也会为作家颁发"城市荣誉作家大奖"，该城的文化项目也将这个图书行业每年一次的颁奖大会列为重中之重，并以此吸引国际文化旅游界对该城市的重视。一个奖项成就的绝不仅仅是其获得者。那么你的企业为什么不能也设立一个奖项呢？

关于设立奖项的五个建议

1. **你一定要清楚，你想实现什么样的目标**

   这个奖项的设置能为你的企业带来什么？奖金的捐助者更倾向于奖励一位社会问题专家、市场划分合作者还是新客户的引入者？无论什么名称的奖项，它们都是以宣传企业为目的的。当然，可以为自己企业内部具有创新能力的员工设立一个奖项。

2. **调查一下，什么名目的奖项已经存在了**

   倘若你能够找到一个新的颁发奖项的理由，那么它能够提高你所提供奖项的知名度。在命名一个奖项时通常是用该奖项资助者的名字。这里需要注意的是，比较通用的命名规则是不选择企业的名字直接命名奖项，而是选择一个不太有功利性质的名字。

3. **指定声名显赫的评奖人**

   学界、文化界、媒体行业或经济学界著名的赞助方、评奖人、出资者都是一个大型奖项能够成功的关键因素，所以关键的一步就是与中小企业建立密切的联系，以便更多获得与这些人物联系的可能性。

4. **建立你的可信度**

   一个严肃的奖项必备的两个特质是长远的计划以及持久性。一位含蓄内敛的创办人、一组置身事外的评委、行业内公允的被提名者，以及长期人力层面上的投入，都是人们评价一个奖项是否具有可信度的因素。有价值的奖项不是那些即兴之举。谁要是仅仅想通过设立奖项开拓市场或者作为营销手段，那么必将导致该企业行为轻率并损害其整体形象。

5. **不要低估设立一个奖项所要付出的投入**

   为了设立一个奖项所需付出的人力与财力很可能会非常高。构架、宣传、沟通、组织以及颁发都需要巨大的投入。作为一家小型企业，你可以作为某一奖项的资助人之一，从而减少在人力与财力方面的投入。

20

第20章 需求引领
BEGEHRLICHKEITS-ENTWICKLUNG

激烈竞争中的营销
Verkaufen im Verdrängungswettbewerb

"我可以反对，除了探寻尝试的欲望。"

奥斯卡·王尔德

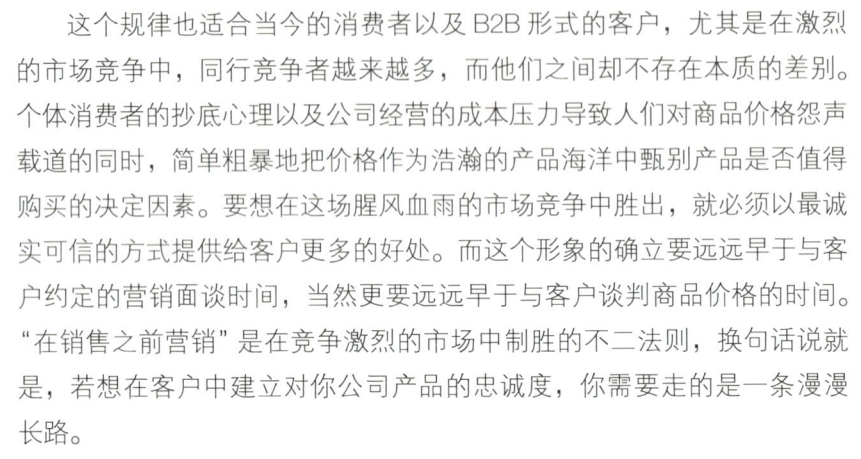

这个规律也适合当今的消费者以及 B2B 形式的客户，尤其是在激烈的市场竞争中，同行竞争者越来越多，而他们之间却不存在本质的差别。个体消费者的抄底心理以及公司经营的成本压力导致人们对商品价格怨声载道的同时，简单粗暴地把价格作为浩瀚的产品海洋中甄别产品是否值得购买的决定因素。要想在这场腥风血雨的市场竞争中胜出，就必须以最诚实可信的方式提供给客户更多的好处。而这个形象的确立要远远早于与客户约定的营销面谈时间，当然更要远远早于与客户谈判商品价格的时间。"在销售之前营销"是在竞争激烈的市场中制胜的不二法则，换句话说就是，若想在客户中建立对你公司产品的忠诚度，你需要走的是一条漫漫长路。

然而，我们能够获得的建议大部分是关于如何提高企业利润的。而为了达到这个目的，他们又告诉你，你应该如何在见客户第一面时巧妙地与他们周旋。不幸的是，几乎没有人能够回答下面这个问题："我应该如何获得与客户约见的机会？"或是："客户们如何才能自动找上门来？"

在前面的章节中，已经介绍了许多方式，通过这些方式你可以主动走进客户的视线。在本章，进一步介绍与客户建立密切联系的方法，且向你展示应该如何将与客户关系发展的节奏握在自己手中。在这些方法中并不包括使你投入大量营销费用的手段，比如，花销甚高的群发邮件、大规模的广告宣传或者借助其他要价昂贵的广告公司。多花钱少动手的事情谁都可以做。与之相反，作者向你介绍的是资金投入虽然少，却需要大量新鲜创意与行动的方法。从作者日常实践中获得的经验来看，作者完全清楚"欲望"在其中起着多么大的作用。要知道对于任何一家企业而言，欲望都是成功的利器。仅仅需要一天的时间，你就可以了解对方的强项以及可接受的条件，并且以此为依据做出相应的战略调整。人们只需清楚事情的关键所在——就像阿基米德所说的："给我一个支点，我能撬起地球！"接下来的内容将向你逐一介绍销售与谈判的方式，也就是帮助你的公司完成通向顶尖位置的最后 2% 的路程。

销售就像谈恋爱

成功是由许许多多小的步骤叠加组成的

请你想象一下，一个你完全不认识的人就这么大摇大摆地走到你面前，然后大大咧咧地问："嗨！你愿意和我结婚吗？"我打赌，你肯定会说不愿意。令人舒适愉悦的人际关系通常都是缓慢地一步一个脚印建立的，当然与客户建立关系也不例外。假如你能在正确的时间向客户发出信号，用恰当的方式引起他们的兴趣，巧妙地彰显你的品质并且适时发出购买邀请，那么你将如探囊取物一般，稳稳地赢得你的目标客户。

98%+2%=100%

倘若你希望获得一些有关营销的技巧，那么在目前这种趋势下，如果你能获得一个向客户销售产品的机会，有98%的可能性你获得的是如何在销售过程中与客户周旋的方法。不过却没有人正面回答这个问题："我该如何行动才能获得一个向客户销售产品的机会呢？"相似的情况也发生在许多行业。人们花费98%的时间与精力思考他们应该如何应对——当客户找上门来时。在作者向作者的客户推荐欲望引导方式的过程中，作者的客户与作者都不时地为实现无数的可能性感到惊讶，即使对于那些行业领域的领先公司也一样。无论使用何种方法，要达到的目标都是一样的，即新的利润纪录。

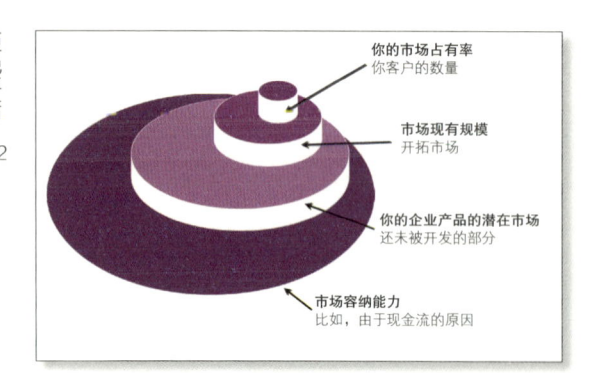

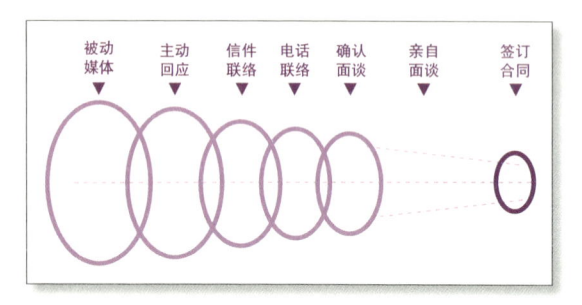

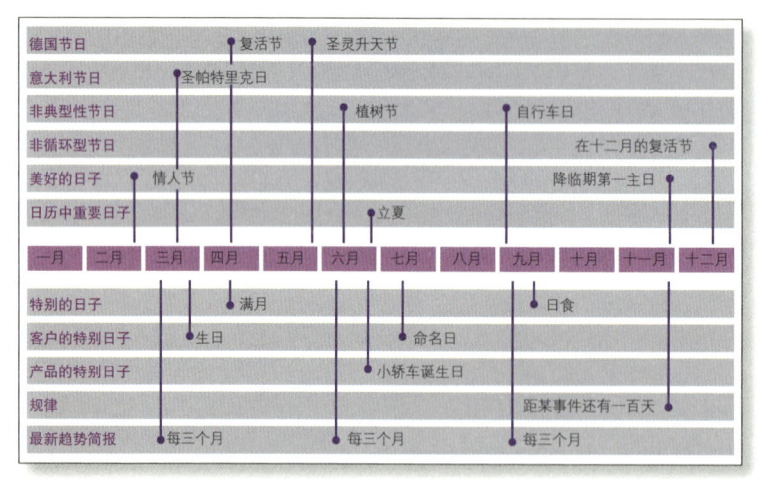

标尺：你想到达哪里？

定义你心目中的顶尖位置——这个标准会在你开发产品的欲望战略中自然而然明确下来。其中的一个可能性是，你将比较你产品目前的市场占有率以及未来的市场占有率，制定相应的增长目标。下页的第1~10个问题可以帮助你思考你的潜力水平。

优化潜能：改变的额度

根据图示——从第一次接触到亲自面谈——哪些是你在整个过程中的薄弱环节？是什么原因导致的这个薄弱环节？针对此问题，你可以做些什么？超过一定比例的客户流失显示在哪些方面你还可以完善你的战略。下页的第11~22个问题可以帮助你理清思路。

对外产生影响的日历

倘若我们不想变得平庸，那么我们处理事情的方式就必须与我们的竞争对手不同，这也正是这本书想向你传递的信息。在不断变化的竞争中，企业的成功是一连串深思熟虑行动的结果。上图所示的是另外一个你可以利用的工具——产品"对外产生影响的

> 你需要关注的问题并不是每天可以赢得多少客户，而是每天没有赢得的客户数量以及流失的客户数量。

日历"。之所以制作这个日历，就是想帮助你在全年都能与客户保持联络，并且给他们带来惊喜、向他们展示你的产品让他们开心。比如，一家汽车销售商能在每年每一个曾经光临他们的客户生日那天寄出生日卡片。我敢保证，收到生日卡片的客户一定会感到惊喜。

你应该尝试寻找一些不同寻常的方式代替大多数人都会选择的方式以引起客户的注意，唤起他们对你的记忆，争取出奇制胜。除了传统的节日，还有一些特别的节日可以运用，比如万圣节以及各种各样的一年一度的纪念日。

你还可以自己创造一些特别的日子来突出某些时刻（如"距某事件还有一百天"）。此外，附上你的最新发展简报，你的客户绝对不会轻易忘记你。

没有适合你的世界纪念日？你可以申请一个

我不知道是谁在 UNESCO 申请注册了"世界读书日"。如果有人告诉我，这个日子是一位图书销售商注册的，我完全不会感到意外，因为这个日子是整个图书销售行业市场营销的一个重要手段。话说回来，图书销售商能够做的事情，你同样也可以效仿，难道不是吗？我的一位客户是烤箱制造商，而他则计划申请一个类似"世界锅铲日"的纪念日。即使他不能成功申请，至少他给了其他人一个有益的启示。

在你的战略发展过程中，你最大的潜力在哪里？
你应该如何提高你对外的影响力？

在你的战略发展过程中，从你最大的潜力处开始，从现在做起！

分析你客户流失的原因

在哪个环节中,你失去的客户数量最多?通过回答以下这些问题便能找到相应的答案。它从你的目前情况开始一直到你清楚应该如何优化你与客户之间的联系方式。

1. 我的客户都有谁?
2. 我所拥有客户的分布区域有多广?
3. 谁认识我的(理想)客户?
4. 我的客户都在哪些地区?
5. 有多少客户在我所处的地区?
6. 有多少客户从我的竞争者处购买同类产品?
7. 当潜在客户的需求被唤醒时,我又会有多少客户?
8. 有多少客户会购买一个日常所需的产品?
9. 还有哪些人虽然不是我的客户,但我也要联系他们?因为他们认识我的(理想)客户。
10. 有多少公司是我的客户?

中间总结:总的潜力

前10个问题帮助你找到你的潜在客户。接下来的问题将帮你定位你主要在哪些环节没有赢得客户,甚至失去了客户。

11. 我认识多少潜在客户?
12. 为了认识其他的潜在客户,我应该做些什么?
13. 有多少客户有或者可能有所谓的被动的联络方式?
    (被动的联络方式指的是那些或者认识我个人,或者认识我企业的LOGO,或者看过我的宣传广告,收到过我发的邮件,然而却没有足够的动力与我取得联系的客户。)
    为什么我没有在这个环节赢得这些客户?
14. 这其中又有多少客户是"没有视觉和听觉的联系"?
    (指的是那些虽然通过广告信函或者电子邮件等方式与我取得了联系,却没有真正与我通过电话或面谈过的客户。)
    为什么我没能在这个环节赢得这些潜在客户?我当时的反应是怎样的?客户当时的反应是怎样的?
15. 这其中又有多少客户"只有电话联系却没有见过面"?
    为什么我没有在这个环节赢得这位潜在客户?我当时的反应是怎样的?客户当时的反应是怎样的?
16. 这其中有多少客户曾经与我面谈过?
    为什么我没有在这个环节赢得这位潜在客户?我当时的反应是怎样的?客户当时的反应是怎样的?
17. 这之中又有多少客户曾经与我约定面谈时间(依照他们不同的需求)?
    为什么我没有在这个环节赢得这位潜在客户?我当时的反应是怎样的?客户当时的反应是怎样的?
18. 这其中有多少客户与我约定过介绍产品的时间?
    为什么我没有在这个环节赢得这位潜在客户?我当时的反应是怎样的?客户当时的反应是怎样的?
19. 这其中有多少客户购买过我的产品?
    为什么我没有在这个环节赢得这位潜在客户?我当时的反应是怎样的?客户当时的反应是怎样的?
20. 这其中有多少客户给我写过推荐信?
    为什么我没有在这个环节赢得这位潜在客户?我当时的反应是怎样的?客户当时的反应是怎样的?
21. 这其中有多少客户得到过售后服务?
    为什么我没有在这个环节赢得这位潜在客户?我当时的反应是怎样的?客户当时的反应是怎样的?
22. 这其中有多少客户再次购买了我的产品?
    按照该逻辑,你可以自行拓展符合你公司销售流程的后续问题。

21

第21章
销售心理学
VERKAUFS-
PSYCHOLOGIE

销售语言中的十二条金句
Die zwölf Phasen des Verkaufsgesprächs

"上帝赐给我们每人一张嘴与两只耳朵，就是告诉我们要多听少说。"

这是歌德的名言。这位雄辩的演说家、是否恪守自己所说的话，我们就不得而知了。不过在销售过程中，歌德所说的这条定律却是十分重要的。只有当一个客户感到自己是被理解、被认真对待的情况下，他才会与你签订购买合同。成功的销售并不是仅仅由产品本身决定的。在今天极其丰富的市场中，客户面对的是大量的拥有相似价格、相似特性的产品，而他们需要在这其中选择一种购买。也正是这个原因，客户区别产品或者生产销售商的依据就演变为：你是否能为客户提出严肃认真的建议，能够理解客户的个性化需求，让客户感觉到信任。

客户购买的并非仅仅是产品本身，更多的是解决问题的方法；不是一把螺丝刀，而是一颗颗拧紧的螺丝。这个观点在这本书中已经反复强调过。也就是说，你不要期待一个成功的销售行为仅仅通过对产品天花乱坠的描述就能实现，而且假如客户在做出购买决定前对某种产品抱有不良的印象，那么任凭销售人员如何巧舌如簧，也不可能拿下这份订单。这是不能改变的事实。销售是一个漫长的过程，它开始于你第一次与客户接触，结束于你最终与客户相互道别。从准备与自我激励到进入谈话再到达成一致开展后续工作。倘若你能将每一步所包含的工作都落实到位，那么毫无疑问，你一定能够促成一桩成功的生意。"没有一个成功者是相信运气的"，尼采如是说。顶尖的销售者对每次销售谈判都做过深思熟虑的计划，并且能以王者姿态自信地出场，再辅以为客户量身定制的购买理由，这些都是与客户建立长期联系的保证。当然在整个销售过程中，最核心的是对客户的需求分析。

许多销售人员总是自以为是地在客户正确认识自身问题之前，为其总结出一套"最优的"问题解决建议。这样做的结果是：即使销售人员提出的解决办法客观合理，客户也不会选择购买。因为他们感觉自己被诱导了，在一时冲动之下做出某个决定的事情是他们（也是大多数人）希望尽量避免的。也就是说，在一次销售商谈中，有意识地停止你的滔滔不绝，安静耐心地倾听客户的意愿，并且提出相应的解决之道，对于获得成功的销售结果是非常有效的。在销售商谈中，"留白"是非常重要的一环。

专家谈判模板

1	**2**	**3**	**4**	**5**	**6**	**7**	**8**	**9**	**10**	**11**	**12**
准备阶段 谁要是有先见之明,谁就不必事后补救	**个人动机** 没有声音就无法一呼百应	**会面** 你永远没有给别人留下第一好印象的第二次机会	**进入谈话** 没有询问症状就难有诊断处方	**分析** 拥有帮助客户认清问题的能力,可你解决问题的能力	**演讲** 要想让演讲效果显著,就必须言之有物	**回应异议** 能够巧妙地应对许多"是的,不过……"	**谈判** 你不是得到你理应得到的,而是通过谈判争取后努力得来的	**主动出击** 假如这个销售谈判所包含的应该比一个好的销售谈判还要多的话	**达成一致** 当我们销售时,成果显示价值	**告别** 行百里者半九十	**后续工作** 好记性不如烂笔头,不用记得的就选择忘记

销售商谈十二阶段

销售是一个过程,它并不是随着销售谈判的开始才开始的,也并非随着销售谈判的结束就结束了。一个销售专家会对整个销售过程中的每一步都做好战略部署,他不会任由命运来决定他是否能够成功。

消费者不可避免的心理

- 所有的产品都是一样的,或所有的产品都是同样被生产出来的。
- 所有的销售人员都在"故弄玄虚"(即使只有一个曾经这样)。
- 对于功能以及价值的多样性我并不感兴趣。
- 不用听销售人员说得天花乱坠,直接比比看哪家的价格更便宜。
- 无所谓什么意见,只是需要支付钱款的多少。
- 没有什么关系的存在,只有过程。

> 谁要是有先见之明，
> 谁就不必事后补救

第一阶段：准备阶段

充分的准备工作可以增强你的自信。内心的安全感以及正面的自我认识都是成功销售的关键因素。无论你个人更喜爱运动还是更愿意与人接触，顶尖的销售者都有一个共同之处，即热爱自己的工作。

检验你的准备是否充分：

- 你是如何定位自己的（你的权利、你所具备的特征）？
- 关于客户你都了解多少（市场、直接竞争者、最新情况、决策者……）？
- 客户具体为什么会购买你的产品或服务呢？
- 如何让客户切实感受到你提供的产品或服务刚好具备他所需要的功能？
- 你会选择什么策略与客户商谈呢？
- 你这次商谈的目标是什么呢？

没有声音就无法一呼百应

第二阶段：个人动机

但凡成功人士都不需要其他人给予他们"动力"，他们总是自我鼓励。当然，他们还能够控制自己的情绪。你能想象得出，有多少客户流失是由于对销售服务不满以及失去兴趣造成的吗？德国市场营销研究所做的调查统计结果显示，因对销售服务不满而流失的客户数量为70%。积极主动地拜访客户会让你在市场竞争中获益匪浅。

自我激励的小窍门：

- 你一定要为你的职业感到自豪。
- 请你不要带着不良的情绪做自我介绍，那样会使你显得没有力量。世界是什么样子的，主要在于我们怎么看待它。我们要对自己的生活负责，我们自己决定自己的心情。
- 请你学习控制自己的心情，要多想想"好的方面"：给自己一个微笑，想一些美好的事情，成就自己的成功。

> 你永远没有给别人留下
> 第一好印象的第二次机会

第三阶段：会面

当两个人相遇，他们可以在几秒钟内知道彼此是否喜欢对方。连同对方的能力以及可信度我们也能够在很短的时间内做出判断，这是我们与生俱来的能力。只是这个先入为主的习惯我们应尽量避免使用，但是我们却不能否认它的存在。这也就是为什么你在客户面前出现的首次印象是如此重要了。

面谈时你应该注意的事项：

- 注意你外表的整洁与衣着的得体。
- 请你阳光、友好地走向你的客户。
- 对你的客户真正产生兴趣。要记住，你对面的人能够感到你是否真心实意。
- 为你的商谈打造舒服的环境，并且营造良好的氛围。
- 注意称呼你客户的名字。假如遇到你不理解的地方，一定要虚心向客户询问。

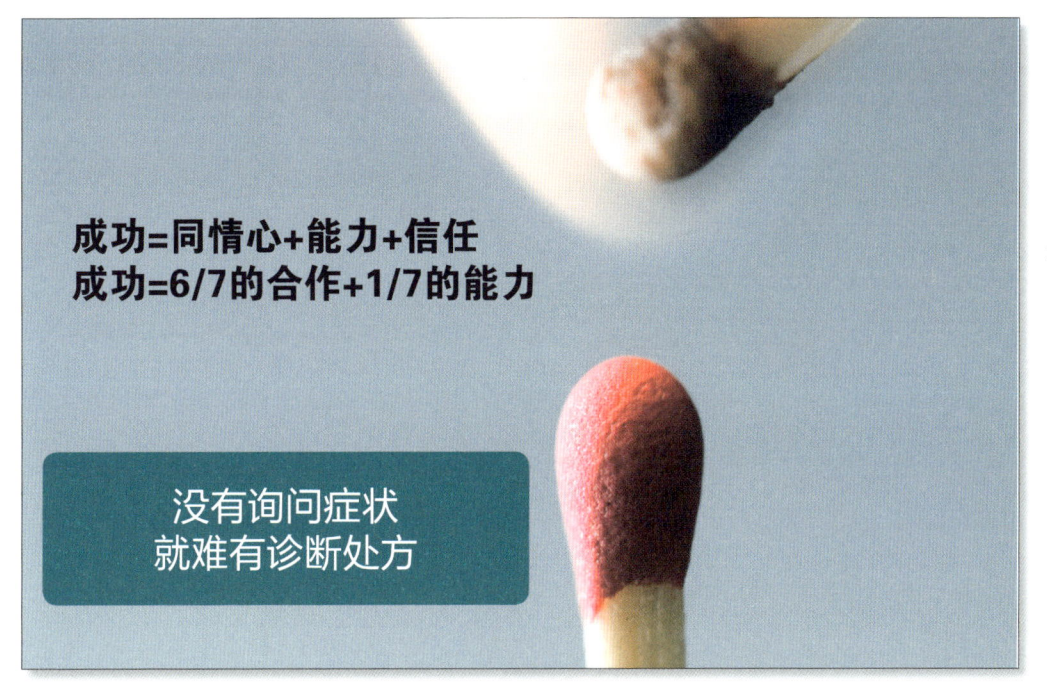

> 成功=同情心+能力+信任
> 成功=6/7的合作+1/7的能力
>
> 没有询问症状
> 就难有诊断处方

第四阶段：进入谈话

这一阶段你需要做的是加强你留给客户的良好印象，赢得客户的信任以及展现你的能力。通过一个简单的日常话题建立你与客户之间的关系。除了天气与路况以外还有很多其他可以选择的主题：共同的商业合作伙伴、客户的成功之道或工作经历、客户的个人爱好……你可以通过适当的介绍来凸显你公司的形象以及你的个人能力，并借此唤起客户的注意。

小建议：

- 充分准备你的个人介绍。
- 在引入谈话阶段寻找你与该客户的共同点，避免谈论有争议的话题。
- 避免老套的开场白，使用能够唤起对方兴趣以及注意力的对话（精心准备）。
- 用不可抗拒的选择理由唤起你的客户对你的兴趣。
- 这些理由可以是：小礼物、重要的信息、一段视频、行业信息、共同的朋友、特别的服务、推荐信、使用效果、熟人、客户与你的共同点、时下的趋势等。

> 拥有帮助客户认清问题的能力能够使客户认可你解决问题的能力

第五阶段：分析

整个销售中的核心部分是对客户的需求进行分析。如果你因为肚子痛去看医生，而医生什么也不问，就给你打了一针，并宣称："这样你就能痊愈了！"即使这位医生说得没错，但可以肯定的是，你下次一定不会再找他。太多的销售者用太快的速度介绍他们的商品而完全无视客户的需求。倘若一个客户能够从销售员处获得对他有价值的信息，那么他在做购买决定时会更加轻松且坚定，因为他能够切实看到这次购买行为为自己以及其他人带来的好处。

小建议：

- 花费一些时间研究客户购买此类产品的原因。
- 请你允许客户向你提出问题。
- 向你的客户提出开放式的问题，以便他能更直接地表达自己的意愿。
- 准备一些能够让你的客户表达他目前面临困难的问题。通过这样的方式你能加强客户对你提供信息的信任度。帮助客户拥有认清问题的能力可以使客户认可你的能力。
- 注意倾听客户的声音，关注他们在交谈中所提出的问题。

你的销售人员都能向客户推荐什么解决方法？他们通过什么方法做好充分的准备，以便有说服力地向客户分析他们的现状呢？

需求分析进阶

一个来自得克萨斯的年轻人在加利福尼亚的一家大商场寻求一份工作。商场经理问他："你在销售这方面有没有相关的工作经验？"这个年轻人回答道："有，我在得克萨斯老家时是一名推销员。"这位经理很喜欢这个年轻人，决定雇用他，于是说："你明天就可以来上班。等到商场打烊时，我会下来检查，看看你工作得到底如何。"

新工作开始的第一天并不容易，不过这个年轻人表现得十分不错。商场打烊之后，经理来到这个年轻人面前，问道："你今天服务了多少顾客？"年轻人回答道："一个。"经理听后十分惊讶："我的员工平均每天都要为20~30位客户服务。那么你从这位客户的身上赚了多少钱呢？"年轻人回答道："101237美元64美分。"经理更加惊讶了："101237美元！？你都卖给他什么了？"这个年轻人说："嗯，刚开始的时候我卖给他一个小号钓鱼钩，接着又卖给他一个中号的钓鱼钩，然后又卖给他一个大号的钓鱼钩，再接着我又卖给他一根新钓竿。后来我问他，你这是想去哪里钓鱼。他说，他要去一个小岛上钓鱼。所以我就对他说，你还需要一艘小艇。然后我们就去了游艇销售部门，我推荐他买了一艘克里斯－克拉夫特摩托艇。然后他又觉得，他的丰田汽车很可能没那么大的马力来拖这艘摩托艇。于是我们又来到汽车销售部门，在那里我向他推销了一辆SUV。"经理总结道："你卖给一个只想买鱼钩的人一艘摩托艇跟一辆越野汽车？"这个年轻人说："也不全是，他是来给他妻子买止痛药的。然后我就对他说：'这个周末反正是泡汤了，那么你为什么不从汤里钓几条鱼出来呢？'"

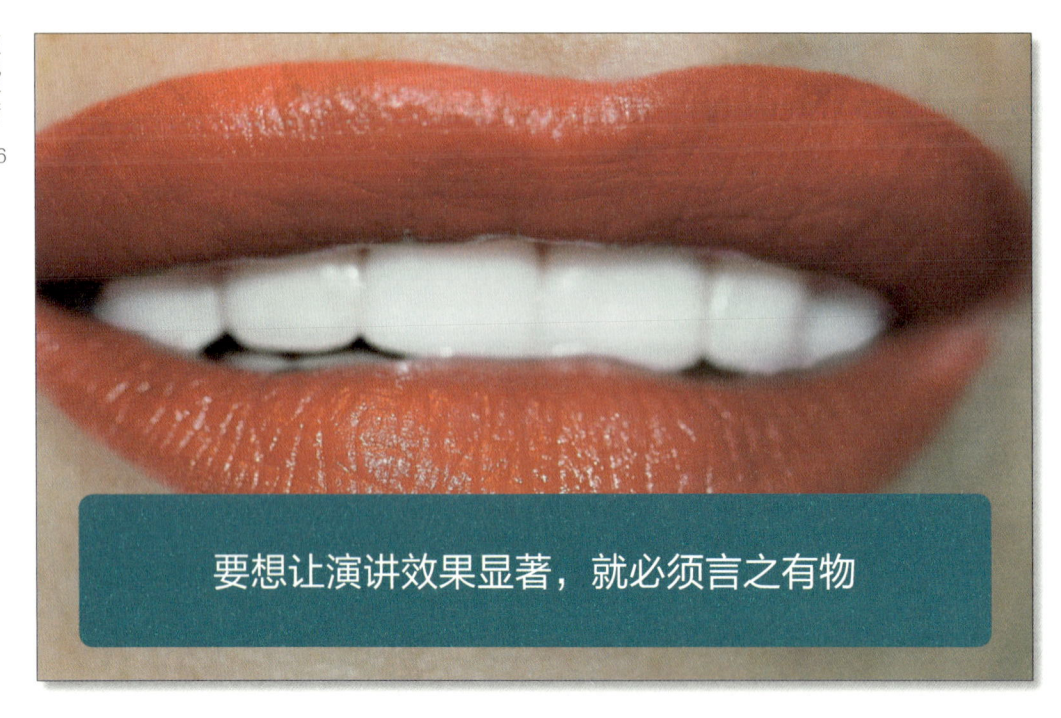

> 要想让演讲效果显著，就必须言之有物

第六阶段：演讲

"鱼儿们必须觉得鱼饵美味而并非鱼钩美味"，这是一条古老的销售箴言。你一定要把客户的个人需求作为你销售演讲中最核心的部分——假如你能够抽丝剥茧地明确你的客户需求，那么你就能知道你的箭应该往什么地方射。你还要注意，在演讲中应尽量回避专业用语以及枯燥繁多的产品数据；一定要使用人人都能理解的语言。

小建议：

- 你演讲的内容不要超越客户能够理解的范畴，你应当尽量使用客户能明白的解释方法："对你来说，这就表示……"
- 不要逐一罗列产品的特性，而是着重阐述对客户有益的部分。
- 向客户多传达购买理由与依据，而并非你的个人保证。
- 在你展示具有说服性的结果时，请避免使用"不确定"的词语（如事实上、理论上、很可能、将会是、有这种可能性、只是、不过等）。
- 请不要忘记，客户购买的是解决问题的方法，而非产品本身。

更多实际操作建议：

- 在销售商谈过程中给客户表达自己的机会
- 让产品自己证明自己
- 给客户提供模板，或者试用的机会
- 宣传材料整合
- 部分有说服力的数据以及技术说明文档
- 照片或草图
- 表格、图表、显微镜照片或航拍照片
- 草稿或计划
- 组织结构图（内部人员职能）
- 分店以及服务网点一览
- 使用大型显示板辅助展示你的演讲内容
- 宽敞明亮的房间以及投影仪
- 幻灯片以及配音图片
- 电影以及短片
- 功能展示或模拟功能展示
- 流程图
- 检测网点或者检测机构
- 来自实际的具体例子
- 技术部分个性化适配
- 费用计算
- 优点与缺点的公开讨论

> 能够巧妙地应对"是的，不过"，就能够省得许多"是的，不过"

第七阶段：回应异议

为客户提出异议感到高兴吧。要问为什么？只有提出异议的客户才是真正对你的产品感兴趣的客户。一个根本不将你的产品考虑在内的客户是没有任何意见的。千万不要被客户"是的，不过"的话吓到，而应该把这句话当作客户要购买你产品的信号。一个能使人信服的消除异议的过程，绝对是销售过程中迈向成功的里程碑。你要想办法用一个回答来终结客户接下来所有的"不过"（就像妻子问："亲爱的，你还爱我吗？"为了避免更加尖锐的问题出现，聪明的丈夫回答道："这个答案你自己心里清楚得很啊……"）。

小建议：

- 为常见的异议准备好充分的回答。
- 严肃认真地对待客户的异议，但是不要针对个人。
- 除此以外，给客户提供足够的有关于此的信息以及其他客户在这方面的实际经验。
- 当你发现客户在犹豫，可以直接说出他们内心的疑惑。

> 你不是得到你理应得到的，而是通过谈判争取后努力得来的

第八阶段：谈判

"这里一定还有可以谈判的余地，是不是？"作为销售人员，你不要主动挑起类似的话题。根据实际经验，客户总是觉得在价格方面还有压低的可能，或者他们认为他们总是付出了比较高的价格。那么你一定要强调，你所提供的价格是基于产品的成本、性能以及用途，通过全方位考虑而制定的，再压低的可能性是不存在的。

小建议：

- 为你的谈判做好充分的准备——你应该熟悉，比如竞争对手在该产品上的标价。
- 一定要将产品的价格不断与其所能实现的功能联系起来。
- 一定要反复强调你的产品能帮助客户解决问题，以此来强调价格的合理性。
- 当你不得不在价格上做出让步时，请不要忘记也适当减少所卖产品的功能。
- 你可以通过赠送一个附加的商品/礼品来交换降低价格的要求。
- 一定不要为了销量而接受"所有的价格"。对一次销售不能成功而有所准备，将更加凸显你的产品的专业性与价值。

假如这个销售谈判所包含的应该比
一个好的销售谈判还要多的话

第九阶段：主动出击

你的客户已经准备结束这场交谈了吗？为了证明这个猜测，你可以总结你在整个过程中所讲述的重点，其次罗列产品的功能并询问你的客户是否还有重要的问题没有被解答。最后向你的客户提出问题：我们的产品符合你的设想与要求吗？客户只需要回答"是"或"否"。倘若你的客户表示还需要再考虑考虑，那么你可以有意识地鼓励他："我完全可以向你保证，如果你今天选择我们的产品，那么你一定会在使用过程中非常满意！"

更多的建议：

- 即使是在商谈过程中，你也可以向你的客户询问他的想法（"对此你能接受吗？""你是不是也同意？"）。
- 一定要帮助你的客户清楚地认识到，某一个未被解决的问题对于他们来说意味着什么。
- 你还要有意识地主动凸显你产品的优越性。

> 绝大多数购买合约未能达成，主要是销售员没有在商谈之后继续跟踪

> 当我们销售时，成果显示价值

第十阶段：达成一致

绝大多数人怀有对失败以及错误的恐惧，因此也就不奇怪，为什么大多数销售员害怕从客户口中听到拒绝的回答。与其被拒绝，很多人宁愿选择等待。事实恰恰相反，你越是显得自信，就越能成功。你只要想一想：仅仅是因为"销售员没有把握时机再追问过"这个原因，就导致大量的购买合约不能最终签订。

小建议：

- 在销售商谈的最后，给你的客户签了订单合约。
- 请你的客户"为了表示同意而签署自己的名字"。千万不要说："你还需要在这里签字！"
- 告诉还没有做出最终决定的客户，你十分看重他的决定。请你不要忘记向该客户询问，为了帮助他下定决心，你还可以做些什么。
- 一定要主动向客户询问你是否可以再次与他取得联系。

> 行百里者半九十

第十一阶段：告别

你可以利用告别这一环节给你的客户留下一个美好的印象。如此，你便为双方的商业合作打下了一个良好的基础。请你一定不要忘记，客户最终做出是否购买产品的决定是在与你道别之后。你可以在这时预祝双方能够达成商业合作。

小建议：

- 请你不要犹豫，而要明确表示："你将会发现，你所做的决定是正确的！通过使用这个系统，你将节省大量的费用。"
- 在商谈结束时向客户致谢，并表示你为双方能在未来达成商业合作关系而感到荣幸。
- 询问你的客户，他在未来还可能会对什么样的产品感兴趣。
- 在成功的商谈结束后，询问你的客户是否还有其他建议。
- 请你为拉近关系的对话多预留一些时间。
- 对并未能与你成功结成合作关系的客户同样友好。因为或许下一次就能成功呢！

> 好记性不如烂笔头，
> 不用记得的就选择忘记

第十二阶段：后续工作

本次销售之后便是下次销售之前。请你努力把每一位新客户培养成固定客户。为了达到这个目的，你公司的其他部门也必须配合你的销售工作。请你注意在公司内部为自己营造一个舒畅的工作环境。

更多建议：

- 在客户购买你的产品一段时间后，你可以通过电话、信函、电子邮件等方式回访他们，询问其对所购买的商品是否满意。
- 请你一定要严肃认真地对待客户反映的所有信息，对客户提出的批评及时做出回应。
- 为你的客户建立一个数据库（包括他们的个人信息、爱好等）。
- 悉心维护你与客户间的联系，使用你独特的方式让客户记住你。
- 经过一段时间之后，带着新产品去问候老客户。

22

第22章 谈判
VERHANDELN

你不是得到你理应得到的东西，
而是你通过谈判而努力得到的东西
*Sie bekommen nicht das,
was Sie verdienen, sondern
das, was Sie verhandeln*

"优秀谈判的关键在于，人们能够想办法得到他们想得到的东西。"

汉斯·哈勃如此表达他的观点，而经验丰富的谈判专家一定不会表示异议。在谈判中试图通过"战胜"对方而获得成功并没有太大的意义，因为得到这样的胜利一定非常费力，即使最后你能与对方签订购买合同，你与客户的关系也会变得非常紧张。当然，同样不值得推荐的做法是你单方面做出巨大的让步，因为这样就会助长客户的无理要求。事实上，除此之外还有一种被称作"双赢"的"黄金两全法"。"双赢"的意思是：真正做到双赢的谈判不仅能使谈判双方都心满意足地离开谈判桌，而且每一方都能达到他们在谈判前希望达到的目的。一方将他的价格稍微降低一些，另一方则在顶级组合与促销装置之间选定一款既能满足自己的需求又能够负担得起的产品。

成功的谈判者能在谈判时令对方感受到他作为成功谈判者的专业素养。这是商业行为中参与者通过专业知识与技能训练而形成的个人气场，并非单纯依靠个人好恶而产生的情感。常常很多谈判由于时间紧迫，双方不得不匆匆做出决定，而这样的决定往往也会让他们在第二天后悔不已。也有一些谈判的结果虽然不能令人满意，但是由其启动的项目依旧会如期进行，即使大家明明知道终止项目或撤销协议才是降低损失的办法。究其原因却再简单不过：人们已经在这个项目上花费了较多的时间、金钱与精力，就这样没有结果地放弃实属心有不甘。其实在每一次谈判中都有一些能够决定结果的时刻出现，谁要是能够在谈判中主动引导这样的时刻出现并且掌握处理这些决定性时刻的技巧，那么他就能够与对方达成一个成功的谈判结果。不过，是不是每一个人都愿意在谈判中使用这种战略，就是另外一个问题了。

在谈判之前做好充分的准备，在谈判之中谨慎应对是非常重要的，因为通过谈判所挣得的钱是所有挣钱方式中最快捷的一种。你可以计算一下，每一个小时的谈判可以为你带来多少利润。假如一名客户在 30 分钟内将一种你希望以 2500 欧元成交的产品以 1000 欧元的价格敲定的话，那么你平均每小时的损失是多少？在实际谈判中，你所遇到的对手只会在技术上越来越专业，在态度上越来越挑剔。在过去的几年中，企业采购人员这一职位越来越多地得到重视。今天，即使普通的消费者也能在一次价格谈判中比之前做更好的准备，互联网的普及让人们能够方便地比较各个供应商所给出的价格。以上所列的理由已经足够让你相信，成功的谈判并非只是巧合而已。

在商务活动中，理智大于情感吗？

让我们从一道智力测试题开始，假如你是一位军用飞机生产企业的老板，你现在手上有100万欧元用于秘密设计制造一款新型飞机。在你花费了90万欧元的研究经费后，有一家竞争企业向市场推出了一款比你正在研制的飞机更优质的产品。现在的问题是，你还会将剩余的钱继续投入这个项目吗？

在一次实际测试中，有85%的测试参与者选择了"会"这个答案。而在另一比较测试中，在飞机研制所花费的费用并没有明确给出的情况下，只有17%的人选择了"会将这个项目按计划实施到底"这个答案。一个已经花费了90万欧元的错误投资并不会因为再续投10万欧元而力挽狂澜。这样的错误行为不仅仅会出现在商业行为中，同样也会出现在人们的个人生活中，导致人们做出错误选择的不只是他们投入的金钱，还有他们投入的时间、精力等。不信的话，你可以问问你身边的人，既然他们不喜欢自己的工作，既然他们与生活伴侣的关系并不和谐，为什么他们却狠不下心来结束这个错误的"项目"呢……

狩猎狂热

谁要是在易趣网上拍到这件商品，一定会觉得自己做了一笔稳赚不赔的买卖——14欧元购得价值50欧元的宜家家居购物券。用这张购物券可以在宜家超市购买任何商品。这个交易真是让人怎么想怎么觉得划算。

麻省理工学院教授丹·阿瑞利总结，这正是拍卖参与者的习惯与心理，他们不断抬高自己的出价，想的却是不能失去这个已经开拍的商品。

永远不要接受第一个交换条件

谁要是不讨价还价，谁就会后悔不已

谈判是一个游戏，它遵循着严格的游戏规则。谁要想参与这个游戏，就必须遵守这些游戏规则。而这些规则中非常重要的一条便是，谈判开始后，对方给出的第一个价格并不是他们最终成交的价格。

双赢谈判

当这个共识在谈判中达成时，基本上就是一个双赢谈判了。单从事情本身来看，与你谈判的对方是抱有争取成功的心态，这时你绝对不能放弃。从心理学的角度来看，你与谈判对手肯定并不能令对方完全满意。当然一个"一赢一输"的谈判能够给"取得胜利"的一方更多的成就感与满足感。例如，你刊登一个转手你所用汽车的广告，你在车里摆放一些装饰品，要价 34000 欧元，并希望欧洲物品估价组织能够最终将你的这辆车定价为 30000 欧元。

场景一： 一个对你的汽车感兴趣的客户得知你的要价为 34000 欧元之后，直接拍板照付全价，完全没有讨价还价。这个时候，你的心里满意吗？不，你并不满意，即使是你得到了你想要的全价，因为你心里想的是，早知道就该要价 37000 欧元了。

场景二： 一个对你的汽车感兴趣的客户认为你开的价格过高，他尝试不断在这辆车上找缺陷，并给出一个明显低于你所能够承受的价格，即 26000 欧元。但是出于某种原因你还是满足了他的要求。你的客户会满意吗？答案是否定的，即使他以愿意付出的价格得到了车，他也会想，要是他的出价再低一些也能得到这辆车。

在上述两个场景中，买卖双方分别得到一次自己希望获得或给出的价格，但是双方对此都并不满意。

总结： 双赢谈判听起来非常不错，在未来的谈判中也是我们在客观层面上要实现的目标，但是在心理层面，可能不能令任何一方感到满意。一个能够满足心理层面的谈判通常只能在曾经产生"摩擦"的前提下发生。人们并不想要一个对双方都有利的结果，通常来说他们想的只有一件事情，那就是——独自取胜！

满意谈判心理学

聪明的谈判专家能够在谈判结束时给予对手胜利的错觉。也就是说谈判专家需要在谈判桌上营造一种氛围，既能够在对方大肆"攻城略地"的进攻下坚守自己的底线，也能够巧妙地在坚持自己立场的情况下满足对方尽可能多的要求，并且还能令对方在谈判最终感觉自己才是整场谈判中的胜利者。

"一赢一输"的谈判结果能令某些获得最终胜利的人拥有更好的感觉。

温柔地说话

在右图中所示的两个图形里，你认为哪一个图形是"Takete"，哪一个图形是"Maluma"？假如你认为图中右边那个云状的图形是"Maluma"，而图中左边由断点组成的图形为"Takete"的话，那么你与大多数人观点是相同的。这是在 20 世纪末语言学家沃尔夫冈·库勒尔所做的一个试验，即所有的被调查者被要求将两个新创造出来的词汇与两个形状一一对应地分成两组。该试验得出的结论是，语言不仅仅是传递内容的工具，同样也可以唤醒人类的情感。这个道理虽然是科研工作者早就清楚的，可事实上，许多公司在向客户介绍他们的产品时选用非常"Maluma"的温柔语句，而在与客户谈判时，却突然选择非常"Takete"的极具进攻性的语句。据统计结果显示，绝大多数言语温和的谈判最终能够取得成功。这也就表明，你应该在与客户谈判过程中尽量选择温柔的声音以及温和的措辞。

理由的陈述导致争论。

Fortiter in re,
suaviter in modo.
Stark in der Sache,
süß (sanft) in der
Form.

坚持原则，
温柔感化。

大胆开场原则

在谈判一开始你可以提出大胆的要求，让你的要求尽可能最大化，完全不必担心它是否符合实际情况。在这之后，你一定会为能实现的结果而感到惊讶。除此之外，你在整个谈判的过程中要保留可回旋的余地。

> 比你希望得到的结果多要求一些。
> 你希望的结果才会被满足。

相关性原则

在对方给你提供相应的便利之前，你坚决不能做出任何让步。倘若你需要给某位客户提供某种特殊的或附加服务，那么这位客户就必须为此付出高于普通价位的价格。因此，你需要在参加一场谈判之前通盘考虑谈判中可能涉及的问题，哪些方面你可以在对方做出相应补偿的前提下做出让步。只有这样，才不会在最后损害你的利益。

> 如此一来，需求与索取便联系在一起了。

开锁服务原则

当你下班回家发现钥匙忘在家中而进不去门了，正在心急如焚时，开锁服务承诺帮你打开家门，但你需要为此付出100欧元的服务费。你是不是觉得，只要能够打开门锁，这100欧元花得就绝对物有所值。而当开锁师傅在几秒钟内就让你的家门随着轻轻的"咔嗒"一声打开时，你肯定会生气地认为这100欧元的要价实在太高了。一种服务的价值在其达到目的后便会自然消失。因此，你必须在你提供的服务实现其应有的作用前与对方谈好价格。

> 当钥匙被带来时，开锁服务也就失去了价值。

注意力的控制

我们的大脑中有一个简单的固有程序，它总是会检查一个论断中的真相含量。无数脱口秀节目都曾以人类大脑中的这个功能为辩论主题，争论得不可开交。而后开始有人在该研究结果越来越普及的情况下尝试将这种普通的论断句式转化为修饰或问题的形式，从而逃避大脑的检查。举一个例子来说明人们是如何将其论断转化成修饰或问题的形式。人们不再说："通过使用我们的产品，你能够节省下很多钱。"而是说："你发现通过使用我们的产品你节省下多少钱了吗？"或者他们不再用宣称的口气说"我们的公司与我们的同类竞争者有着明显的不同"，而是询问客户："你知道我们公司与其他同类竞争公司有哪些明显的不同吗？"通过这样的方法，你也可以影响其他人的注意力。

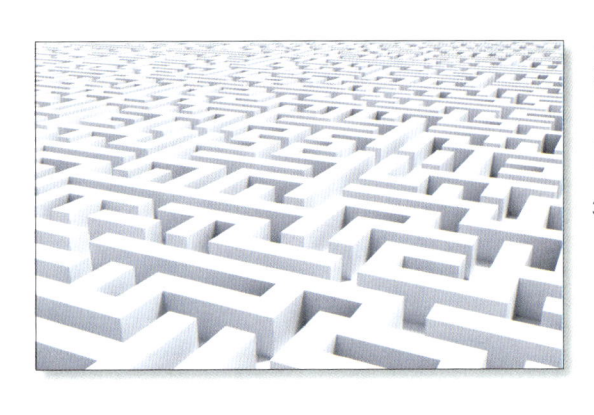

你可以在谈判过程中做哪些调整？

有理有据　据理力争

还有一种与上述转换句式方法类似的方法：假如谈判对象希望你能够为他证明什么时，你不要把这件事情简单地在其面前平铺直叙。你可以先讲两三个不容争辩的事实，再从中得出不容置疑的答案。举一个例子，你不再向客户询问："接下来我们还应该做些什么呢？""你已经准备好商谈的下一步了吗？"而是对你的客户陈述已经发生的事实："你已经选择了一种你喜欢的颜色，你也选择了你喜欢的设计样式，你还与你的妻子做过有关于此的讨论，除此以外，你还……这些足以证明，你已经为我们的下一步商谈做好了准备。"

事实
事实
事实
可行性的说服
=
信任度

> 谁提出问题，谁控制导向；谁解答疑问，谁说服对方；谁证明论点，谁取得信任。

更有权力的决定者原则

在谈判过程中，所有的客户都喜欢玩这个更有权力的小把戏。它常常被客户使用，却是屡试不爽的借口。在面对个人客户销售时，这个更有权力的决定者往往是生活伴侣（"啊，这个我得先问问我的爱人才能决定"）。而在对企业的销售中，这个更有权力的决定者便是领导、企业的咨询师。假如你不能在谈判过程中有效地避免这种情况的发生，那么你与谈判对手的得分将变为 0:1。倘若你的客户真的在谈判中对你使用缓兵之计，你完全可以选择这样问他："你对此产品的个人意见是什么呢？"或者"如果你可以独自决定，那么你会如何决定呢？"对于客户肯定的表示，你可以再进一步引导他们："我们应该如何共同向你的领导证明你选择的正确性？"对于仍然持有怀疑的反馈你可以说："看来我还没能完全向你证明我们产品的可信性。你能够告诉我在哪个方面我还有遗漏，以至于你还犹豫不决吗？"你的谈判对手必须首先肯定你的产品，才能继续以你的名义，将该产品向其他人进行推荐。

假如你不能向所有人证明，那么就向你的谈判对手证明。

一个分角色的游戏

这样的角色分配你肯定在电视剧里见过：一位警官作风严厉、对人不友好，而另一位似乎总能发现案件中的疑点。每当被警方询问的人变得焦虑不安时，那个唱"红脸"的警官就负责让他放松，并如实讲述他所知道的一切。即使在谈判中，与你谈判的人也是在唱"红脸"的帮助下才能对你的产品产生信任。通常总有一个人会说："无论如何我都需要一个成功的结果作为交代。"

谈判中的一对："红脸"—"黑脸"

阻止抗辩

挥发规则

你一定要阻止这样的情况发生：你

的客户一个接着一个地抛出拒绝的理由，而你能做出的回应却一个比一个无力。其实有一个非常简单的问题，能够帮助你从一开始就化解源源不断的拒绝理由："倘若我们能够解决你所提出的问题，那么是不是这个产品对你来说是可以接受的？"

价格：取中原则的应用

倘若你想售出比较贵的东西，那么你就必须同时展示更贵的东西。倘若你想销售出很多的东西，那么你就必须同时陈列更多的东西。倘若你有一个创意需要巨大的支持，那么你就得先介绍一个需要更大支持的创意。为什么？当然，我们不是要用眼花缭乱的选择让我们的谈判对象不知该如何下手。不过其他选择的可能性的确对人们有着不可忽视的巨大作用。

谁要是想售出比较贵的东西，就必须同时展示更贵的东西。

假设一位葡萄酒供应商提供两种葡萄酒，一种售价为 11 欧元，另一种售价为 22 欧元。在这种情况下，毫无疑问大多数客户倾向选择价格比较低的那种。不过，假如生产商同时再提供一种售价为 69 欧元的葡萄酒，很多人就会改变想法。这种比较的效果对他们来说正如一场游戏，客户会突然觉得第一种葡萄酒的价格还是"便宜"了一些。除此以外，我们还可以提供一种"白金合同"，当然其价格也要比普通的合同高昂得多，以便使绝大多数客户觉得它太贵的同时，还是决定选择普通的服务合约。无论如何，你达到了你的目的。当威廉姆斯·索诺玛（一位美国高价厨房用品制造商）将一个烤面包机以 275 美元的价格推向市场时，没有人愿意购买。但是当该制造商又推出一款相同功能的机器，但是要比这一款的价钱贵上 50% 时，第一款烤面包机开始热销了。因此，假如你有一个雄心勃勃的计划，那么不妨给大家先讲一个"更有野心"的计划。

价格：多种战略

假设你向著名的柏林航空公司询问从慕尼黑到汉堡包机要多少钱，聪明的销售者并不会马上告诉你总价，而会说："每位乘客每千米 20 欧分。"这一句话里就连做了两次除法运算：先是用总价除以乘客的数量，紧接着再除以飞行的总里程数，如此你听到的价格就显得不那么昂贵了。

或者：一瓶1欧分的果子汽酒能有多么好的质量？

价格：虚拟规则

假如你想向客户证明一瓶价格低廉的水果汽酒的质量也相应低劣的话，那么你不如为他们做一个层层盈利的价格解析。在商店中，这瓶水果汽酒的售价是 1.99 欧元。这其中消费增值税是多少？0.32 欧元。这样一来，还剩余 1.67 欧元。那么估计普通商铺会从中赚取多少利润呢？按 8% 来算，就是 0.13 欧元，这样我们还剩 1.54 欧元。大型供货商会从中赚取多少利润呢？保守估计也有 6%，那么又是 0.09 欧元。现在我们还有 1.45 欧元。接下来你还要从这 1.45 欧元中支付运输费、软木塞的费用、软木塞固定装置的费用、酒瓶包装材料费用、包装费用、商标贴纸费用、广告费用、生产工人的工资、厂房折旧费以及生产商固定资产折旧费用，甚至还有更多没有罗列出来的费用项目。现在你发现了吗？这瓶水果汽酒的价值是多么低廉，还不要忘记与价格浮动不相关联的 1.02 欧元的水果汽酒税。所以，总的算下来，这瓶水果汽酒的价值不到 0.02 欧元。这下你相信我说的了吧？

价格哲学：约翰·路斯金

英国社会哲学家约翰·路斯金将他的研究目光投到一件商品的价格与价值（估计）的关系上。你不应该忘记路斯金总结出的关系。只有你能说服自己"购买"你提供的较高价格时，你才能以该价格向其他人销售。

"这世界上没有什么东西是不能因为有瑕疵而被便宜一些出售的。那些只是以价格为标准的人，总是能够找出产品上的瑕疵并以此为借口压低价格。为一件商品付出过高的价格是不明智的，但是如果为一件商品付出太低的价格，情况同样也会变得更糟。如果你所付的价钱过高，那么你的损失也不过如此。但是如果你所付的价钱过低的话，那么你有可能会失去全部，因为你所购买的这件物品根本不能满足你的需求。经济学中的自然法则规定了不能用过少的价钱提供大量的价值。任何时间、任何地点你都不能冒险选择那些可能令你后悔的商品。因为如果那样做了，你为弥补这次错误所要花费的费用绝对够你从一开始就选择价钱比较高的那种商品。"

困境情形

困境情形出现的前提是，两个不同的选择所导致的不同结果都不是最优效果，其中最著名的例子就是囚徒困境。所有存在个体销售潜在竞争的地方，倘若你希望在他们中间成功地实现你的目标，那么你就需要选择一个正确的战略方式。下页右图中展示的是在两个不同组织之间形成的对称困境情形。这也是出现在两位商业竞争者之间的典型情形：两家企业（U1 与 U2）共同面对一个选择，合作还是不合作。每一抉择导致的发展可能性都会在图中展示出来。四个小区域中，每一区域所显示的数字则表示对于每一种决策组合两家企业各自采取怎样的态度。分号前面的数字代表的是 U2 的态度，分号后面的数字则代表 U1 的态度。一个大数值的数字表示大量的净收入。两家公司各自的利益考虑则由箭头的方向表示。垂直方向的箭头代表 U2，水平方向的则代表 U1。

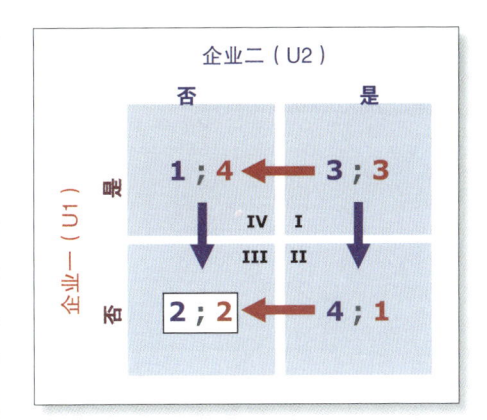

从图中可以看出，只有在 U1 与 U2 双方同意合作的情况下才能达到双方利益的最大化，也就是说，如果双方在产品的销售价格上达成一致（详见矩阵图中右上的区域一，两家公司都能得到价值为 3 点的利益）。但若是只有其中的一家企业希望合作，而另一家不参与，那么不合作的那家将能得到价值为 4 点的利益。这种行为对于选择合作的一方来说无异于亏损（详见矩阵图中的区域二与区域四）。一旦双方都放弃合作，那么每一方能够得到的价值利益只有 2 点（详见矩阵图中的区域三）。将此结果与矩阵图中区域一的结果比较（最佳结果），区域三所表示的是一种"集体自我损害"情形。两家公司都没能实现他们所能实现的最好结果，而他们的确有改善该情形的可能。总的来说，市场经济片面强调的是利益结果，即使有的时候某些选择并不能实现最优效果。

热土豆规则

要是有人在你的手里放上一颗滚烫的土豆，你会怎么办？答案应该是条件反射地再将其扔回给你土豆的人手中。更好的表述是：不要毫无目的地向你的客户表明问题所在。比如，一个客户说："一幢超过 35 万欧元的房子绝对不在我的考虑范围之内。"聪明的房屋中介商则会说："假如我们找到一栋你梦想中的房子，你全家都能舒舒服服地住在那里，但是它的价格是 38.8 万欧元，你还考虑这个可能性吗？"绝大多数客户都会表示没问题。

Auch die Pause
gehört zur
Musik.

间歇也属于音乐的一部分。

——奥地利作家斯蒂芬·茨威格

> 你不必在意每一个挑战。你只需为双方寻求一个共同利益的联结。

忽视无意义的部分

假如你能绕开谈判对手为你设置的障碍，那么，你可以选择无视对方的挑衅。当对方的言辞具有攻击性时，你完全可以保持沉默，而不是做出反驳客户的举动。你可以强调双方利益的共同联结之处，并保持实事求是和友善温和。如果你能够坚持如此反应的话，那么不用多久，你的客户也不会再继续他咄咄逼人的态度了。

沉默的力量

在谈判中，几乎再没有什么武器能够比适时、适度的沉默更有效了。比如，当客户提出一个过分要求或者当你提出某些要求而你的客户正在反复考虑，在大脑中飞快计算其中的得失是否可行时，谁先开口打破沉默，谁就会输掉这一局。

逐出：请你做一个思维游戏

当你的客户对你说"谢谢，我们已经有了自己的供货商"，你是不是选择马上就放弃？你应该将类似这样的借口当作对你的挑战来对待。请看下面的对话示例：

客户：我们没有这样的需求。我们已经与 XYZ 公司合作多年了。

销售者：你的公司与 XYZ 公司是在哪个领域合作的呢？

客户：所有领域。

销售者：那么，既然我们已经开始了这次谈话，我是不是可以征得你的允许来与你一起做一个小小的思维游戏呢？

客户：好吧。

销售者：我们假设，你希望将你公司的一小部分需求通过我们公司所提供的产品来覆盖。你认为，你的员工会对此说些什么呢？

客户：当然是他们不满意的部分。

销售者：你觉得，面对客户相同的抱怨，XYZ 公司会做出什么样的反应呢？

客户：他们肯定是改进他们的产品服务，以让我们能对他们所提供的质量感到满意。

销售者：在某些情况下供货商还可以提供性价比更高的产品服务。

客户：这是完全有可能的情况。

销售者：那么，假如你将我们公司作为你公司的替补供货商，并在某一范围内尝试由我们公司提供的产品服务。假如在试用期内我们并不能如你所愿使你满意，那么你可以随时与我们公司停止合作。而你与我们的尝试性合作会为你带来两种可能的结果：其一，你现有的供货商得知你考虑替换供货商的事情，为了维持继续与你合作，他们一定会在某些方面为你提供更加优惠的超值产品与更优质的服务。其二，倘若我们公司所提供的产品服务比你现有的供货商更加优秀的话，你可以直接选择我们公司作为你新的供货商。而我们公司向你提供的价格比你现有的供货商公平合理得多。话说回来，无论发生哪种情况，你都是受益的一方，只要能帮你做出正确的抉择，风险我们愿意为你承担。

你不妨从整个蛋糕中的一块开始

把球打回去

通过问题"那么你有什么好的建议呢?"你可以取得出乎意料的成功。比如在价格商谈中，因为很可能与你谈判的客户所提出的价格要远远高于你的设想。如果客户提出的价格并不能使你满意，那么你还是可以继续谈判的。你可以针对许多情况使用这种办法。

作为购买者你往往能够通过这个办法取得更低廉的价格，作为销售者你能通过该办法获得更适合的解决途径，而作为领导者你可以借此从员工中得到意想不到的创意。最重要的是通过提出这样的问题你可以保持沉默，而将发表意见的任务推给其他人，即使通常为了得到合适的答案需要耐心等上一段时间。据统计表明，大多数谈判之所以破裂，主要原因是在敏感时刻提出的问题没有人自愿回答，而提出问题的人又耐不住性子等待。

打开抽屉

如果你的税务报告还没有做的话，那么会发生什么样的情况呢？人们总是想着，现在我真的该做税务报告了。同样的情形还会发生在整理地下室、与牙医约定做检查的时间等，这个就是我们常说的采格尼克效果。心理学家布鲁玛·采格尼克研究发现，人们的记忆对于那些没有完成的任务比已经完成的有着更加深刻的印象，而且人们对于没有完成任务的态度是拖得时间越久就越不想完成。打一个比方，我们的大脑就好像一个巨大的布满抽屉的系统。只要我们开始做一件事，就会有一个抽屉在我们的大脑中被打开。只要这件事情没有结束，这个抽屉就始终保持打开的状态。而只要有抽屉打开着，我们就会不断地扑在上面。我们打开的抽屉越多，我们就越是不能将有限的精力集中在每天需要完成的事情上。因此，成功人士只有很少的"抽屉"是打开的。这样的话，他们便能够集中精力在通往成功的路上前进。

上文提到的采格尼克效果所产生

的负面影响并不仅仅作用于日常生活，它同样也在我们的谈判中发挥着影响。谈判中一个没有解决的问题会极大地分散谈判对手的注意力，并让他们对这个未能解决的问题保持好奇心。比如，你可以利用这一点进行谈判："你好，尊敬的××先生，在我们商谈的最后，我还为你准备了一份巨大的惊喜。"

电视节目编导们个个都是使用采格尼克效果的好手，总是在剧情达到高潮时插播广告。

我们的注意力还集中在那个没有解决的事件上——"那个打开的抽屉"。我们是如此地专注于那个悬而未决的事件，以至于完全忘记应该改变自己的关注焦点了。而那个突然被掐断的电视节目所起的作用就是让你继续收看该频道的节目。

当然，总的来说，你应该在你的商业谈判中，有意识或无意识地运用采格尼克效果。常常我们还可以将其应用在我们的不满中。例如在电话回访中："你好，尊敬的客户，你收到我们新产品的宣传册了吗？"客户："是的，收到了，不过我还没有阅读。"销售者："嗯，那太遗憾了。我什么时候再给你打电话才合适呢？"不要在电话中介绍你的产品，而是让这个"抽屉保持打开的状态"，这样会激起你客户的好奇心。

"我会睡上一觉，好好考虑这个问题的"

当客户表示犹豫不定时，你千万不能放弃这个机会。你可以向他们推荐"在现实前提条件下考虑试用合同"。你可以这样说："亲爱的，为了你能更好地考虑，你可以先签署这份试用合同。倘若你真的觉得我们的产品并不适合，你可以随时给我电话，我会作废这份合同。但是，如果你觉得我们的产品适合你，那么试用期限过后，这份试用合同将会自动转换成正式合同。"我承认，这种方法并不是每次都能起到作用，但在绝大多数情况下是没问题的。在极端的情况下，你还可以送给客户一个枕头。

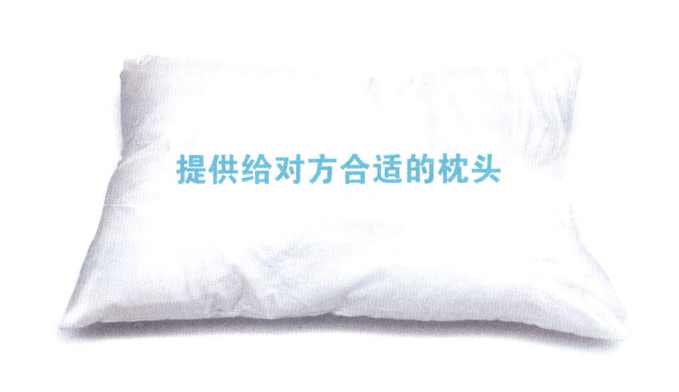

提供给对方合适的枕头

提出附加要求的适当时机

一说起谈判中的"啃骨头",人们想起的往往是被推后提出的要求或者直接涉及合同能否达成的某一关键问题。"啃骨头"为你提供一个能够让合同结果对你更加有利的可能性。你可以利用这个机会取得客户的信任,向他们证明那些他们之前并不相信的事情。

汽车销售员都深谙此道。他们能在第一时间说服对他们的汽车感兴趣的客户签订购买合同,并且还能让客户认为:"我想购买的就是这里的这辆汽车。"而当客户签署购买合同时,销售员便开始提出附加要求,他们尝试说服客户除了汽车本身之外再购买一些汽车附件或其他额外的服务。相反,购买汽车的客户也会在同一时刻"啃骨头",他们试图再多从汽车销售商那里获得一套座椅套垫或者一箱加满的汽油。

某些问题更适合在商谈的末尾放到桌面上。研究结果表明,人们在做出购买决定前通常是满心怀疑的、紧张的甚至焦虑的,他们必须做激烈的内心斗争。客户总是不能自控地反复思考,他们是否选择了正确的销售商,是否选择了适合自己的产品。另一项研究显示的结果却非常有趣,恰恰是这群容易在购买前产生焦虑的客户,一旦做出购买决定,他们便会对自己所购的商品有非常高的满意度。当必须做出决定的压力与焦虑过去之后,他们会变得非常容易接受别人的建议。为了加强他们对自己所做决定的自我肯定,他们会继续选择同一品牌或同一销售商的产品。而这个时候,作为销售商,要继续向这些客户追加购买合同中的销售项目。在追加销售项目时,你不必完全从头开始,只要客户在商谈中同意了你的第一个观点,那么你就可以开始一步一步地追加销售项目了。

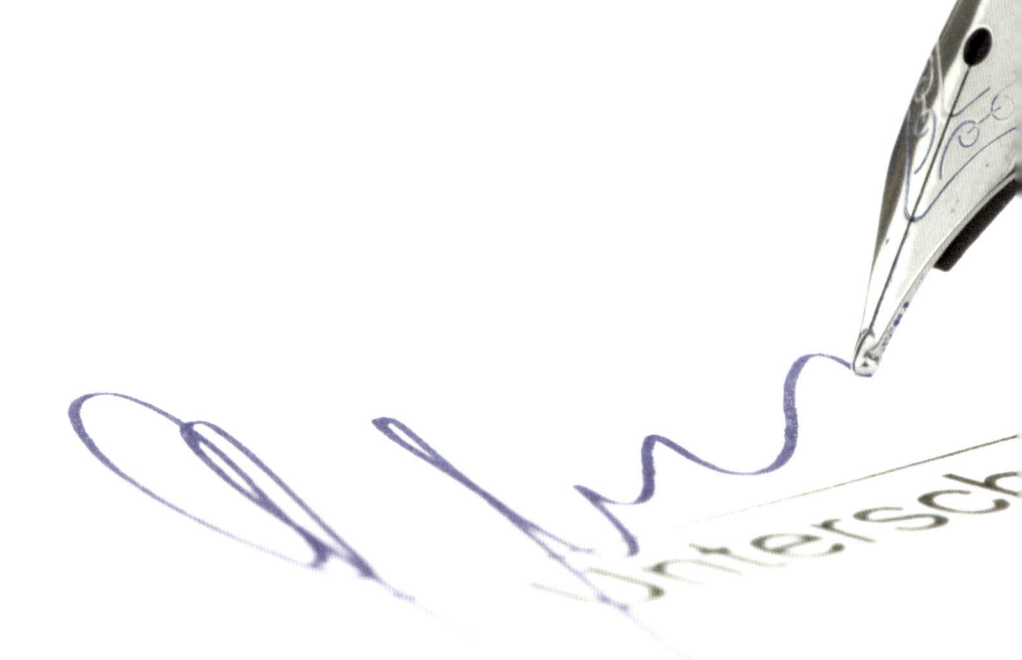

第22章 谈判

祝贺！

客户都需要在做出购买决定后证明自己的决定是正确的，在他自己面前、在他的合伙人面前、在他的社交范围内、在B2B的交易中、在他的同事及领导面前证明他的决定是正确的。正因为这个原因，你一定不要忘记在与客户完成购买合同后，祝贺他做出了正确的购买决定。一个人的购买决定是很难在他的社交圈子内得到认可的。不过如果一个汽车销售商能够保证所有普通客户都只能得到最高8%的折扣，而为固定客户以及由该固定客户所介绍的客户提供不止8%的折扣又会产生什么样的效果呢？毋庸置疑的是，一定有这位客户的同事请他介绍自己去你那里购买汽车，继而也变成固定客户，然后他们再推荐新的客户来购买汽车。只不过是因为你为固定客户以及他们推荐的客户提供9%的折扣。如此这般，无论是买方还是卖方，都会非常开心。

"所有其他客户最多只能得到8%，不过我可以给你一个例外！"

"用上这些新硬件，你就可以成为新的时尚风向标了。"

"用上这些新硬件，你的计算机问题立即就会不复存在了。"

"在同等产品中你可找不到比这更便宜的价格了！"

"恭喜你做出了最正确的选择！"

证明你的选择是正确的
→ 面对自己时
→ 面对你的合伙人时
→ 在你的社交圈内

Erfolg haben
heißt einmal
mehr aufstehen
als hinfallen.

成功的定义就是站起来的次数比跌倒的次数多一次。

森林中的小径带给你的不仅仅是新鲜空气

成功的定义就是站起来的次数比跌倒的次数多一次

运动改变情感

假如一次谈判陷入瓶颈，你可以尝试通过改变谈判的形式来扭转局面，比如，改变谈判的地点，与你的谈判对手一起去吃顿饭或者安排你的客户参观一次你的公司。换一个环境或一些安排通常能引发不同以往的效果，因为这样可以改变谈判中剑拔弩张的紧张氛围，创造一个全新的谈判过程。早年间，很多历史上的重大决定都是在散步时做出的。为什么？因为，谁要是运动他的身体，谁就能同时运动他的思想。

成功的定义

在谈判中有两个基本原则。

为你的谈判做好充分的准备，使你要推销的产品看起来完美无缺，就好像前来与你谈判的客户是你唯一的一位客户一样。

如果第一个原则在一位客户那里没有起到作用，那么我们就将其用在下一位客户的身上。

当然，无论多么优秀的谈判策略，都不一定能在第一位客户身上奏效。就像那位葡萄酒推销商一样，他不断地向潜在客户推销他的白葡萄酒，直到那些客户或购买他的产品或将他轰出去。但这位葡萄酒推销商从不气馁，他在下一次推销时会对他的客户说："上一次我推销的是白葡萄酒，这一次你要不要试一试红葡萄酒呢？"

> 谁要是想成长的话，就必须离开他的"舒适区"。真正的个人发展很少发生在让我们感觉舒服与安全的地方，而是在那些让我们感到不安与焦虑的地方。

23

第23章
行动代替计划
TRANSFER-INTELLIGENZ

不做知识上的巨人、行动上的矮子
Seien Sie nicht Wissensriese und Umsetzungszwerg!

"门外汉祈祷，成功者动手。"

这是美国剧作家与导演，一次获得奥斯卡奖，三次获得奥斯卡奖提名的卡森·坎宁的人生格言。在作者自己的进修课与演讲中也总是存在两类人：一类人能在听到新思想时就立即吸收，并且在活动中就做出反应，为他们的公司修正或者做出新计划；而另外一类人则是只想"先听听看"，在活动的最后，若是向他们询问反馈意见，他们就会说："嗯，我还得考虑考虑你所提出的建议中到底有哪些我们可以在自己的公司中实践……"这样的回答常常让作者感到惊奇，因为这就好像将公司改革实施的责任推到了演讲内容本身上。当然还有一类人，幸运的是他们并不是把责任都推到作者身上——他们总是会说："你说得很对，但是……"他们针对每一种建议的反应都机械式地大同小异："你说得很对，但是这在我们这里并不是这样的。"这样的态度使他们把主要精力浪费在自我防御上，而并非他们实际应该做的事情上。

毫无疑问，作者的任务是为公司提供他们可以在日常商业行为中所能运用的建议与意见。但并不是所有内容在所有的企业中都能直接应用。不过，到底哪些是你能在公司中直接应用的，哪些是通过改变细节可以应用的，哪些是必须在发展的前提下应用的，都需要你来决定。这是你的工作。一次进修课程为你指出可以前行的道路，而沿着路线行走则是必须由你自己完成的事情。

为了避免行动，人们最常使用的借口就是"我还需要知道更多"。倘若团队成员不能达成一致意见，那么他们可以请一家研究所来做调查。如果经理人不知道该如何应对的话，那么他们会选择做市场调查，请公司员工做大量的计算工作或者至少知道倘若"下一次"再发生这样的情况时，他们应该事先阅读有关这个问题的专业知识。所有这些之所以存在，主要是因为这样的问题是人们第一次遇到。而研究调查的结果却要在四个月以后才能出来，企业中的员工需要时间来计算，而能够静下心来自己阅读书籍的机会却少之又少……即使收到调查结果，得出计算数据，人们还是需要大量的信息……因此，最常见的结果就是，绝大多数人都是知识上的巨人，行动上的矮子。由此可见，你最应该按照杰克·威尔赫告诉我们的道理来做："一旦你发现什么是正确的，马上开始行动吧！"

那些我们不能尽快在现实中应用的部分很快就消失了

心理学家赫尔曼·艾宾豪斯做出的曲线图向我们展示了我们忘记所学到的知识是多么迅速，只用不到一星期的时间，我们大脑中仍旧能保持的部分就只有原来的20%。也许在你看到这个曲线之后，那个在动手操作之前先积攒更多知识的美梦已经破灭了吧，你应该选择新的方式。

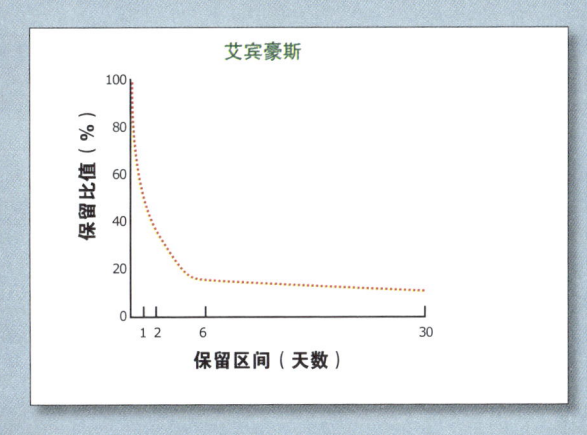

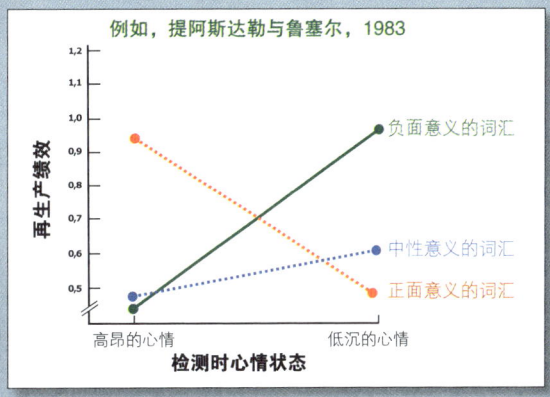

艾宾豪斯

例如，提阿斯达勒与鲁塞尔，1983

我们的记忆被情绪左右

就像我们已经认识到的那样，我们看到我们愿意看到的东西，事实上，我们的确将这个世界"看成"不是暗黑色的就是粉红色的。当我们情绪高昂时，我们想到的全是乐观的词语；当我们情绪低沉时，想到的都是悲观的词语。由此可以说，我们决定我们自己的生活。谁要是怀疑论者，那么他看到的都是阴谋；谁要是细心观察的人，那么他发现的都是机遇。我们也看到很多对自己持悲观态度的人对他人的追问持抗拒的态度，并且倾向于将此态度付诸行动。而事实上，他们更应该做的是反思。既然我们的大脑并非客观的存储器，而是更倾向于快乐的记忆以及有趣的事情，那么用抱怨情绪所表达的建议也就不能算是好的建议。库尔特·图侯尔斯基说："经验不一定能说明什么。人们也可以在长达35年的时间里将某件事情一如既往地糟糕地处理。"因此，你所有直到今天的实践经验都值得我们尊敬，但是有些时候你还是可以抛弃一下固有的经验，做新的尝试，这样一来事物才能向前发展。

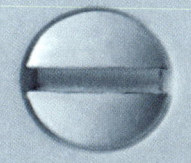

90 岁的人还能当摇滚歌星吗？

一个叫作"齐默尔一家"的英国摇滚乐队，其成员的平均年龄在 78 岁。2007 年该乐队以一首单曲《我这一代》打入歌曲排行榜。而当年乐队主唱已经是 90 岁高龄的人了。这是一个足以说明万事皆有可能的例子，并不在乎人们以前的经历与年龄。假如你想观看一位年逾 80 的老妇人是如何演奏吉他的，你可以在 YouTube 网站上找到关于她的视频。这支乐队的名字来自于一个行走帮助的组织。

艾森豪威尔规则

美国第 34 任总统德怀特·戴维·艾森豪威尔在接受采访时曾这样总结他的成功经验："将重要的事物从不重要的事物中区分出来。"而另外一个关键的区分便是从所有"重要的"任务中将"紧急的"任务首先区分出来。如图所示，原则上，紧急的重要任务是需要我们立即完成的（区域 A），因为一旦这些任务不能完成，接下来面临的将是严肃认真的法律制裁。绝大多数计划外发生的事件一般都是比较重要的，但却不一定都是非常紧急的（区域 B）。比如，战略性的思考或计划，那些我们"一直想在实际工作中改善的事"，或者个人的人生梦想。属于 B 区域中的任务往往是 A 区域中任务的完成时间延长版。但是，如果我们不能做好安排与计划的话，那么我们每天的日常生活与工作将会被紧急的却不重要的事情占据（区域 C），或者被那些既不重要也不紧急的不值一提的烦扰占据（区域 D）。

图片来源：斯蒂芬·R. 科维《7 天达到有效率》

成功人士的行为方式与他人的不同之处

杰出人士（以及成功企业）不会被区域C以及区域D中的任务所累。他们也不会让区域A中的任务在自己的头脑中长久占据，他们只是飞快地完成那些区域A的任务。对于他们来说最重要的是那些位于区域B中的任务。他们通常会为那些区域B中的任务预留出许多时间，然后有规律地不断在它们身上下功夫。成功的个人与公司首先关注的是自己真正擅长的部分，而后才是重要的项目或计划，无论它们是个人的期望（如成为活跃的音乐人）还是企业的目标计划。

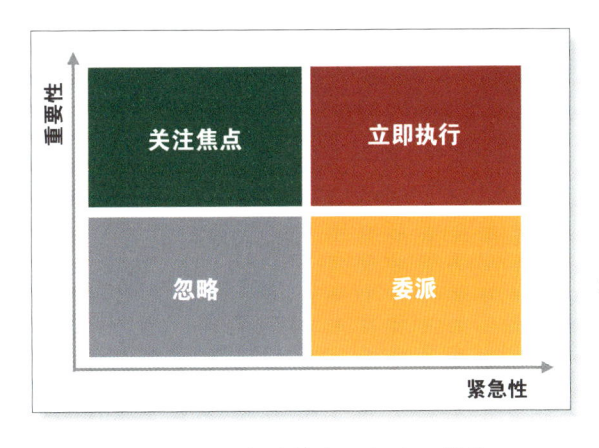

重要性	关注焦点	立即执行
	忽略	委派
		紧急性

你的"大石头"是什么？

一家研究机构对艾森豪威尔规则做出了相应的补充。他们将区域B中的任务又细分了一下，分为"驱动性任务"以及"非驱动性任务"。比如，撰写税务报告是我们必须完成但不必花费太多脑筋的任务，因为财政部门的惩罚是有力且众所周知的。不过还是有一些任务，它们虽然不是被某些人或某些部门直接要求完成的，但是能否成功地完成它们却直接关系到你能否取得人生的成功，实现人生的梦想。有一道测试问题是这样的：在你的日常生活或职业生涯中是否存在这样的事情，只要你能够抓住它们，那么你的生活将发生翻天覆地的变化？你千万不要太快地说"没有"，因为这样一来，人们会将你简单地归类为那个厌世悲观的人。

事实上，那些事情是存在的，比如你的人生梦想，它们并非是别人要求的，若是不能实现也不会给你带来任何惩罚，只是当你在生命终结之前，回首这一生时会让你感到遗憾。这些正是区域B中"非驱动性"的任务。作者则把这个区域B中的子区域称为"梦想象限"，因为这里储存的是你应该被实现的梦想。有一个针对西方企业以及领导者所做的范围相当广的统计调查，其结果显示，那些更加成功的人，他们所完成的梦想象限中的任务要比其他人多得多。

我们假设你每天可以用来支配有效完成任务的时间恰好是一个1升的容器。而你每天要完成的许许多多的任务是无数的小石子，而那些属于你梦想象限的任务则是相对很大的石块。实现梦想的艺术就在于，人们应该首先将大石块放到容器中，然后再将小石子倒入容器。而我们常常犯的错误是先把那些小石子全部放入容器，而后容器中再没有位置盛放大石块。成功人生的关键问题是，哪些大石块在你的梦想象限？哪些是你人生中的大石块？

你是你的行事历

行事历从不撒谎

我们所拥有的是时间。
对时间的计划是以我们任务的优先级
以及我们的"战略"为参考依据的。

你的行事历知晓你到底对什么事情感兴趣。

我们是我们所做的

这样说很残忍，但却是真相。我们不是"事实上我应该"，也不是"理论上我需要"，而是那些我们在实际中真正完成的。有些人声称，只要看看其他人的行事历，他们就能大概知道这些人的月收入。

什么对你来说是真正重要的

人们总是被问到这个问题。而在回答中被放在第一位的往往是家庭与健康。假如接下来的问题是：你将你的时间花在哪里？做运动以及与孩子们相处肯定不是排在前面的两项。相似的情况也会发生在公司与其任务优先级中。毫无疑问，人们都"知道"发展经营战略以及尝试全新的商业构想是重中之重。不过你还是花费大量的时间来制定一个新的差旅补助规定或优化原有的工作流程。很多时候一些事情你不必亲自去完成，交给别人去做结果会一样完美，甚至更好。那些因为琐事所浪费的时间再也回不来了。请你务必为自己留出时间来完成真正重要的事。

创意已经足够多了……

绝大多数公司都不存在创意的问题，它们的问题是不能将创意应用到实践中去。许许多多优秀的创意在大量的日常琐事中消失，这样的状况让人感到恐惧与不安。作为企业的咨询者，作者总能从客户那里听到这样的抱怨："是好创意，

请你不要只是在公司中工作，而是为改善公司而工作！请你不要在你的约会中安排优先级，而是为你任务的优先级安排约会。没有时间在手里，一切只是假象。

但是我们不会这样做。"或者公司老板参加进修课程，课程之后他跃跃欲试地想尝试新学到的东西，而当他回到公司却发现员工的态度是："啊，老板去参加进修了。10点钟以后一切都将恢复正常。"另外一个改革的天敌就是拖延。撒勒普曾经说过："明天是人的一生中永远也不会开始的一天。"在一家小酒吧门前的草地上悬挂着一条巨大的横幅，上面用巨型字体写着："明天本店提供免费啤酒。"完全没有悬念，因为明天该横幅会依然悬挂，而且肯定没有免费的啤酒。同样，人们也是这样将他们的计划一天天地推迟。可是，只是等待，却什么也不能为你改变。最重要的是，每一天都做出一点点小的革新。

最难的部分就是在实践中应用

给优秀改革者的七条建议

1. 有规律地为你的"梦想象限"做出努力，并为此规定具体的时间。例如，每天执行半小时。
2. 定期询问自己："我正在做的事情能够为我带来什么好处吗？能够让我离自己的目标更近一步吗？"
3. 不要高估自己能在一年时间内实现的事情，也不要低估你能在10年内达到的目标。
4. 记录一本"成功日记"。在这本日记中你可以记录每一项你成功实现的任务，每一个大的愿望。这样的记录有利于激发你的斗志并继续保持。
5. 减少与人讨论，多参加实践。很多人在来来回回的问题分析中常常忘记实践。95%目标的实现，怎么也比100%的完全没有开始要好得多。
6. 每天都写下新的感悟，希望在未来能够实现的梦想。
7. 不要在生活中做梦——你要生活在梦想的生活之中。

Unser Morgen hängt davon ab, was wir heute denken.

我们能够拥有什么样的明天取决于我们今天如何思考。

——戴尔·卡耐基

"彩色之月"代替埋头苦干

很多公司领导者总是一次要求过多，而这样的后果常常是整个项目一下子全都被放到桌面上来。虎头蛇尾甚至不了了之的事情已经发生过太多次。更加实际的做法是，将大项目分割成小部分，每一次只完成一步。要是一次开始太多项目的话，那么处理发生的问题时一定会应接不暇。最好事先制订一个行动计划，一步接一步地实现你所期望的变化。按照任务的不同性质制订一个"彩色之月"计划。每一个月有一个主题，该主题决定本月发展的方向，而通过专注于该主题，新的行事习惯就会养成。请你带领你的员工一起将改革创意贯彻到实践中去。这样每一个人都会在工作中承担起该负的责任。

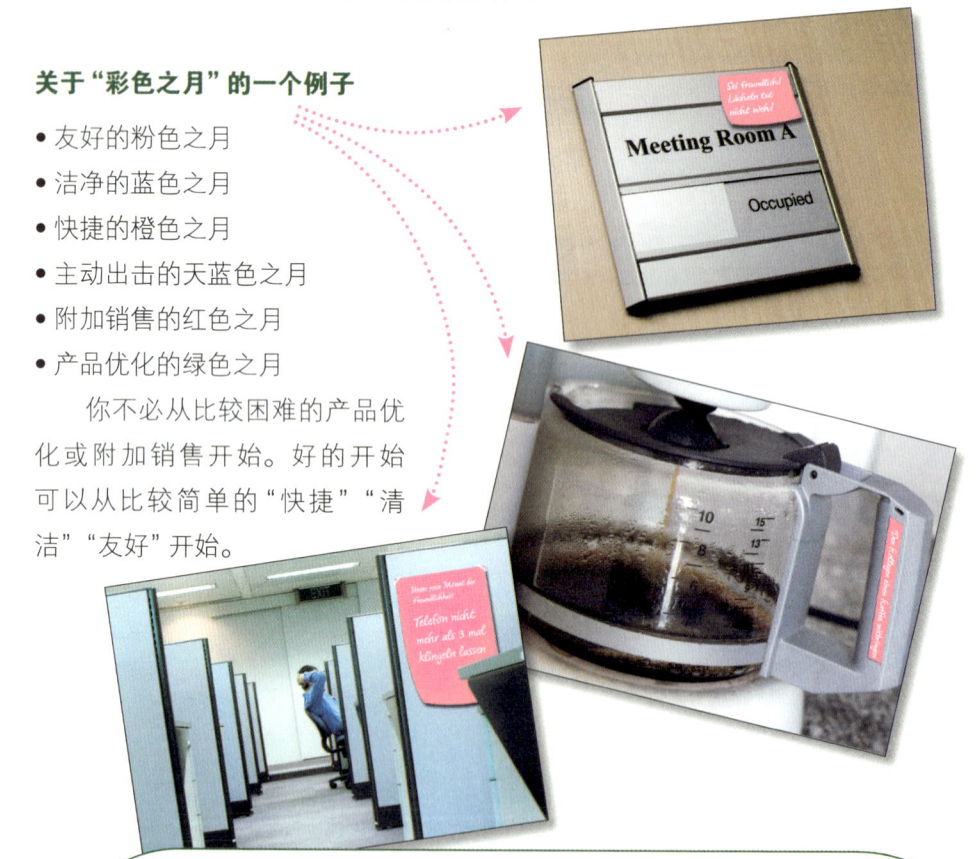

关于"彩色之月"的一个例子

- 友好的粉色之月
- 洁净的蓝色之月
- 快捷的橙色之月
- 主动出击的天蓝色之月
- 附加销售的红色之月
- 产品优化的绿色之月

你不必从比较困难的产品优化或附加销售开始。好的开始可以从比较简单的"快捷""清洁""友好"开始。

> 将你的"彩色之月"计划粘贴在办公室大家都能看到的地方，可以是纸条、便利贴、挂图……在每个月结束时都组织一次小型的工作会议，评选出那些在这个主题月中表现突出的员工，同时制定下个月的新主题。

"彩色"之月全年计划

		主题	有关新习惯的建议

- 一月 — 蓝色
- 二月 — 浅粉色
- 三月 — 浅绿色
- 四月 — 橘黄色
- 五月 — 浅黄色
- 六月 — 天蓝色
- 七月 — 深粉色
- 八月 — 红色
- 九月 — 深蓝色
- 十月 — 紫色
- 十一月 — 深绿色
- 十二月 — 白色

24

第24章 激情
LEIDENSCHAFT

不是在公司里工作，
而是为公司的未来而工作
Nicht im Unternehmen, sondern am Unternehmen arbeiten

"那些理智的人只不过是在咬牙坚持，而那些充满激情的人则是在生活。"

18世纪著名的剧作家、法兰西学院的成员尼古拉斯·查姆富尔特这样说。他的人生座右铭同样可以用到今天的企业中：哪里若是遇事缺乏激情，那么最好的情况是人们用例行公事的态度完成这件事，而最坏的情形便是对于这件事情能否完成根本没有人在乎，或者人们虽然在做这件事情，但使用的却是一种陈旧的或者完全不正确的方法。所幸的是，在每个行业中依然存在着一些激情四射的人，他们像天上耀眼的星星，从来不满足于只是将就行事。在这里我们不一定非得强调那些在多方面都成功的奇迹，就像Bionade饮料的发明商迪特·雷欧珀尔德那样，花费多年时间在他的卧室不断研制新型饮料，与此同时，他所经营的地方啤酒酿造厂在激烈的竞争中只是保持着收支平衡的局面。这里的规则的确是好的，那么一切都是好的。在2008年的《明镜周刊》中，Bionade饮料公布了其自上市以来的销售量，从每年200万瓶上升到每年2.5亿瓶。当然还有其他形式的企业，它们选择安静、平和的方式，选择以自己擅长的方式，选择不被当前经济形势影响的方式坚持做事。

而最常阻止我们的却是不能用激情四射的行动去追逐激情四射的创意，对失败的惧怕，对犯错误的恐惧都是阻止我们行动的根源。而这些惧怕所到之处，结果不外乎是一个被"紧急刹车"的人生。而对于错误这个问题，安德鲁·卡耐基，这位19世纪的钢铁大亨用自己的经历给我们讲述了一个故事。由于卡耐基钢铁公司一位新经理人的错误决定给公司造成了上百万美元的损失，卡耐基将这位经理人叫到面前，并让他坐在自己写字台前的椅子上。这位经理人战战兢兢地坐着，并对卡耐基说："你现在一定想把我点着吧！"而卡耐基回答道："点着？我刚刚为你进修付了上百万美元的学费！我肯定会就这样把你给点着的！"

"我爱这家公司！"

史蒂夫·鲍尔默"用闪亮迷人的激情"领导微软公司，2008年2月，《法兰克福日报》曾经这样报道。写入史册中的一笔，是他在公司一个大型活动上的亮相：鲍尔默踩着摇滚乐的节拍横穿整个舞台，直到最后，他高举双臂，一个字一个字地对着麦克风大声喊道："我—爱—这—家—公—司！"怀有如此强烈激情的领导者一定会影响到他公司中的员工，直到今天，微软公司依旧是世界上最顶尖的公司之一。

成功（了）

每当在继续进修课中涉及生活中事物的优先级以及时间安排这两个主题时，课程教师通常会让课程的参加者为自己撰写墓志铭。通常的情况是，几乎没有什么人希望他们在70岁或80岁的时候还被别人用平庸或循规蹈矩来形容。而精彩通常是通过生命中不寻常的事件得来的——而这些不寻常的事件却是需要人们自己来创造的。童话中的王子、中六合彩的百万富翁或者超级明星锦标赛的冠军都是少有人能体验的经历。作者这里所说的不同寻常的经历指的并非完全是这些能为你带来全国性荣誉或能让你变成百万富翁的事件，而是那些在平日里能够获得的小胜利以及小成就。在个人生活中以及在公司中，那些不同寻常的人以及不同寻常的公司指的并非那些勇猛的革命者，而是那些能够幻想、富有激情的人，那些通过在许多事情上做出改变、不断完善，令结果变得再好一些的人。人们所需要的只是放手去做，就像格言所说的那样"成功就是人们去做"。

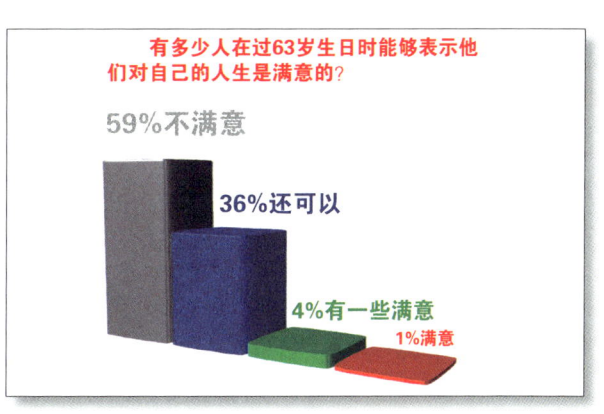

有一项跟踪调查 100 个人从出生到他们的 63 岁生日那天的研究。调查显示，有 1/3 的人并没有活到 63 岁生日那一天，而有机会度过 63 岁生日的人中，仅有 1% 的人对他们的人生表示满意。

个人动机

当人们经历某个"低谷"时，应该如何激励自己呢？美国心理学家威廉·詹姆斯早在 100 多年前就告诉了我们关于此的答案。这位哈佛大学教授认为，我们的声音是绝对不会毫无意义地传出来的，他认为我们的声音能够改变我们自身的感受，我们思考的方式决定了我们的感受，而我们的感受又会反过来影响我们自身的状态。消极的思想会让我们感觉糟糕，而持续糟糕的感觉总有一天会使我们生病。积极的思想会让我们感觉良好，身体也会感觉舒服。因此，我们也可以有意识地利用这个规律，人为地使我们的心情变好，以达到真正"拥有"好心情的状态。就好像，如果我们能够说服自己"高高兴兴地"去慢跑，那么一旦我们开始慢跑，我们就真的会感觉良好，并且找到其中的乐趣。所以说，某一次"假装这样做，就好像……一样"，人们可以把它叫作"积极的自我催眠"，或者干脆叫作欺骗式的自我激励。

你用激情追寻过哪些梦想与创意呢？

成功拥有……

经济史上有很多产品都有着相同的命运。有两个最突出的例子：一个是绿色饮料"Bionade"。在成为流行的饮料之前，它的发明者花费了漫长的时间将变酸的啤酒制成各种口味的饮料进行推广。另一个便是3M公司的便利贴。在今天，几乎没有哪一家公司能够离得开便利贴了。所有革新所面临的第一个挑战就是被怀疑、被嘲笑，因为根本没有人能想象，为什么"这样一个东西"会是很好的东西呢。

> 绝大多数成功的创意都会在最开始的时候被人们嘲笑，然后必须为贯彻它而做出极大的努力，而最后它会被人争相效仿。

"失败不是一种选择"

"失败是不可能的！"由于一个技术层面的问题，阿波罗12号宇宙飞船在起飞中受阻，当人们都确信整个任务都将失败的时候，地面指挥中心的一位工作人员仍然坚持这样说。我们将他所说的这句话当作格言，做成一张条幅，挂在我们的办公室里。谁要是希望获得成功，就应该将他的精力集中在机遇以及可能性上面，而不要过多地考虑困难与危险。

Wenn am Anfang eine Idee nicht absurd klingt, dann gibt es für sie keine Hoffnung.

"倘若一个想法在开始听起来不荒谬，那么它是没有希望的。"

——阿尔伯特·爱因斯坦

激情证明……

- 那个小区中的药店售货员不仅每天向人们出售各种药品,还耐心倾听病人的讲述,愿意与他们谈心。

- 计算机维修部门不仅为客户在新计算机上安装调试日常工作所需软件,还主动询问:"你是否需要我们将路由器也帮你安装调试好?"

- 明星指挥家西蒙·拉特爵士与来自25个国家的250个孩子所组成的合唱团将斯特拉文斯基的《春之祭》排练娴熟后,又带领柏林爱乐乐团为其伴奏。对这个充满爱心的事件,人们能够找到电影对此的记录。

- 一位78岁高龄的环保主义者用自己的身体封锁了位于德国高雷本的原子能垃圾站,她知道,"警察们在面对老年妇女的时候,是不会轻易挪动她们的。"

- 办公大楼清洁工西诺乌达·阿亚德将他对舞蹈的激情于2008年在"超级天才"节目中向众人展示。

- 高校师范专业的优秀毕业生凯雅·兰德斯贝尔戈与来自德国Teach First志愿者组织的伙伴们放弃能够直接在学校开始的正式教师职业生涯,作为社会工作志愿者,用两年的时间帮助那些有困难的学生。

- 超过7500名志愿者组成的高级专家咨询组,放弃享受退休休闲的时光,利用他们在整个职业生涯中积攒的关于健康与教育方面的经验,不在乎极其微薄的报酬,帮助需要的小型企业以及组织。

- 很多年以前,比尔·盖茨曾经说过,每个家庭都应该拥有一台计算机。

- 所有行业的工作人员都惧怕经济危机的到来,于是他们选择尽可能地减少消费。而作为咨询者,我们可以告诉他们,对于经济危机的恐惧是不必要的。因为无论人们多么恐惧死亡,最后没有一个人能够逃脱死亡。

新的思维方式:不只是在公司工作,更是为公司的未来而工作

企业人的责任不仅包括在公司内工作,还要为了公司的未来而工作。假如你在食品领域发展并且拥有一家自己的面包店,虽然你每天勤勤恳恳地工作,但是似乎缺乏一点激情。倘若真的是这样,那么你也就不必奇怪为什么你每小时获得的利润只能达到平均水平。公司的成功并不仅仅在于员工是否每天都辛勤地工作,关键在于他们为公司提供的有助于公司可持续发展的策略。企业人的薪酬并非仅仅指那些他们决定为公司做的事情,还包括他们决定让公司避免的事情,因为他们不仅仅对公司所做的事情负责任,更应该对那些公司没有做的事情负责任。许多公司曾经勤勤恳恳地在自己的市场领域耕耘,它们也很主动地做这样或那样的产品改良,但最终还是以失败告终。其中的原因非常简单,在当今生产技术几乎统一化的市场中,即使产品的质量依旧决定着产品的出售价格,它也早已不是某一产品能否最终胜出的单一决定性因素了。为了能在激烈的市场竞争中取得胜利,有时候人们要做一些(看起来)不可能的事情。

25

第25章 克服惰性
MOTIVATION

如此便能克服你內在的惰性
*So haben Sie Ihren inneren
Schweinehund im Griff*

"去埃及其实并没有想象中那么远，但是人们得先去南火车站！"

讽刺作家、出版家卡尔·克劳斯曾这样说。由于这样的原因，许多项目以及改善计划就在企业中凭空消失了，通常在无数的会议中项目计划的构想被一遍又一遍地口头讲述、一遍又一遍地向各种专业人士咨询、大量的图表被绘制演示——简单来说，用五彩斑斓的颜色描绘遥远的、美好的愿景——而轮到将其在现实中实现时，大家前行的脚下便已经触礁。当然，人们内在的"惰性"是要对此负责任的，它不仅仅需要为你家里还没有收拾整齐的地下室和你个人还未完成的上一年的税务报告负责。在公司中，当你心中的惰性与你同事心中的惰性汇合到一起时，它们所散发出的能量是巨大的。那些纸上谈兵的改革、不了了之的项目以及日常工作中的得过且过都是它们一起制造的结果。

　　惰性最希望什么都按照老规矩继续保持。因为那样的话，人们至少知道他们手里有什么。但不幸的是，倘若人们希望在激烈的竞争中占领顶尖位置，那么惰性就是最大的天敌。一个全是由内在充满惰性的人组成的团队就像一个有组织的平庸的GSG9。那么一支有效率的队伍中成员的任务是如何分配的呢？首先需要有制定规则的领导者，然后还要有战略制定者、监督者、若干执行者、重点设置者以及矛盾处理者。倘若这其中有人不能完成他的职责，那么这支队伍就不能前进。绝大多数公司并不缺少优秀的创意，它们的问题是不能将创意在日常工作中付诸实践。为了解决这个问题，人们必须将内在的惰性彻底铲除。倘若人们能了解常见的个人激励方法，那么再处理这样的问题就有的放矢多了。

　　当人们能够进行自我激励时，在工作中为了抵抗惰性也就不再需要实施那么多强硬的手段了，而更多是平和的劝诫与耐心的指导。如果人们放松对内在惰性的警惕，稍微给它一点儿空间的话，那么它就会对所有需要紧急处理的事件、必须改正的错误以及新的高要求发出危险的警报。可问题是，你内在的惰性发出危险警报是真正警示前方可能存在危险，还是只是你自己想追求舒适呢？

挺聪明的……

我们内在的惰性破坏起我们的计划来可是相当"聪明"的：它总是能找到合适的借口，让我们放弃、推迟、撒手不管我们计划要做的事情。你问它怎么才能成功。它的建议听起来非常有说服力，分析起来也非常理智，简直让人不得不对此信服。下面，你将看到一些典型的例子。

典型的惰性借口

人们知道他们拥有什么，但是不知道他们缺少什么。

假如并不如想象的那样，又该怎么办？

对于这支队伍来说，没有什么需要改变的了。

为什么总是我？这样棘手的问题怎么也该换一个人来解决了！

好东西是需要一些时间的，只是不要着急看到效果。

在开始之前，我们无论如何还需要更多的数据！

对于不可能实现的计划，固执是避免改革最好的保护伞

"理智"是舒适最好的伪装

单纯从空气动力学的角度出发，土蜂是不能飞翔的，它们身体的重量与翅膀的大小已经决定了飞翔是不可能完成的事情。只不过土蜂并不了解空气动力学的理论，它们只是拍拍翅膀就飞走了。有些人与土蜂恰恰相反，他们懂得那么多关于不可能发生的事情的道理，所以他们一辈子只停留在地面上。

不可思议

IBM网上一则商务之道的广告向我们展示了人们是如何在发现新的解决方法之前拒绝接受改变的。当渔夫发现他们找不到同伴埃里克时，他们之间产生了这样一场对话：

"埃里克去了哪里？"
"他平时总是和我们一起去鱼市卖鱼的。"
"昨天晚上的暴风雨实在是太厉害了。"
"他会不会触礁了？"
"他的船会不会在打渔时出了故障？"
"他会不会已经淹死了？或者遇到鲨鱼了？"
这时有个渔夫说："没准儿他已经在互联网上直接销售他所捕到的鱼呢？"
话音刚落，其余的渔夫异口同声地说："他肯定遇到了鲨鱼！"

能量都跑到哪儿去了？

焦虑什么都产生不出来，但是焦虑却能消耗人们的精力，而这些精力你完全可以用来发现解决问题的方法并且将其在实践中运用。一种有效的检查方法是，你时不时地回想一下，在过去的 12 个月中，有什么事情是让你寝食难安的，而在这些事情中，又有多少是你已经解决了的。

"嫉妒与愤怒令人短寿，而焦虑让人未老先衰。"

点子真好，可是能让别人做吗？

某些犬儒主义者这样理解"团队"。惰性是有灵魂的生物，它们很喜欢聚众，当然也非常喜欢团队合作。懒人甲发现，懒人乙必须做更多的工作；懒人丙不能再忍受懒人丁一分一秒了，于是他跑掉了；懒人戊则需要首先解释清楚，"我们大家应该如何在一起相处"。这样一个团队组成人员并不能各自发挥所长，而是无谓地浪费所有成员的精力。解决这一问题的方法是好好反思如何共同工作并推举出一位团队领导。

> 焦虑浪费了我们具有创造力的力量

> 关键是团队精神

> 与别人一起什么也不做要比一个人做出成绩更有团队精神。

你内在的惰性阻碍了哪些你梦想成真的机会，通过什么样的方法能够克服惰性？

Wo kämen wir hin,
wenn jeder sagte,
wo kämen wir hin,
und keiner ginge mal
nachsehen, wo man
hinkäme, wenn man
hinginge!

"我们最后能到达什么地方？如果每个人都在问我们最后能达到什么地方，而没有人移动一步，不停地求证我们最后能到达哪里，不如决定往前走上一小步！"

——约翰·亨里希·裴斯泰洛齐

宁可释怀般放弃，也不要十分艰难费力地爬向目标。

"我们什么都试过了！"

这也是最常被人使用的借口，事实真是如此吗？如果这是真实的话，那么当德国铁路全面罢工时，为什么还会有私人铁路运输在继续运行？如果这是真实的话，那么怎么还会有那么多木匠、记者、律师、IT工作人员、会计师废寝忘食地工作，而完全不理会他们的同事所抱怨的"现在市场上的经济条件不好"？

"千万别着急。我们的方法一直都没有问题的。"

"我们部门并不一概对此负责任。"

"我们的资源不够多。"

"内务是一场艰难的战役。"

"事实上，我们需要赢得新的客户。"

"必须开发新渠道。"

这里是惰性对公司日常活动所产生的影响。你一定要相信，你的惰性要比你狡猾得多；一旦你被打败，你就再也不能摆脱它了。人们越是聪明，就越容易为惰性找到借口。

执行者	放弃者
之所以叫作执行者，因为他们能够做事情	之所以叫作放弃者，是因为他们放弃
拥有优秀的想象力	什么也想象不出来
有明确的目标	等待着生命中能够出现天上掉馅饼的好事
集中精力在客观事实上	跟着感觉走
脑中有创意	心中有焦虑
能将创意变为现实	只会说："好创意，只是我们不做这个。"
思考结果	考虑障碍
能够及时发现并合理利用出现的机会	在事后生气没能及时发现并合理利用出现的机会
能够意识到自己并非仅仅为那些所做的事情负责，而且同样对那些放弃做的事情负责任	经常告诉自己，只要我什么都不做，那么我就永远不会犯错
能够区分什么是重要的事情，什么是不重要的事情	认为能够对那些不重要的事情评点几句也是一件非常重要的事
能够想象一种更好的情况	认为以前的什么都比现在的好
不仅仅是谈论关于那些对的事情，而且动手去做	自己什么都不做，但是知道别人应该如何做才是正确的
非常清楚谁要是今天没有什么设想的话，谁明天就没有工作，也没有公司了	明天会考虑，他是不是今天就应该知道
倘若一直利用的资源枯竭的话，会立即寻找新的资源以及可能性	会放纵一下自己的恐惧心理
清楚地了解个人的积极性、业绩驱动力以及努力都是十分重要的事情。个人的积极性是他做一切事情的发动机。而为了达到这一点他必须认识到他的需求是什么以及在哪里；能够理智技巧地谈判与决定；能够寻找需要改善的地方；能够利用冲动并且给出建议，还能独立自主地计划再进修与事业发展	等待别人或者外界给他带来动力，以便他能够安静地考虑做这件事情是否正确
谈判	总是抱怨为什么人们给他的机会是那么少

执行者	放弃者
去做需要做的事情	认定自己应该从事更高级的工作
清楚他们所做的事情与其将导致的结果	认为自己总是很倒霉
能够从全局思考	首先检查，到底是谁应该对此负责
从来不会忽视全局与事态的整个发展趋势	从来没有问过自己有关全局以及事态整个发展的问题
不断地处理新出现的问题	由于总是抱怨而浪费太多时间
永远都清楚成功是由1%的灵感与99%的辛勤工作而组成的	依然在继续等待充满灵感的创意
能够客观地面对失败，能够接受别人对自己错误的批评。面对失败与批评不会丧失动力，不会退缩也不会放弃，而是尝试将新的决定与计划付诸行动	能够忍受自己长时间沉湎于挫败的情绪，面对点滴不赞同的声音就选择放弃
从来不问公司能够为他们带来什么，而是不断地询问他们能为公司做些什么	询问公司能为他们带来什么，而不是不断询问他们能为公司做些什么
主动承担责任	总能找到一个应该承担责任的人
相较于问题的制造者，他们更是问题的解决者	相较于问题的解决者，他们更是问题的制造者
能够提出正确的问题："我应该做什么以使事情不会变糟？"	总是提出错误的问题："假如事情变糟，我应该做什么？"
总是不断思考："你现在正在做的事情能够为你带来什么？它能让你距离你的目标更近吗？"	总是考虑："我的目标能够带给我什么好处？"
真正的执行者在阅读这个列表的时候，会自我反思，因为他们发现他们的身上偶尔还会发生右边一栏中的情况。他们以这个列表为依据，继续不断地改善自己	放弃者在阅读这个列表的时候，会非常确定他们就是真正的执行者。

出 品 人：许　　永
出版统筹：海　　云
责任编辑：许宗华
装帧设计：海　　云
版式设计：百　　朗
印制总监：蒋　　波
发行总监：田峰峥

投稿信箱：cmsdbj@163.com
发行：北京创美汇品图书有限公司
发行热线：010-59799930

官方微博

微信公众号

拒绝平庸

25个引领市场的营销法则

01

如果不能广而告之，仅仅是好产品有什么用？

会议主题 Meeting Topic :

日期 Date :　　　　　　　　　时间 Time :

出席人员 Attendees :

会议地点 Venue :

[观点] opinion　　Pre-Meeting :

[物料] material　　Pre-Meeting :

头脑风暴 Brainstorming

02

能预言未来的最好的路，是你为自己设计的路。

完整会议记录 Meeting Minutes

03

用事实说话，
用故事营销。

会议主题 Meeting Topic :

日期 Date :　　　　　　　　　　时间 Time :

出席人员 Attendees :

会议地点 Venue :

[观点] opinion　Pre-Meeting :

[物料] material　Pre-Meeting :

头脑风暴 Brainstorming

04

发现一个问题要远比发现一个解决办法有价值的多。

完整会议记录 Meeting Minutes

05

悲观主义者在每一个机会面前都只是看到困难；乐观主义者在每一个困难面前都能发现问题。

会议主题 Meeting Topic :

日期 Date :　　　　　　　　时间 Time :

出席人员 Attendees :

会议地点 Venue :

[观点] opinion　　Pre-Meeting :

[物料] material　　Pre-Meeting :

头脑风暴 Brainstorming

06

创造力就是从混乱中找到出路的能力。

完整会议记录 Meeting Minutes

07

如果没人知道，
再好的产品也
没有意义。

会议主题 Meeting Topic :

日期 Date :   时间 Time :

出席人员 Attendees :

会议地点 Venue :

[观点] opinion   Pre-Meeting :

[物料] material   Pre-Meeting :

头脑风暴 Brainstorming

08

你认识谁将变得比你知道什么更重要。

完整会议记录 Meeting Minutes

09

成功的标志是赢得回头客,而不是你的产品有多么高的价值。

会议主题 Meeting Topic :

日期 Date :   时间 Time :

出席人员 Attendees :

会议地点 Venue :

[观点] opinion   Pre-Meeting :

[物料] material   Pre-Meeting :

头脑风暴 Brainstorming

10

独自工作的人得到叠加的结果，懂得合作的人得到翻倍的结果。

完整会议记录 Meeting Minutes

11

想要贴近用户，就必须远距离观察自己。

会议主题 Meeting Topic :

日期 Date :　　　　　　　　时间 Time :

出席人员 Attendees :

会议地点 Venue :

[观点]
opinion　　Pre-Meeting :

[物料]
material　　Pre-Meeting :

头脑风暴 Brainstorming

12

在工厂里我们生产化妆品，在商店里我们贩卖人生的希望。

完整会议记录 Meeting Minutes

13

情感驱使人们去行动，而理智则帮助人们去判断。

会议主题 Meeting Topic :

日期 Date :   时间 Time :

出席人员 Attendees :

会议地点 Venue :

[观点] opinion   Pre-Meeting :

[物料] material   Pre-Meeting :

头脑风暴 Brainstorming

14

成功不会眷顾那些跟随者，只会青睐一往无前的开拓者。

完整会议记录 Meeting Minutes

15

在原则上
不能退让，
在表达上
和风化雨。

会议主题 Meeting Topic :

日期 Date :　　　　　　　　时间 Time :

出席人员 Attendees :

会议地点 Venue :

[观点] opinion　　Pre-Meeting :

[物料] material　　Pre-Meeting :

头脑风暴 Brainstorming

16

谁要是想销售出比较贵的东西,就必须同时展示更贵的东西。

完整会议记录 Meeting Minutes

�# 17

成功的定义就是站起来的次数比跌倒的次数多一次。

会议主题 Meeting Topic :

日期 Date :　　　　　　　　时间 Time :

出席人员 Attendees :

会议地点 Venue :

[观点] opinion　　Pre-Meeting :

[物料] material　　Pre-Meeting :

头脑风暴 Brainstorming

18

真正个人的发展很少会在我们感觉舒服与安全的地方发生,而是在那些让我们感到不安与焦虑的地方。

完整会议记录 Meeting Minutes

19

当人们开始努力实现不可能的事情时,其可能性才会显现。

会议主题 Meeting Topic :

日期 Date :   时间 Time :

出席人员 Attendees :

会议地点 Venue :

[观点]
opinion   Pre-Meeting :

[物料]
material   Pre-Meeting :

头脑风暴 Brainstorming

20

倘若一个想法在开始听起来不荒谬的话,那么它是没有希望的。

完整会议记录 Meeting Minutes

会议主题 Meeting Topic :

日期 Date :　　　　　　　　　时间 Time :

出席人员 Attendees :

会议地点 Venue :

[观点] opinion　　Pre-Meeting :

[物料] material　　Pre-Meeting :

头脑风暴 Brainstorming

完整会议记录 Meeting Minutes

会议主题 Meeting Topic :

日期 Date :　　　　　　　　　时间 Time :

出席人员 Attendees :

会议地点 Venue :

[观点] opinion　　Pre-Meeting :

[物料] material　　Pre-Meeting :

头脑风暴 Brainstorming

完整会议记录 Meeting Minutes

会议主题 Meeting Topic:

日期 Date: 时间 Time:

出席人员 Attendees:

会议地点 Venue:

[观点] opinion   Pre-Meeting:

[物料] material   Pre-Meeting:

头脑风暴 Brainstorming

完整会议记录 Meeting Minutes

会议主题 Meeting Topic :

日期 Date :   时间 Time :

出席人员 Attendees :

会议地点 Venue :

[观点] opinion   Pre-Meeting :

[物料] material   Pre-Meeting :

头脑风暴 Brainstorming